本书为国家自然科学基金项目（项目号：31800943）、教育部人文社会科学研究项目（项目号：17YJC190004）的结项成果

Campus 'Zero' Bullying Program

校园"零"欺凌计划

中小学教育者
校园欺凌防治工作使用工具书

谷莉　著

中国社会科学出版社

图书在版编目（CIP）数据

校园"零"欺凌计划：中小学教育者校园欺凌防治工作使用工具书 / 谷莉著. -- 北京：中国社会科学出版社, 2024. 9. -- ISBN 978-7-5227-4199-4

Ⅰ. G637

中国国家版本馆 CIP 数据核字第 202475QU70 号

出 版 人	赵剑英
责任编辑	刘亚楠
责任校对	张爱华
责任印制	张雪娇

出　　版	中国社会科学出版社
社　　址	北京鼓楼西大街甲 158 号
邮　　编	100720
网　　址	http://www.csspw.cn
发 行 部	010 - 84083685
门 市 部	010 - 84029450
经　　销	新华书店及其他书店
印　　刷	北京君升印刷有限公司
装　　订	廊坊市广阳区广增装订厂
版　　次	2024 年 9 月第 1 版
印　　次	2024 年 9 月第 1 次印刷
开　　本	710×1000　1/16
印　　张	20.5
插　　页	2
字　　数	304 千字
定　　价	108.00 元

凡购买中国社会科学出版社图书，如有质量问题请与本社营销中心联系调换
电话：010 - 84083683
版权所有　侵权必究

前　言

近年来，青少年暴力欺凌事件愈发受到关注与重视，欺凌者采用身体暴力、言语侮辱以及性侮辱等方式，给受害者造成了极大的身心伤害。这些事件在社交媒体上的广泛传播，引发了公众的高度关注和强烈谴责。然而，隐匿在校园中的言语欺凌、关系欺凌以及网络欺凌等非暴力欺凌行为同样会对青少年的自尊心、自信心产生负面影响，加剧心理健康问题。学校是教育的重要场所，肩负着育才树人的教育使命，应当坚定校园欺凌行为的零容忍立场，积极开展校园欺凌防治工作，从而保障学生身心健康成长。

2016年4月，国务院教育督导委员会办公室发布了《关于开展校园欺凌专项治理的通知》，强调要通过专项治理，加强法制教育，严肃校规校纪，规范学生行为，促进学生身心健康，建设平安校园、和谐校园。2017年11月，教育部等十一个部门联合印发了《加强中小学欺凌综合治理方案》，从贯彻治理基本原则、健全预防机制、坚持依法依规处置、建立长效机制四方面规划了治理校园欺凌的具体路径，成为各学校构建校园欺凌防治工作方案的重要参考指南。

目前，在党中央、国务院的正确领导下，各级党委政府及相关部门的共同努力下，发生在中小学生之间的欺凌和暴力事件得到遏制，预防青少年违法犯罪工作取得明显成效。然而，一些中小学的校园欺凌防治工作仍显乏力和被动，部分原因在于各部门颁布的政策文件更多为指南性建议，缺乏实际操作性方案。笔者期待本书可以为中小学教育者提供在一线工作

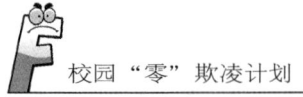

中有效开展校园欺凌防治工作的实操方案。

本书以"中小学校园'零'欺凌计划"为题，并非意指将校园欺凌行为的发生率降至为零，即绝对不能发生任何欺凌行为。中小学生正处于活泼好动、群体意识和归属感增强的心理发展阶段，行为和情绪控制方面也受到脑发育和激素水平波动的影响，难以避免同伴冲突、欺凌萌芽行为以及准欺凌行为的发生。倡导建设"零"欺凌校园，是为强调学校应当对欺凌行为持零容忍态度，常态化开展中小学生欺凌防治工作，从而促使学生在安全、和谐的校园氛围中健康快乐成长。全书共分四章，第一章概述校园欺凌，第二、三、四章分别为学校管理者、班主任和心理教师三个不同的教育角色提供具有针对性和实用性的校园欺凌防治工作方案。

谷 莉

2024 年 5 月 25 日

目　录

第一章　解读校园欺凌 …………………………………………（1）
第一节　什么是校园欺凌？…………………………………（1）
　　一　校园欺凌的概念提出 ………………………………（1）
　　二　校园欺凌的概念界定 ………………………………（3）
第二节　校园欺凌发生现状 …………………………………（6）
　　一　校园欺凌发生率 ……………………………………（6）
　　二　校园欺凌发生率特征 ………………………………（8）
第三节　校园欺凌类型与表现形式 …………………………（10）
　　一　言语欺凌 ……………………………………………（10）
　　二　身体欺凌 ……………………………………………（10）
　　三　社交欺凌 ……………………………………………（11）
　　四　财物欺凌 ……………………………………………（12）
　　五　性欺凌 ………………………………………………（12）
　　六　网络欺凌 ……………………………………………（13）
第四节　校园欺凌行为的主要角色 …………………………（13）
　　一　欺凌者 ………………………………………………（14）
　　二　被欺凌者 ……………………………………………（19）
　　三　欺凌—被欺凌者 ……………………………………（21）
　　四　旁观者 ………………………………………………（22）

第二章 学校管理者的校园欺凌防治工作 ……………………（25）

第一节 学校管理者为什么要重视校园欺凌防治工作 ………（25）
一 健全欺凌防治体系，履行学校教育责任与义务 ………（25）
二 科学防范校园欺凌，保障学生身心健康与安全 ………（29）
三 规范处置欺凌事件，维护社会和谐与稳定 ……………（33）

第二节 校园欺凌防治工作相关的教育部文件 ………………（34）
一 《国务院教育督导委员会办公室关于开展校园欺凌专项
  治理的通知》 ……………………………………………（34）
二 《关于防治中小学生欺凌和暴力的指导意见》 ………（34）
三 《加强中小学生欺凌综合治理方案》 …………………（36）
四 《国务院教育督导委员会办公室关于开展中小学生欺凌防治
  落实年行动的通知》 ……………………………………（41）
五 《防治学生欺凌暴力 建设阳光安全校园——国务院教育
  督导委员会办公室2019年第5号预警》 ………………（45）
六 《教育部办公厅关于印发〈防范中小学生欺凌专项治理
  行动工作方案〉的通知》 ………………………………（46）
七 《中小学法治副校长聘任与管理办法》 ………………（50）

第三节 构建校园欺凌防治工作体系 …………………………（51）
一 校园欺凌防治工作体系内容 ……………………………（52）
二 保障校园欺凌防治工作成效的实施策略 ………………（83）

第四节 网络欺凌的防治工作 …………………………………（84）
一 网络欺凌现状调查 ………………………………………（85）
二 网络欺凌认知教育 ………………………………………（85）
三 网络欺凌法治教育 ………………………………………（87）
四 反网络欺凌安全教育 ……………………………………（93）
五 反网络欺凌的旁观者教育 ………………………………（96）
六 反网络欺凌的家长教育 …………………………………（98）

目录

第三章 构建零欺凌班级的班主任工作 (103)

第一节 班主任对欺凌与欺凌萌芽行为的界定 (105)
一 班主任对校园欺凌行为的判定 (105)
二 班级欺凌萌芽行为 (111)

第二节 班主任班级"家文化"构建策略 (113)
一 树立积极向上的"家"形象,培养学生归属感与向心力 (113)
二 建设民主管理的"家"制度,促进学生自律与平等 (117)
三 设计丰富多彩的"家"活动,激发学生潜能与个性特征 (121)
四 建构和谐友爱的"家"氛围,培养学生互助性与凝聚力 (123)

第三节 班主任欺凌行为防范策略 (124)
一 预防班级欺凌行为的信息学 (125)
二 开展反欺凌教育班会 (131)
三 建立多种沟通与举报渠道 (153)
四 提升自身综合素养 (158)
五 促进家长参与反欺凌教育 (161)
六 优化工作安排 (164)

第四节 欺凌萌芽行为的应对策略 (165)
一 对待欺凌萌芽行为的基本态度 (166)
二 班级欺凌萌芽行为的基本干预策略 (167)

第五节 一般欺凌行为的应对策略 (175)
一 调查核实欺凌事件 (176)
二 欺凌者的教育惩戒 (179)
三 被欺凌者的安抚工作 (187)
四 欺凌者与被欺凌者的调解工作 (193)
五 旁观者的教育工作 (200)
六 家长沟通工作 (203)

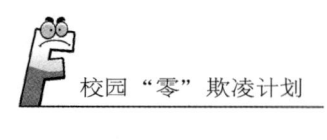

第六节　突发严重欺凌事件的应对策略 …………………… (214)
　　一　突发严重欺凌事件的危机处置流程 ………………… (214)
　　二　突发严重欺凌事件的后续处置流程 ………………… (216)

第四章　心理教师的校园欺凌防治工作 ……………………… (220)
　第一节　心理教师对被欺凌者与欺凌者的个体辅导 ……… (220)
　　一　被欺凌者的个体心理辅导 …………………………… (220)
　　二　欺凌者的个体心理辅导 ……………………………… (253)
　第二节　心理教师防范欺凌行为的团体辅导 ……………… (273)
　　一　自我肯定团体心理辅导 ……………………………… (273)
　　二　应对同伴压力的团体辅导 …………………………… (283)
　　三　人际拒绝的团体心理辅导 …………………………… (290)
　　四　情绪调节的团体心理辅导 …………………………… (299)
　　五　网络欺凌防治的团体心理辅导 ……………………… (307)

参考文献 ……………………………………………………………… (314)

第一章

解读校园欺凌

第一节 什么是校园欺凌？

一 校园欺凌的概念提出

本书核心词"欺凌"的英文为"bully",国内学者在做国外相关研究时翻译为"霸凌""欺凌"或者"欺负",三者之间并无差别。有研究通过整理数据库文献发现,从2016年开始,"校园霸凌"这类文章数量的增速突然减缓,而研究"校园欺凌"的文章比上一年增加约6倍,这可能与我国在相关政策文件中使用了"校园欺凌"概念有关[1]。

从20世纪80年代开始,关于校园欺凌的调查和学术研究在世界各地积累了丰硕成果,这对校园欺凌概念的界定有着重要的意义和参考价值。不同国家对校园欺凌的界定略有不同。美国50个州均已颁布了反校园欺凌地方法令,普遍将其定义为"重复性的、故意的、侵略性的对他人施加伤害的行为"[2]。英国政府教育与技能部（Department for Education and Skills, DFES）对校园欺凌的官方定义为"反复的、有意的或持续性的意在导致伤害他人的行为,但偶发的事件在某些情况下也可被看作欺

---

[1] 任海涛:《"校园欺凌"的概念界定及其法律责任》,《华东师范大学学报》（教育科学版）2017年第2期。
[2] 安杨:《校园欺凌中的学校侵权责任探究》,《中国青年社会科学》2017年第5期。

凌；个体或群体对他人施加的有目的的有害行为；力量的失衡使被欺凌个体失去抵抗"[1]。日本通过《欺凌防止对策推进法》将校园欺凌定义为"在校学生受到其他学生所施加的使其身心陷入痛苦状态的心理或物理行为（包括网络行为）"[2]。加拿大安大略省将校园欺凌的概念界定为"一种有害身心健康、动态的互动过程，是反复使用强势力量进行身体的、言语的或者社会侵犯的一种形式"[3]。

从上述国家对校园欺凌所下的定义可见，校园欺凌的界定多呈现"重复性或持续性"和"权利不平等"等特点。正如欺凌行为研究的先驱挪威学者丹·奥维斯（Dan Olweus）所述："欺凌行为是欺凌者利用自己的强势地位故意对无法自卫的个体反复实施的加害行为。"[4] 然而，从校园欺凌行为的结果，即被欺凌者的受害程度去考量，可以看出"重复性或持续性"和"权利不平等"并不是校园欺凌构成的必要条件。事实上，单次殴打、恶意咒骂、群体孤立，或者粗暴地拉扯头发、吐口水等行为，都会对被欺凌者的身心造成伤害。同样，"权利不平等"也不是评判的绝对标准。尽管在大多数的校园欺凌情境中，存在以大欺小、以多欺少或以强凌弱的现象，但这并不是校园欺凌发生的必然因素。比如近年备受关注的网络欺凌现象，匿名或非群体的网络攻击不能体现权利的失衡，但同样使被欺凌者受到伤害。因此，欺凌行为的发生次数、程度、持续时间以及权利失衡并不能成为校园欺凌评判标准，最为重要的评判标准应该是欺凌事件的后果，即被欺凌者本人所遭受的身心伤害和财产损失。

我国为遏制中小学校园欺凌现象，2016年以来出台了一系列防治校园欺凌行为的文件。2016年4月，在《国务院教育督导委员会办公室关

---

[1] 许明：《英国中小学校园欺凌现象及其解决对策》，《青年研究》2008年第1期。

[2] 吴会会：《权利保障与职责履行：日本校园欺凌的法律规制——基于〈校园欺凌防止对策推进法〉的文本解读》，《中国教育法制评论》2017年第15期。

[3] 杨廷乾、接园、高文涛：《加拿大安大略省校园预防欺凌计划研究》，《比较教育研究》2016年第4期。

[4] Dan A. Olweus, "Bullying at School: Basic Facts and Effects of a School Based Intervention Program", *Journal of Child Psychology and Psychiatry*, Vol. 35, No. 7, October 1994.

于开展校园欺凌专项治理的通知》的文件中，把校园欺凌定义为"发生在学生之间蓄意或恶意通过肢体、语言及网络等手段，实施欺负、侮辱造成伤害的校园欺凌事件，损害了学生身心健康"的行为。2017年11月，教育部、中央综治办、最高人民法院、最高人民检察院、公安部、民政部、司法部、人力资源和社会保障部、共青团中央、全国妇联、中国残联十一个部门联合印发《教育部等十一部门关于印发〈加强中小学欺凌综合治理方案〉的通知》（以下简称《治理方案》）。《治理方案》提出"中小学生欺凌是发生在校园（包括中小学校和中等职业学校）内外、学生之间，一方（个体或群体）单次或多次蓄意或恶意通过肢体、语言及网络等手段实施欺负、侮辱，造成另一方（个体或群体）身体伤害、财产损失或精神损害等的事件"。《治理方案》首次从政策层面清晰界定了校园欺凌的认定标准，要求各地各校在实际工作中要严格区分学生欺凌与学生间的打闹嬉戏，正确合理地处理校园欺凌事件。

二　校园欺凌的概念界定

（一）校园欺凌概念的构成要素

依据《治理方案》对校园欺凌概念的界定，在我国是否构成校园欺凌行为应考虑以下五个要素。

第一，欺凌发生群体为学生之间。

明确欺凌行为发生在在校学生之间，排除学校管理人员、教师以及校外人员与学生发生的欺凌行为。但欺凌发生地点不限定在校园内，也包括校园外。这是因为校园外不仅可能发生言语、身体欺凌行为，还可能使用校内禁用的手机、电脑等个人电子设备发生网络欺凌行为。

第二，欺凌行为性质为蓄意或恶意的主观故意性。

各国立法机构对校园欺凌的界定均为欺凌者在实施欺凌行为时存在主观故意性。然而，笔者认为该要素不可作为判定校园欺凌行为构成的唯一因素，这也是导致很多中小学教师对校园欺凌行为处理不当的主要原因之一。例如，校园欺凌事件发生后，欺凌者强调"我不是有意这样做的"或者"我不知道这样会伤害了他/她",教师在安抚被欺凌者时也否定了欺凌的发生,强调"他不是故意的"。然而当被欺凌者确实因欺凌者行为受到了伤害,那么教师就应该考虑该行为是否已构成校园欺凌,仅从欺凌者的主观意图上判别欺凌行为是否发生并不能对其行为的后果产生影响。

第三,欺凌行为类型呈多样性。

校园欺凌不局限于身体欺凌,还包括言语欺凌、网络欺凌等。不同研究者、不同国家及地区对校园欺凌的行为类型划分有所不同,除上述欺凌类型外,还存在财物欺凌、关系欺凌和性欺凌等,笔者将在后续章节中具体论述。

第四,欺凌行为表现为欺负、侮辱等伤害性行为。

具体可表现为肢体攻击、恐吓、嘲笑、辱骂、骚扰、造谣或孤立等使被欺凌者感受到伤害的行为。这些行为既可以是线下实施的传统欺凌行为,也可以是线上实施的网络欺凌行为。

第五,欺凌行为造成被欺凌者身心伤害或财产损失的后果。

校园欺凌行为不仅造成被欺凌者身心受损,影响日常生活和学习生活的正常运行,还包括造成经济上的损失。从《专项治理通知》中的"身心健康的损害"到《治理方案》中的"身体伤害、财产损失或精神损害"可知,这与大多数国家立法中欺凌行为界定的发展规律一致,呈现出对欺凌者损害结果标准的持续降低,而对被欺凌者保护条件的持续放宽的趋势。

(二) 校园欺凌与校园暴力的概念界定

长期以来,我国法律对"校园欺凌"(School Bullying)与"校园暴力"(School Violence)并未进行明确区分,学术界也未能统一观点。然而,在《专项治理通知》文件中使用"校园欺凌"而非"校园暴力",表明二者具有差异性,因此在防治工作中应采取不同的措施。2019年1月,联合国教科文组织发布的《数字背后:终结校园暴力与欺凌》(*Behind the Numbers: Ending School Violence and Bullying*)报告中,也将二者

第一章　解读校园欺凌

概念加以区分①。这说明准确界定"校园欺凌"和"校园暴力"的概念，是有效治理校园欺凌和暴力行为的重要前提。

我国学者姚建龙在对相关概念进行比较分析后，提出"校园暴力是指发生在中小学、幼儿园及其合理辐射地域，学生、教师或校外侵入人员故意攻击师生人身以及学校和师生财产，破坏学校教学管理秩序的行为"②。学者任海涛对国内外学术界有关"校园暴力"概念进行梳理，认为"校园暴力"概念包括以下要素：

> 第一，校园暴力发生场所是学校（少数学者界定为幼儿园、中小学）及其辐射区域；
> 第二，受害人是学校或者师生；
> 第三，施暴人是师生或者校外入侵者；
> 第四，校园暴力是故意实施的且形式多样；
> 第五，校园暴力侵害的法益可以是人身也可以是财产。③

比较"校园欺凌"与"校园暴力"的概念与构成要素，可以发现二者在发生场所、发生对象、发生频率、发生形式以及创伤后果上存在区别。从发生场所上看，校园暴力可扩展至所有类型的教育场所，包括幼儿园、中小学、职业学校、工读学校、特殊教育学校以及高校等；而校园欺凌的受害对象只聚焦于身心发展尚未成熟的未成年学生，因此，发生场所不包含高校与幼儿园。从发生对象上看，校园暴力施暴者可以为校内师生和校外人员，受害者可以为教师和学生；而校园欺凌无论欺凌者、被欺凌者都只能是在校学生。从发生频率上看，校园暴力通常是偶发性的单独侵害行为；而校园欺凌更多是长期的、反复持续的行为。从

---

① 张静：《UNESCO〈数字背后：终结校园暴力与欺凌〉报告述评》，《世界教育信息》2020年第1期。
② 姚建龙：《校园暴力：一个概念的界定》，《中国青年政治学院学报》2008年第4期。
③ 任海涛：《"校园欺凌"的概念界定及其法律责任》，《华东师范大学学报》（教育科学版）2017年第2期。

发生形式上看，校园暴力以身体伤害的"硬暴力"为主；而校园欺凌虽也包含"硬暴力"，但更多表现为社交孤立和语言伤害等"软暴力"。从创伤后果上看，校园暴力因其手段恶劣易被发现和阻止，同时备受社会各界关注，大部分受害人因干预及时可以短期内治愈创伤，而校园欺凌因欺凌形式隐蔽不易被发现，若长期忽视对未成年人造成的身心危害性更具长远影响。

综上，明确界定校园欺凌概念，体现以未成年学生为主体的校园欺凌专项防治工作的必要性，是有效开展校园欺凌防治工作的理论前提。

第二节 校园欺凌发生现状

一 校园欺凌发生率

校园欺凌现象已被认同为普遍存在的儿童青少年公共健康问题。在2018年联合国教科文组织发布的《全球校园健康调查》报告显示，根据全球学校学生健康调查（"Global School-based Student Health Survey"，GSHS）和学龄儿童健康行为研究["Health Behaviour in School-aged Children（study）"，HBSC]共同提供的144个国家和地区（GSHS 96个、HBSC 48个）学校发生的欺凌行为研究数据，发现全球大约有三分之一的青少年遭受欺凌[①]。随后2019年联合国教科文组织发布其详细报告，数据显示，在调查日期前一个月内全球32%的学生遭受了欺凌，其中HBSC所调查的欧洲国家和北美国家的校园欺凌比率为8.7%—55.5%；GSHS所调查的其他国家和地区的校园欺凌比率为7.1%—74%，一个月内19.4%的学生在校被欺凌1—2天，5.6%的学生被欺凌3—5天，7.3%的学生被欺凌6天甚至更多[②]。

我国校园欺凌发生率亦不乐观。1998年张文新教授带领团队在山

---

① 张静：《联合国教科文组织报告显示学校暴力和欺凌程度较高》，《甘肃教育》2018年第24期。

② 张静：《UNESCO〈数字背后：终结校园暴力与欺凌〉报告述评》，《世界教育信息》2020年第1期。

第一章　解读校园欺凌

东、河北两地对9235名城乡中小学生开展了国内首个校园欺凌调查研究，结果发现大约22.2%的小学生，12.4%的初中生曾经历过校园欺凌，其中被严重欺凌的小学生占13.4%，初中生占7.1%①。2016年教育部政策法规司成立"学校安全风险防控研究"课题组，对全国29个县市104825名中小学生进行了抽样调查，发现校园欺凌的发生率为33.36%，其中经常被欺凌的学生占比为4.7%，偶尔被欺凌的学生占比为28.66%②。一项对我国15个省市的114290名学生进行的问卷调查结果显示，我国中小学生欺凌的整体发生率为13.9%，表明13.9%的学生在过去一学年内曾经被其他同学多次欺凌过；23.9%的学生表示在过去一学年内遭受过欺凌萌芽事件，虽然这些学生未被多次、重复欺凌，但这些欺凌萌芽事件却可能恶化为反复发生的标准欺凌事件；从欺凌形式上看，关系欺凌、身体欺凌、言语欺凌、强索欺凌、网络欺凌、性别欺凌的发生率分别为5.4%、4.7%、9.0%、3.1%、2.7%和6.2%，可见言语欺凌的发生率最高③。2019—2020年，华中师范大学教育治理现代化课题组在我国山东、广东、湖南、湖北、广西、四川六省进行实地调研，分别对省会城市、地级市及县级市的中小学进行抽样调查，样本涵盖了东中西部地区130余所中小学的1万余名学生，调查数据显示，我国校园欺凌的发生率为32.4%；其中，关系欺凌发生率为10.5%、言语欺凌发生率为17.4%、身体欺凌发生率为12.7%、网络欺凌发生率为6.8%④。笔者的一项5000余名初高中生问卷调查结果显示，传统欺凌发生率为15.6%，网络欺凌发生率为12.6%。

上述跨国校园欺凌研究数据和我国研究数据表明，校园欺凌现象在

---

①　张文新：《学校中的欺负问题——我们所知道的一些基本事实》，《山东师大学报》2001年第3期。
②　颜湘颖、姚建龙：《"宽容而不纵容"的校园欺凌治理机制研究——中小学校园欺凌现象的法学思考》，《中国教育学刊》2017年第1期。
③　赵福江、刘京翠、周镭：《全国中小学生欺凌现状调查与分析——基于对全国11万余名学生和6000余名教师的问卷调查》，《教育科学研究》2022年第5期。
④　付卫东、周威、李伟等：《校园欺凌如何治理》，《中国青年报》2021年11月1日第8版。

儿童青少年阶段具有跨文化的普遍特征，其发生率增长的严峻态势，不断地提示我们校园欺凌已成为亟须解决的社会问题。

二 校园欺凌发生率特征

（一）性别特征

校园欺凌发生率存在性别差异特征。2009年的HBSC调查数据显示，来自40个国家不同年龄阶段的202056名学生中，尽管从男生（8.6%—45.2%）和女生（4.8%—35.8%）遭受过的欺凌总体比例上看，男生的欺凌发生率更高，但仍有29个国家的报告中呈现女生比男生的欺凌发生率更高的结果①。2018年的HBSC调查数据显示，来自39个国家不同年龄阶段的213595名学生中，男生和女生的被欺凌率分别为49.2%和50.8%②。上述数据显示，校园欺凌发生率所呈现的性别差异受区域影响。我国多数欺凌调查研究也显示中小学男生被欺凌者比例高于女生，或者不存在性别差异。如一项探索欺凌受害模式的研究结果表明，男生和女生的被欺凌率分别为51.01%和34.47%，男生遭受欺凌类型中最多的是言语欺凌，其次是身体欺凌；女生遭受欺凌类型中最多的同样是言语欺凌，其次是关系欺凌③。我国另一项大样本调查研究结果显示，男生和女生的被欺凌比例分别为16.5%和11.3%，欺凌他人的比例分别为6.5%和3.3%，男生遭受欺凌和实施欺凌的比例均高于女生，说明男生更易卷入欺凌事件④。笔者的问卷调查结果也显示，男生和女生的被欺凌率分别为56.7%和44.3%，卡方检验结果差异显著，表明男女生遭受

---

① Wendy Craig, Yossi Harel-Fisch, Haya Fogel-Grinvald, et al., "A cross-national profile of bullying and victimization among adolescents in 40 countries", *International Journal of Public Health*, Vol. 54, No. 2, August 2009.

② Qiguo Lian, Qiru Su, Ruili Li et al., "The association between chronic bullying victimization with weight status and body self-image: a cross-national study in 39 countries", *Peer J. Publishing*, Vol. 6, No. 10, January 2018.

③ 谢家树、魏宇民、Zhu Zhuorong：《当代中国青少年校园欺凌受害模式探索：基于潜在剖面分析》，《心理发展与教育》2019年第1期。

④ 赵福江、刘京翠、周镭：《全国中小学生欺凌现状调查与分析——基于对全国11万余名学生和6000余名教师的问卷调查》，《教育科学研究》2022年第5期。

第一章　解读校园欺凌

欺凌的比例具有统计学差异，男生遭受欺凌的比例更高。

（二）年龄特征

校园欺凌发生率存在年龄差异特征。与电影、电视剧等流行媒体描述不同的是，校园欺凌现象并不多发生在初高中阶段，反而在小学阶段更为频繁。如日本文部科学省在《关于学生问题行为逃课（包括辍学）等学生指导上各种问题的调查》中公布了2017年的校园欺凌认定件数，总数为414378件，是自1985年开始实施校园欺凌调查以来的最高纪录，其中小学有317121件，比上一年增长了33.6%；中学有80424件，比上一年增长了12.7%，小学、中学和高中以及特别支援学校的认定件数的比例分别为76.5%、19.4%、3.6%和0.5%[1]。同样，我国首个校园欺凌调查研究结果显示，在小学阶段，被欺凌者和欺凌者所占的比例分别是22.2%和6.2%，其中严重被欺凌者和严重欺凌者所占的比例分别是13.4%和4.2%；在初中阶段，被欺凌者和欺凌者所占的比例分别是12.4%和2.6%，其中严重被欺凌者和严重欺凌者所占的比例分别是7.1%和1.5%，数据表明，随着年龄增长，欺凌行为和严重欺凌行为明显减少[2]。一项大样本调查研究显示，无论遭受欺凌还是实施欺凌的比例都存在差异并呈现特定的趋势，就被欺凌比例而言，10—14岁的学生被欺凌的比例基本相当，约为15%；14岁后学生被欺凌的比例开始下降，16岁时比例最低（10%）。就欺凌他人比例而言，10—15岁的学生欺凌他人的比例相当；15岁之后学生欺凌他人的比例开始呈现下降趋势[3]。另一项调查研究同样显示，高中生、初中生和小学生的欺凌发生率分别为0.56%、4.63%和9.77%，年龄差异有统计学意义[4]。这种与年龄相关的学校欺凌递减现象可能存在两方面原因：一是随年龄增长，

---

[1] 滕雪丽、张香兰：《日本校园欺凌的预防与干预》，《当代教育科学》2020年第3期。
[2] 张文新：《学校中的欺负问题——我们所知道的一些基本事实》，《山东师大学报》2001年第3期。
[3] 赵福江、刘京翠、周镭：《全国中小学生欺凌现状调查与分析——基于对全国11万余名学生和6000余名教师的问卷调查》，《教育科学研究》2022年第5期。
[4] 廉启国、余春艳、毛燕燕等：《遭受校园欺凌与不良心理健康结局的关联》，《江苏预防医学》2021年第4期。

有机会欺凌他人的高年龄段欺凌者数量越来越少;二是那些低年龄段被欺凌者随年龄增长越来越善于社交而有效避免了校园欺凌。因此,学龄儿童从入小学开始开展反校园欺凌教育和应对欺凌行为的技能培训有助于减少校园欺凌现象。

第三节 校园欺凌类型与表现形式

一 言语欺凌

小学四年级女生小萌自从转学来到新学校,由于带有地方口音和身上带有异味,被班上同学小阳嘲笑,经常叫小萌"外地佬""怪味猪"等侮辱性绰号。小阳的这种欺凌行为就属于言语欺凌类型。

言语欺凌是校园欺凌中最常见的欺凌类型。欺凌者以嘲笑、讽刺、贬低、诽谤、辱骂、威胁等语言方式实施欺凌,欺凌发生迅速且于己无害。取绰号是最常见的言语欺凌行为,通常取笑被欺凌者的生理缺陷、体型特征、家庭背景等,看似被欺凌者的"差别性"很容易成为言语欺凌素材,导致被欺凌者习惯从自身特征找原因,实际上成为欺凌对象往往没有特殊理由。这对"自我意识"萌芽并迅速发展的中小学阶段学生来说伤害极大,即便能健康正确地评价自我,反复的言语伤害也会让其陷入困惑和痛苦之中。

言语欺凌也是其他欺凌行为发生的前置行为。可以确定的是,被欺凌者在言语欺凌阶段对欺凌行为的默许或应对不当,容易升级成社交欺凌、身体欺凌以及其他欺凌类型。言语欺凌者往往以"我只是开了个玩笑""我没想过会伤害到别人"等理由为自己的欺凌行为开脱。很多学校教育者和家长也认为言语欺凌应该被原谅,而言语欺凌的正常化正是让欺凌者得到可以继续欺凌的暗示性信号。因此,预防校园欺凌的行为训练更多应从分辨"玩笑与欺凌"的区别,以及言语欺凌的应对入手。

二 身体欺凌

小学五年级男生小致经常被同班同学小凯取笑,在下课时小凯也会故意撞击小致身体，体育课时小凯多次偷偷出现在小致身后撞击后者膝弯处导致其站立不稳。小凯的这种欺凌行为就属于身体欺凌。

身体欺凌是指侵犯被欺凌者身体或胁迫其做违背意愿的事情。身体欺凌不单指拳打脚踢、抓挠掐咬以及利用棍棒道具等管制器械或其他物品攻击被欺凌者，以不受欢迎的方式推搡、碰撞、拉扯、吐口水、囚禁或者命令被欺凌者做其不想做的事情，比如下跪、磕头等都属于身体欺凌。即便被欺凌者身体上没有留下伤痕，但其心灵也会受到很大的伤害。身体欺凌者以男生居多，从生理因素上看，这与男性青春期睾酮素的变化相关。但近年媒体报道中也有很多在女生间发生的身体欺凌事件。值得关注的是，尽管身体欺凌最容易被识别，但在国内所报告的校园欺凌事件中，很少被作为首选欺凌形式。身体欺凌往往是以言语欺凌和社交欺凌为开端，因为当实施言语和社交欺凌后，只有被欺凌者无还击或默许时，大部分欺凌者才会肆无忌惮地侵犯其身体，而在身体受到迫害后，很容易升级演变为青少年暴力刑事犯罪。

三　社交欺凌

小学三年级女生小琪家境困难，衣服上有补丁，被同班同学小晴嘲笑。小晴还告诉部分同学"她身上有细菌，谁靠近都会被传染，我们最好离她远远地"。小晴的这种欺凌行为就属于社交欺凌类型。

社交欺凌又称关系欺凌，是指欺凌者通过社交操纵使被欺凌者受到群体的孤立和排斥。欺凌者常用的社交操纵有两种：一是利用自己在团体中的威信和影响力排挤、疏远或孤立被欺凌者，如"我们谁都不要理他/她"；二是以制造和散布谣言的方式使被欺凌者名誉受损，从而降低其受欢迎程度，如"他/她身上有细菌，谁靠近都会被传染"。社交欺凌往往从外显行为中难以觉察，有时仅仅是叹气、皱眉、冷笑等表情神态或在校园外所有人的聚会中不做邀请，就足以表达出疏远、排斥和敌对，这对于步入青春期渴望融入同龄人团体的中小学学生来说无疑是创伤性事件。初中是社交欺凌的高发阶段，女生比男生更善于使用社交欺凌，不仅因为女生的社会性交往策略优于男生，还因为女生对群体归属感更敏感，伤害女生只要让她孤零零一个人就足够了。由于中学生对同伴关系的重视以及自我意识的发展，被忽视、冷落的情绪体验更可能对其造成持久的心理伤害。因此，制定防欺凌班规前，要先让学生理解孤立同伴是不友好的行为，应该尊重、接纳和欣赏每个人的差异性，并学会在不影响他人基本社交权益的前提下满足自身需求。

四 财物欺凌

初二年级女生小玲是小组长，因记名同组小雷不遵守班级纪律而被记恨，小雷撕坏了小玲的课本，并故意在其座位上放彩色染料，导致小玲裤子被染色。小雷的这种欺凌行为就属于财物欺凌类型。

财物欺凌也被称作强索欺凌，是指欺凌者以恐吓、威胁、敲诈、勒索的方式向被欺凌者索要财物或破坏其财物，以及命令被欺凌者为自己服务的欺凌行为。例如，撕毁同学课本、衣物；强行翻同学书包搜寻财物；表面说借钱但从未归还；不经对方同意便将其财物据为己有；逼迫同学为自己抄写作业、强迫同学共同参与欺凌行为或做其他违背其主观意愿的事情。财物欺凌的主要特征是强迫被欺凌者接受命令，索要财物或为己提供服务。

五 性欺凌

小学五年级男生小林被同班同学小淘当众扒下裤子并遭到嘲笑，还将小林照片截取隐私部位发在班级群里。小淘的这种欺凌行为就属于性欺凌类型。

性欺凌是指欺凌者通过对被欺凌者的性相关身体部位、性别特征、性取向、性别认同等与性生理和性心理有关的信息进行言语挖苦、讽刺和威胁等；散布其谣言、图片、视频等网络性欺凌行为；肢体性攻击被欺凌者，强迫其拍摄视频或制作色情图片进行传播；强迫被欺凌者观看色情信息，或参与色情表演等行为。性欺凌会给被欺凌者造成巨大的精神痛苦和身心伤害。

六　网络欺凌

小学六年级女生小静在班级微信群里告知其他同学小倩腿上有烫伤疤痕，并留言小倩是"纵火者"；高一男生小山在篮球场和同校同学小胡产生冲突，小胡在某社交平台贴吧上散布"PS过"的小山照片，称小山是学校偷盗贼，因其父亲官职显赫没有被学校处罚，导致小山被"人肉搜索"，患上抑郁症。小静和小胡的这些欺凌行为都属于网络欺凌类型。

网络欺凌又称数码欺凌或技术辅助欺凌，是指欺凌者利用网络媒体等技术手段对被欺凌者实施恐吓、跟踪、讥讽、羞辱、嘲弄或散布谣言等行为。近年来，伴随网络的普及以及各类网络社交媒体的增加，网络欺凌越来越常见。欺凌者可以利用微信、QQ、博客论坛、手机短信、电子邮件、社群网站、网络聊天室、留言板等平台对被欺凌者实施恐吓、嘲讽、辱骂，甚至是自杀诱导。由于网络欺凌可以匿名实施、欺凌者及旁观者承担后果的心理压力较小等，降低了欺凌者的道德底线，从而更容易发生。但由于网络传播速度快、参与人数众多，且传播具有公开性甚至永久性的特点，因此极易给被欺凌者造成巨大的身心伤害。

综上，校园欺凌的表现形式多样化，并且欺凌形式间具有较高的共发性，即被欺凌者常常遭受多种欺凌形式。因此，学校教育者在处置欺凌事件时应留意，典型校园欺凌或严重校园欺凌事件通常不会单一呈现某一种形式，欺凌者往往组合实施几种类型的校园欺凌。

第四节　校园欺凌行为的主要角色

校园欺凌事件中涉及三种主要角色，分别是欺凌者、被欺凌者和旁观者。行为测量学研究把欺凌角色细化，如在《欺凌参与者角色行为量表》（*Bullying Participant Behaviors Questionnaire*，BPBQ）中，除了欺凌者和被欺凌者的角色外，还包括协助者、保护者和局外人的行为角色。也有研究者细化旁观者类型，除上述角色外，还涉及附和者、见证者、反抗者等。这些分类方式都在强调某个时间点上的角色特征，而校园欺凌的角色与角色之间会发生转换，被欺凌者、协助者和附和者等都可能会成为欺凌者，欺凌者、帮助者也可能成为被欺凌者。因此，本书简化欺凌行为角色，强调欺凌行为发生时要根据主要角色的行为特征制定干预方案。也有研究者提出，带入欺凌者、被欺凌者角色的干预方案可能会产生标签化效应，本书旨在引导教育者认识和理解校园欺凌事件中每种角色对自身的影响，并在此基础上构建干预方案。

一　欺凌者

步入小学后，儿童从简单的家庭关系进入了小型模拟社会的同伴关系，受先天性格特征、家庭教养方式和学校或班级环境的影响，那些喜欢主导他人并具有强烈权利意识的孩子很容易成为欺凌者。不可否认的是，欺凌者通常具有某种能力或优越感，能使其成为小团体的领导者，他们可以是学习好的智商型；可以是善于操控、利用他人的情商型；也可以是家庭条件优越的财力型；还可以是体型健壮的强壮型。欺凌者利用自身在小团体中的领导力选择欺凌对象和欺凌形式。有些欺凌者因为其才能或自身魅力不仅受到同龄人的吹捧和追随，同时也被成年人认可为"高等生""小领袖"，其中不乏班干部及学生会成员。

一项调查研究发现，关于"被欺凌者常被什么人欺凌"这一问题的调查结果显示，选择最多的选项为"班里的普通同学"，占比为13%；其次就是"班里的班干部"，占比为4.6%，这提示了教育者班干部这一群体需要引起注意，他们往往因协助班主任开展班级工作而具有一定的权利，在班级中也有一定威望，会使得一些班干部利用"职权"欺凌他人[①]。学校教育者也容易对这些"高等生"的欺凌现象视而不见，因为"他们是如此优秀，父母也是社会精英，这样家庭的孩子怎么会伤害他人"，导致这些极具优越感的欺凌者越发胆大妄为，容易将欺凌萌芽行

---

① 赵福江、刘京翠、周镭：《全国中小学生欺凌现状调查与分析——基于对全国11万余名学生和6000余名教师的问卷调查》，《教育科学研究》2022年第5期。

为升级为欺凌行为。

(一) 一般欺凌者

关系欺凌者擅长有计划性、掩人耳目地边缘化被欺凌对象，甚至他们可以在同伴排斥被欺凌者时扮演富有同情心、正义感的"助人者"，实际上他们是这一系列欺凌计划的策划者，这样的欺凌者也很难让成人发现其欺凌行为。有些身体欺凌者和财物欺凌者是为寻求关注和存在感，或是为了在制造欺凌事件的过程中获得高人一等的权利，他们通过欺负比自己弱小的同伴来证明自己的强大，并享受他人被痛苦折磨时的过程，从中获得愉悦感。有些网络欺凌者嫉妒他人的优良品质，匿名用挑剔、指责、侮辱或恐吓的语言在网络上攻击被欺凌者或是散布谣言。也有些欺凌者曾经是被欺凌者，他们在被欺凌时感到痛苦无助，消极厌世，一旦有机会，就会选择把曾经受到的伤害变本加厉地还给伤害过他们的人，或者从伤害比他们弱小的同伴中寻求"公平"。

无论是哪种形式的欺凌者，大多数欺凌者表现出追求主导权、控制力的性格特点，具有较强的权利意识，只关注自己的利益和欲望，忽视他人的权利和感受，缺少同情心。他们倾向排除异己，不能容忍差异性，如身体残疾、外地口音、太胖太瘦或是性格孤僻不合群，甚至是太优秀的人。传统欺凌观点认为客观差异性导致了欺凌，实际上欺凌者可以因为任何原因，如嫉妒、私下冲突、确认自己权威地位或仅仅是因为"好玩"而选择欺凌对象，在欺凌实施过程中寻求被欺凌者与众不同的差异性作为欺凌理由，人生而不同，欲加之罪何患无辞，很显然这在欺凌者看来是轻而易举的事情。

欺凌者中也存在有品行障碍的问题学生，他们在学校有严重的违纪记录，如打架斗殴、逃学、停学；有吸烟、酗酒、吸毒或其他物质滥用；有虐待动物、放火、破坏公物的经历。他们可能来自单亲、离异家庭，或者曾经遭受过虐待或忽视，他们在暴力家庭中成长而崇尚暴力。这样的欺凌者缺少共情的能力，很难站在他人的立场上考虑问题，对他人充满敌意，也很难控制自己的情绪和行为，并认为被欺凌者是自作自受，拒绝为自己的欺凌行为的后果承担责任。

（二）ADHD 欺凌者

欺凌者的欺凌行为并非与生俱来。欺凌者的家庭生活、学校生活，以及整个社会的文化环境（包括媒体），都默许和助长了欺凌行为。已有大量研究证实，欺凌者的欺凌行为受家庭教养方式、同伴关系、暴力传媒等因素的影响。然而，有一种欺凌者的欺凌行为是生物因素作用的结果，即注意力缺陷多动障碍（Attention Deficit Hyperactivity Disorder, ADHD）欺凌者的攻击性行为。ADHD 症状表现为与发展水平不相称的注意力缺陷和多动冲动，其生物遗传因素已得到广泛认可。大多数 ADHD 儿童都存在同伴关系问题，这源于 ADHD 症状在同伴交往中的作用机制。ADHD 的注意力缺陷症状会使 ADHD 儿童在同伴交往过程中分心，导致缺失部分交流信息；ADHD 的多动冲动症状则会导致在交往情境中出现不适当的多动、侵入性及干扰性行为而遭受同伴拒绝。特别是在中国文化中，表现出扰乱群体和谐的行为（例如，在群体活动中过度活跃或冲动，或不注意规则）的学龄儿童被视为违反社会规范，从而更有可能出现同伴关系问题。反过来，不被同伴接纳导致 ADHD 儿童与同龄人互动、学习社会知识以及获得实践社会技能的重要发展机会被剥夺，进而增加了他们在同伴互动中注意力不集中、过度活跃或冲动等不适当的行为方式。这可以理解为一个恶性循环的过程。因此，ADHD 欺凌者的 ADHD 症状使他们容易将社交线索进行敌意归因，在同伴关系冲突期间更容易使用敌意的反应方式，从而导致他们与同伴相处时表现出较少的共情能力、助人和分享行为，较多的攻击性行为，这种对同伴的攻击性行为在师生眼中自然就成为校园欺凌行为。正因为 ADHD 欺凌者因其生物性因素参与下发生欺凌行为，与一般欺凌者相比，更需要学校教育者和家长耐心的引导和帮助。

（三）暴力欺凌者

近年来，媒体频繁报道国内的校园暴力欺凌事件，使得校园欺凌问题已牵系着每一个家庭的敏感神经，成为全社会关注的热点问题。暴力欺凌者是指凭借其自身或借助具有杀伤性能的器械，以强暴手段或以其他危险方式欺凌他人，并造成了一定后果或严重危害社会秩序或公共安全,其基本特征为具有明显的暴力性质。大部分被报道的校园欺凌事件都具有情节恶劣、手段残忍、后果严重等特征,涉及青少年暴力犯罪等问题。这类暴力欺凌者不仅要依据学校校规处理,落实家长监护责任等,2016年11月教育部联合多个部委印发的《教育部等九部门关于防治中小学生欺凌和暴力的指导意见》中明确指出,要依法依规处置学生欺凌和暴力事件,强化教育惩戒威慑作用。

暴力欺凌者在产生暴力行为之前通常会出现一些共性的先兆指标。芭芭拉·科卢梭在其著作中,分享了两个青少年暴力行为的评估方法①。

1. 青少年暴力行为先兆指标

芭芭拉推荐使用暴力行为预测专家加文·贝克尔(Gavin de Becker)撰写的《保护天赋:保证儿童和青少年的安全(和父母的警醒)》一书中所分享的青少年暴力行为先兆指标。指标包括:

(1) 酗酒或滥用药品

(2) 多媒体产品成瘾

(3) 漫无目标(持续不断地变换目标和指向,拥有不切实际的预期,而且在追求目标的过程中缺乏毅力和自律)

(4) 对武器着迷

(5) 沉闷,气愤,抑郁(sullen, angry, depressed, SAD)

(6) 运用暴力谋求地位和价值感

(7) 威胁(使用暴力或自杀)

(8) 经常处于愤怒之中

(9) 拒绝/羞辱

(10) 媒体的挑唆(广泛宣传暴力行为可能会引发人们对肇事者的认同,或者会刺激潜在施暴者对暴力的关注)②

---

① [美] 芭芭拉·科卢梭:《如何应对校园欺凌》,肖飒译,华东师范大学出版社2017年版,第97—100页。

② 注:由于我国无自由获得枪支渠道,故本书删除"有使用/得到枪支的途径"的指标。

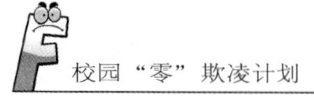

2. 青少年暴力行为预警评估

芭芭拉建议学校教育工作者和家长可使用佩珀代大学的国家学校安全中心所推出的预警青少年暴力行为的评估工具，从而觉察青少年暴力行为的危险信号。所有题目回答"是"或"否"。

(1) 曾经出现过暴怒或歇斯底里的现象

(2) 典型地诉诸出口伤人，诅咒或辱骂性的语言

(3) 习惯性地在生气时使用暴力威胁

(4) 把武器带到学校

(5) 在学校或社区有严重的纪律问题背景

(6) 有吸毒、酗酒或其他物质依赖的背景

(7) 被同伴边缘化或几乎没有知心朋友

(8) 沉迷于武器、爆炸品或其他燃烧装置

(9) 曾经逃学，或者被学校停学、开除

(10) 对动物残忍

(11) 缺乏或没有来自父母或关系亲密的成年人的支持和监管

(12) 曾经在家中目睹过或遭受过虐待或忽视

(13) 欺凌或威胁同伴、少年儿童

(14) 倾向于把自己的困难和问题归咎于他人

(15) 对表达暴力主题的电视节目、电影或音乐有始终如一的热情

(16) 喜欢阅读与处理暴力问题、暴力仪式和虐待问题相关的材料

(17) 在学校作文或写作项目的内容中反映出愤怒、挫败和学校生活的阴暗

(18) 涉足某些被同伴边缘化的帮派或反社会群体

(19) 常常抑郁或极度情绪化

(20) 曾经威胁或曾经尝试过自杀

(21) 曾经被同伴或年长儿童欺负①

计分方法：

上述各项题目，回答"是"计5分，回答"否"计0分，最终累计总分评估测试者的暴力倾向程度。

❖ 5—20分：测试者预期存在青少年行为不端问题的风险。

❖ 25—50分：测试者存在暴力行为风险，急需大量的正面支持、指导、角色示范和能力建设。

❖ 55分以上：测试者是一个"定时炸弹"。他本人和他的直系亲属都处于危险之中。需要立即向社会和健康服务机构、其他青年服务专业人员，以及执法机关寻求帮助。

值得关注的是，暴力欺凌者并不一定是经常让老师家长头疼的问题青少年，他们可能曾经是持续被欺凌者，日复一日地被嘲笑、谩骂、殴打或是被散布恶毒的谣言，被排斥后空气般无存在感，以上总总，可能会让他们采用极端的暴力行为来终止对自己的欺凌，或是报复性地欺凌他人，这一类型欺凌者也被称作欺凌—被欺凌者（后文详述）。

二 被欺凌者

如前文所述，欺凌者可以因为任何原因选择欺凌对象，导致任何人都有可能成为被欺凌者。欺凌者想要新生臣服于自己，转校生就会成为被欺凌者；欺凌者想要些零花钱，经济优越的学生就会成为被欺凌者；欺凌者嫉妒比自己好看的人，"班花班草"就会成为被欺凌者；欺凌者想要扩大势力范围，那些坐在他周边的人就都有可能成为被欺凌者。

什么样的人更容易成为被欺凌对象？大量质性研究结果显示，那些与群体特质有差异性的个体更容易成为被欺凌者。步入青春期后，青少

---

① 注：该条目为芭芭拉加入。

年的同伴关系与亲子关系并重，甚至高于亲子关系。从社会心理学的角度看，从众是最容易被群体接纳也是防止被群体排斥最安全的一种行为。欺凌者选择被欺凌对象的标准是"差别性"，即"他/她和我们不一样，他/她是另类"。

差别性中，生理因素是被欺凌者最不可控的因素，如外形上太胖、太瘦、太高、太矮，外貌上太丑、太美，年龄上与同伴相比太大、太小等。一些正处于身体矫正期的学生，会戴牙套、眼镜、助听器、脊柱矫正器等，有发育性及过敏性疾病，如哮喘、青春痘或其他皮肤疾病、食物过敏等，这些自身不可控的不同于他人的"差别性"是欺凌者的首选因素。特别是有身体残疾和精神障碍的孩子，他们遭受欺凌的可能性会增加两倍到三倍。在我国盲、聋、哑、智力障碍以及孤独症、多动症等有精神障碍的特殊儿童接受教育的形式一般有三种：特殊教育学校、机构附设特殊教育班和普通学校随班就读。其中普通学校随班就读是大多数轻症特殊儿童的就学渠道。班级中的这类学生很容易成为被欺凌对象，一是因为外观、行为和能力的差异性，如流口水、斜视、声音很大、学习成绩差等；二是因为特殊症状下行为控制力较差，如多动症、孤独症、智障儿童不自知或无法考虑到行为的后果，常常有意无意地激怒欺凌者；三是因为这类学生即便遭受校园欺凌，但因他们的控诉能力有限，欺凌者也不用担心自己的欺凌行为会受到惩罚。

除生理因素外，差别性还可以是家庭因素，如单亲、离异家庭，或经济条件太差或太优越；可以是性格因素，太内向或太外向；可以是性别因素，男生举止太"娘炮"或女生举止太"爷们"；可以是学业因素，成绩太差或太优秀；可以是衣着打扮，太土气、太另类或太中性；还可以是不同宗教信仰、不同文化背景、不同地理位置、不同户籍出身，如城市学校里新转学过来的农村学生，其口音、衣着打扮都容易成为欺凌者蔑视从而进行欺凌的原因。

尽管任何人都可能会被欺凌，但不代表他们会一直成为被欺凌对象，学校教育者们会在工作中发现同样有欺凌行为的班级中也不是所有转校生都遭受欺凌，有些欺凌只发生一次便戛然而止，更容易被选择成为固

第一章 解读校园欺凌

定欺凌对象的人往往具有共同的性格特征。通常校园欺凌更容易发生在性格内向、沉默、怕事、孤单，或者因缺乏交往技巧招致同伴反感的学生身上。这类学生在班级里很少有朋友支持，在被欺凌过程中总会感到孤立无助，同时由于缺乏社交学习机会，他们在面对暴力时不知如何应对。因此，对被欺凌者的学校教育和家庭教育不是消除他们在群体中的差异性，而是增加其社会性，交到可以信赖的朋友以获得援助力量，更要帮助他们学会如何应对欺凌者，如何对欺凌说"不"。

此外，具有多重差别性身份或重叠特征的学生更容易成为或被固定为被欺凌者。每个人都持有多个身份标签，如性别、性取向、种族、民族、职业、宗教和家庭角色等。往往某一单一身份与群体的差异性并不能决定校园欺凌是否会发生。已有研究发现，被欺凌者的多重身份与特征污名化才决定了他们被选择成为欺凌对象。比如一个同性恋、单亲家庭和因脸上有斑而被取绰号为"芝麻饼"的学生；一个有宗教信仰不能吃肉、有外地口音、戴牙套而被取绰号为"金刚牙"的学生等，诸多身份及与群体不同的差别性让他们优先进入了欺凌者的视线。

三　欺凌—被欺凌者

欺凌—被欺凌者（bully victims 或 aggressive-victims）是指在校园欺凌中，既是欺凌他人也是被他人欺凌的角色。从欺凌—被欺凌者角色形成的动态发展上可以看出，欺凌—被欺凌角色是校园欺凌角色中最不稳定的角色，欺凌和被欺凌者都容易成为该角色，同时该角色也可以成为欺凌和被欺凌者角色。

早期学术界认为单纯欺凌者的攻击性是主动性攻击，即欺凌者为满足自身需求或维持目标导向而主动攻击被欺凌者的行为，通常与个体压抑、愤怒的情绪以及挫折状态无关，比如"我想要他手里的足球，因为我想玩""我想让他服从我，因为我要巩固自己的统治地位"。社会学习理论认为，主动性攻击是一种有目的、可习得性的行为，为了达成自己掠夺或扩张权利目的而进行的欺凌行为，往往欺凌者不会感到愧疚，并为自己能达成目标而欣喜。而欺凌—被欺凌者的攻击性是反应性攻击，即由一定情境线索引起的被动性攻击行为，通常是在个体觉察到的外部敌意环境驱动下发生，强调挫折体验和被挑衅后的带有愤怒情绪的"报复性反应"，比如"他想要抢我的球，所以我揍他""他用轻蔑的眼神看我侮辱我，所以我要揍他"。挫折—攻击理论认为，反应性攻击是一种因为感受到挫折后为减少外部威胁而进行的防卫或报复性欺凌行为，常伴有焦虑和愤怒情绪。这提示学校教育者对欺凌事件的处置工作中，有必要通过被欺凌经历和攻击行为后的情绪反应来判断欺凌动机。中小学班主任在处理校园欺凌事件时会发现，与主动性攻击的欺凌行为相比，反应性攻击的欺凌行为更常发生，经常听欺凌他人的学生在解释自己的欺凌行为时，会说到和被欺凌者过往的"恩怨"。

四　旁观者

尽管学界对于校园欺凌的研究对象更侧重于欺凌者和被欺凌者，然而在现实欺凌事件中，群体现象的欺凌行为不仅仅发生在欺凌者和被欺凌者之间，而是发生在同伴群体的微观社会环境中。校园欺凌事件中的旁观者是指既不是被欺凌者也不是欺凌者，而是见证或以某种形式参与欺凌事件的个体。他们可以是目睹欺凌事件发生过程的人，可以是欺凌事件的知情人，也可以是协助欺凌者的助纣为虐者或是传播谣言的推波助澜者，还可以是帮助被欺凌者的见义勇为者。可见，旁观者角色是校园欺凌防治工作中不可忽视的教育对象，他们作为、不作为或怎样作为的行为表现可以影响欺凌事件的发生和发展。当旁观者能积极介入欺凌行为时，大部分欺凌事件会被有效阻止；而当旁观者袖手旁观或者对欺凌行为推波助澜时，如围观或哄笑，都会激发欺凌者的表现欲和成就感，从而使其欺凌行为变本加厉。因此，如何将消极旁观者转变为积极旁观者，掌握更有效的欺凌干预策略是防治校园欺凌工作中的关键和难点。旁观者可以分为局外人、欺凌强化者、欺凌协助者和保护者四种角色。

（一）局外人

局外人是指保持中立态度，忽视或不介入欺凌事件的旁观者。局外人也被称为"消极旁观者"，因为他们冷眼旁观欺凌事件，不采取行动也不表明态度,看似没有参与欺凌行为,但根据欺凌事件的性质,他们与欺凌协助者和强化者一样,都直接或间接地助长了校园欺凌行为的滋生,让被欺凌者陷入痛苦的身心折磨中。局外人在"旁观者效应"下,其行为最终都是不干涉欺凌事件,但会因不同的不干涉理由分为以下三个类型:

(1)冷漠型:遭遇欺凌事件时事不关己,认为"这件事和我无关""我和他/她又不熟";

(2)焦虑型:遭遇欺凌事件时担心自己会受伤、会被报复,认为"这几个小霸王可惹不起,不要惹祸上身";

(3)无助型:遭遇欺凌事件时不知所措,担心被欺凌者会因自己的不当介入陷入更糟糕的境地,认为"真可怜,但我也无能为力,也许我帮忙会让事情变得更糟糕"。

(二)欺凌强化者

欺凌强化者指通过煽动性语言、表情或行为鼓动,如旁观大笑、鼓掌赞同等支持欺凌者的旁观者。强化者乐于"吃瓜",虽并未直接参与欺凌行为,但热衷围观并从欺凌发生过程中获得愉悦感。强化者也可能是从消极旁观者转变而来,因为大多数冷漠型旁观者很少能意识到自己应为欺凌事件负有一定责任,正如大多数无助型旁观者很少能意识到自己拥有能对欺凌说"不"的强大力量一样。当围观的旁观者哄笑着看欺凌事件发生发展时,殊不知自己的行为已被欺凌者解读为肯定、赞赏,从而更加肆无忌惮地持续欺凌行为。

(三)欺凌协助者

欺凌协助者是指在欺凌事件中协助欺凌者实施欺凌行为,或是在班主任或学校管理者赶到欺凌现场前提醒欺凌者,也可能是在欺凌事件调查过程中包庇欺凌者的旁观者。他们并不是欺凌的发起者,但其对欺凌者的协助性和支持性行为本身已构成以多欺少、以强凌弱的"不均衡势力"的欺凌行为要素。

(四)保护者

保护者是指在欺凌事件中对被欺凌者进行援助,保护被欺凌者的角

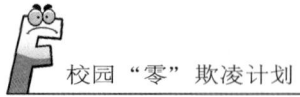

色,因其努力制止欺凌行为也被称为"积极旁观者"。大多数"无助型局外人"和"焦虑型局外人"认为保护者极具勇气,敢于直面欺凌者,有自己所不能及的能力出面阻止欺凌行为,他们也是最容易通过教育和习得应对技能后转变为积极保护者的群体。实际上保护者不单单指欺凌事件发生时直接站出来阻止欺凌行为的人,还可以是以其他方式支持、保护被欺凌者的人。比如举报欺凌行为或帮助收集欺凌证据的见证者、对欺凌者的要挟说"不"的反抗者,以及直接站出来阻止欺凌行为的守卫者,他们都是保护被欺凌者的积极旁观者。

旁观者是校园欺凌参与角色中比重最大、人数最多的角色,对校园欺凌的发生和维持有着推波助澜的促进作用。近年来,越来越多的校园欺凌干预性研究从旁观者角度出发,探讨如何能使学生选择积极旁观者角色,以期降低校园欺凌的发生率。

第二章
学校管理者的校园欺凌防治工作

学校管理者作为学校的领航人,对校园欺凌行为的正确认知和重视程度,直接关系校园欺凌防治工作的执行力和成效。只有学校管理者对校园欺凌形成正确清晰的概念界定并持零容忍态度,构建责权分明的防治工作体系,才能建立健全防治欺凌综合治理的长效机制,从而为中小学生营造安全、阳光的成长环境。

第一节 学校管理者为什么要重视校园欺凌防治工作

一 健全欺凌防治体系,履行学校教育责任与义务

学校是校园欺凌发生的主要场所,无论在欺凌发生前的预防工作还是欺凌发生后的处置工作,学校都是责任主体。学校管理者应当在厘清学校责任与义务的基础上建构合理的校园欺凌防治工作体系以保障校园安全。有研究者认为,学校教育的责任可以从两个层面进行解读:第一,从事实存在的意义上,学校教育的责任是指伴随着学校事实承担的各种社会功能而产生的所有社会责任,包括诸如对人的发展、社会的发展和人类未来的责任等;第二,从基于社会活动分工而产生的角色上,学校教育的责任既包括学校的自身的角色义务,也包括人们赋予学校教育的

种种期望或要求①。前者指学校作为专门教育机构应当承担的"能为"之责，关系诸多法律责任，后者则更多关系社会对学校教育"当为"的期望与要求。校园欺凌本身就是各种社会问题在教育上的投射，而教育则是学校的根本责任，无论从哪方面去解读，学校都应当建设健全的欺凌防治体系，履行学校的教育责任与义务。

（一）依法治教下学校应当履行的教育责任

党的十八大后，我国全面开启了依法治国的新征程，法治事业在各行业下都呈现出新形势与新常态。人们越来越倾向于认为法治社会中的所有问题应以法治方式去解决，其中包括校园欺凌等学校主体责任的各种问题。教育部印发《依法治教实施纲要（2016—2020年）》的通知中，专门就深入推进教育部门依法行政做出部署，其中明确提出"适应教育管理需要，建立权责统一、权威高效的教育行政执法体制机制，着力解决教育领域执法不力问题，保证教育法律法规规章得到严格实施，推动教育管理的重心和方式向依靠行政执法等方式实施依法监管转变"，并提出"对校园欺凌、性侵犯学生等违法犯罪行为建立'零容忍'机制，加强部门合作，会同政法部门依法严肃查处"。② 学校管理者必须意识到，校园欺凌不仅是校园事件，而且是社会公共事件，它既是教育问题，同时也是法律问题。

从教育法律关系上看，学校与学生之间在法律保护之下存在教育与被教育的关系。《中华人民共和国未成年人保护法》与《中华人民共和国教育法》明确规定了学校是根据国家教育方针和教育目标对学生进行教育的公益性社会组织，其基本职能是对学生进行教育，并兼负管理、保护其合法权益的职责③。如果在教育法律关系理论依据下划分校园欺凌事件中学校承担的责任，不难发现学校的教育、监管和保护责任应贯穿于校园欺凌发生前后的整个过程。

---

① 刘春花：《学校教育的责任边界与有限性》，《教育发展研究》2009年第21期。

② 《教育部关于印发〈依法治教实施纲要（2016—2020年）〉的通知》，中华人民共和国教育部，2016年1月11日，http：//www.moe.gov.cn/srcsite/A02/s5913/s5933/201605/t20160510_242813.html。

③ 周冰馨：《学校主体责任视野下的中小学校园欺凌问题研究》，硕士学位论文，湖南理工学院，2019年。

(二) 校园欺凌防治工作相关的学校义务

1. 教育宣传义务

中小学生正处于价值观形成阶段，学校有义务在教育活动中开展各类法治宣传，如安全宣传册、安全教育广播、张贴安全教育海报，让学生树立正确的价值观，遵循知法懂法、遵法重法、依法行事的行为准则。针对校园欺凌防范教育工作，学校应当积极开展教育宣传活动，推进制定校规、班规，开设校园欺凌防范主题班会及心理课，指导学生在遇到校园欺凌时及时采取有效措施助人与自助，从而确保其合法利益不受侵害。

2. 安全巡查义务

校园欺凌往往发生在校园比较隐蔽的角落，而学校的教育教学空间较大，特别是寄宿制学校和一贯制学校，其生活空间也容易出现监控死角。学校应定时对校园的不同空间场所指派专人进行巡查，并在公共空间安装无死角的监控设备，以做到对校园欺凌事件早发现、早解决，从而预防校园欺凌的发生。每个学校都会存在安全监督死角，学校每年应通过校园欺凌问卷调查、师生访谈以及求助信箱等渠道了解容易发生欺凌的校园场所，加大巡查工作的力度。学校如果疏于对校园隐秘空间的排查而给校园欺凌的发生提供场所，一旦发生涉法校园欺凌事件，法院可以据此将学校的安全巡查职责作为学校需对学生承担的教育安全保护义务，从而判定学校未尽到安全管理责任。

3. 发现制止义务

根据过错推定原则，学校在处理校园欺凌事件的过程中，如不能证明其尽到教育、管理、保护职责，就可推定学校有过错，从而承担赔偿责任。可见，无论课上还是课下，只要在学校负有管理责任的场地内发生欺凌事件，学校在及时发现并制止校园欺凌事件上都要承担法律责任。校园欺凌纠纷的诸多案件中，学校因为没有及时发现学生的异常行为，或没有及时制止学生的欺凌行为，而被法院判决学校承担侵权责任案件占绝大多数。因此，学校应当加强对学生在校活动的监督与管理，从而对潜在可能发生的校园欺凌萌芽行为和欺凌行为及时发现并制止。此外，部分被欺凌者因害怕被打击报复而不敢向老师进行举报，以致长期遭受校园欺凌。针对此种情况，学校管理者应当设置校长信箱、邮件，在教学生活区安置"一键报警装置"等多种匿名举报方式，使学生在遭受欺凌后可以第一时间向学校反映，及时制止欺凌行为。

4. 救助告知义务

在校园欺凌行为发生后，学校有对被欺凌学生及时进行救助和保护的法定义务。首先，当学校发生校园欺凌事件后，应当给予被欺凌学生及时的救助和保护，并且要在第一时间通知其监护人。在校园欺凌事件发生后，学校还应当及时进行调查，在查清事实的基础上，依照学校的相关规定，对欺凌者进行教育惩戒，实施"严重惩戒"时，应当事先告知学生家长。

5. 强制报告义务

2020年5月，我国最高人民检察院与国家监察委员会、教育部、公安部等九个部门发布了《关于建立侵害未成年人案件强制报告制度的意见（试行）》（以下简称《强制报告》）。根据《强制报告》规定，"国家机关、法律法规授权行使公权力的各类组织及法律规定的公职人员，密切接触未成年人行业的各类组织及其从业人员，在工作中若发现未成年人遭受或者疑似遭受不法侵害以及面临不法侵害危险的，应当立即向公安机关报案或举报"[①]。《强制报告》适用于性侵、虐待、欺凌、拐卖等九类侵害未成年人情形，不再以监护侵害为限。学校是学生学习与生活的场所，学校管理者与教育者因与学生日常接触较多，往往最先且最容易发现学生被性欺凌及暴力欺凌的证据。值得关注的是，《强制报告》首先明确将依法对未成年人负有教育职责的中小学校、幼儿园、校外培训机构等从业人员纳入强制报告主体，并明确规定，不仅是发现"遭受"，还包括发现"疑似遭受"不法侵害以及面临不法侵害的危险，都应当立即向公安机关报案或举报。这就要求学校管理者、与学生接触密切的班主任和学科教师，以及校医等学校职工有立即向有关机构报告任

---

① 《关于建立侵害未成年人案件强制报告制度的意见（试行）》，中华人民共和国最高人民检察院，2020年5月29日，https://www.spp.gov.cn/spp/xwfbh/wsfbt/202005/t20200529_463482.shtml#1。

何有侵害迹象的法定义务。

综上所述，在学校教育管理重心向依法治教推动的趋势下，学校应当为预防校园欺凌发生做好教育宣传、定期巡查等防范性工作，校园欺凌发生时应做到立即制止和及时救援工作，校园欺凌发生后应当根据欺凌行为的性质和程度对实施欺凌的学生依法加强管教，通知涉事学生的监护人，而对严重的涉法欺凌行为不得隐瞒，应当及时向公安机关、教育行政部门报告，并配合相关部门依法处理，并要对涉事学生给予及时的心理辅导、教育和引导，以及对涉事学生的父母或者其他监护人给予必要的家庭教育指导。只有学校在校园欺凌事件中积极履行对学生的教育管理保护义务，才能免于相应侵权责任的承担，否则将承担对受害人侵权责任的不利后果[1]。

二　科学防范校园欺凌，保障学生身心健康与安全

（一）校园欺凌对被欺凌者的危害

越来越多的调查研究结果表明，校园欺凌会对被欺凌者的身心健康造成严重伤害，增加其心理障碍、自伤行为及自杀行为的发生率。近年一项探讨中小学生校园欺凌与心理健康状况关系的研究表明，被欺凌的青少年中，抑郁症状、焦虑症状、自杀意念的发生率分别为26.51%、22.89%、14.46%，而一般青少年的发生率仅为7.77%、6.57%、7.98%，差异性均具有统计学意义[2]。压力理论认为，当个体遭遇压力刺激，自己又缺少经验或能力应对压力时，就会通过一系列自我伤害行为来缓解情绪，解除压力所致的压迫感。对重视同伴关系的青少年来说，被同伴欺凌无疑是重要的压力源，被欺凌者往往容易出现学校或社会适应困难，增加实施自伤、自杀危险行为的可能性。如一项样本量为188194人（12—18岁青少年）的Meta分析研究结果显示，被欺凌青少年发生自伤

---

[1] 郭皓博：《校园欺凌事件中学校侵权责任研究》，硕士学位论文，内蒙古大学，2021年。
[2] 廉启国、余春艳、毛燕燕等：《遭受校园欺凌与不良心理健康结局的关联》，《江苏预防医学》2021年第4期。

行为的风险是无欺凌青少年的2.41倍①。另一项欺凌类别与自杀的关系研究表明，中学生受言语欺凌、身体欺凌、关系欺凌和性欺凌均会增加自杀意念的发生风险；受言语欺凌、关系欺凌和性欺凌均会增加自杀计划的发生风险；受言语欺凌、身体欺凌和网络欺凌均会增加自杀未遂的发生风险，表明校园欺凌是自杀行为的重要影响因素。

校园欺凌经历对被欺凌者的性格形成也会产生负面影响。校园欺凌经历会伤害被欺凌者的自信心和自尊心，容易导致学生出现自卑心理，并产生自我怀疑，形成习得性无助。长时间的无安全感以及校园欺凌事件所伴随的恐惧和焦虑感往往使被欺凌者变得内向、社交敏感、胆小、自暴自弃、愧疚、孤独。被欺凌者越是呈现上述性格特征，就越容易出现社交问题，从而缺少朋友，越容易被孤立和排斥，进一步增加被欺凌的可能性。校园欺凌经历还会导致被欺凌者今后的人际交往产生障碍，比如怎样建立友谊和如何维持恋爱关系②。

校园欺凌还会影响被欺凌者的学业表现。有研究发现，学生遭受校园欺凌的程度越高，学习倦怠水平越严重③。一方面，校园欺凌导致被欺凌者的学业态度变得消沉，学习动力被削弱，学习成绩差，进而会被"脑子笨"污名化，更容易成为欺凌者的攻击对象；另一方面，学业差的学生不敢与老师交流，通常会隐瞒被欺凌的实情，这会使欺凌者更加肆无忌惮，导致其陷入反复被欺凌的恶性循环。被欺凌者还会因担心、恐惧再次受到欺凌而害怕上学，增加逃学和辍学的可能性。

(二) 校园欺凌对欺凌者的危害

校园欺凌不仅直接影响被欺凌者的心理健康，也会在诸多方面影响欺凌者的心理健康状态。河南省10581名中小学生的问卷调查结果显示，

---

① 唐寒梅、陈小龙、卢飞腾等：《欺凌行为与青少年非自杀性自伤关系的Meta分析》，《中国循证医学杂志》2018年第7期。
② 王玥：《心理学视域下校园欺凌的形成机理及对策》，《北京师范大学学报》(社会科学版) 2019年第4期。
③ 李治会：《高中生校园欺凌对学业倦怠的影响：同伴关系的中介作用及干预研究》，硕士学位论文，西南大学，2023年。

欺凌者报告率为12.5%，在有敌对、人际关系紧张、学习压力和情绪不平衡等心理问题的中小学生中，欺凌者的报告率分别为24.2%、20.3%、19.4%、20.1%[①]。江苏省和重庆市11所中学的问卷调查研究则显示，欺凌者出现高水平抑郁的可能性是对照组的1.41倍[②]。欺凌他人不仅易产生心理问题，同样也容易出现自伤行为。一项欺凌行为与自伤行为关系的Meta分析研究结果显示，欺凌者发生自伤行为是无欺凌行为者的2.26倍，这可能与他们的抑郁、焦虑等负性情绪以及心理问题相关，这些问题均会增加学生危险行为的发生[③]。

当欺凌者的欺凌行为没有被惩戒，他们为所欲为的行为会一直延续至成人，甚至将欺凌行为扩大化和多样化，对身边的同伴或家人实施持续反复的恶意行为或暴力行为。有研究者介绍一组以14岁欺凌者为研究对象的跟踪研究，结果显示，18%的欺凌者在32岁时仍会欺凌他人，超过60%的欺凌者具有高度侵略性，他们暴躁、易怒、喜欢争论和有暴力倾向，20%的欺凌者走上了暴力犯罪的道路[④]。

(三) 校园欺凌对欺凌—被欺凌者的危害

欺凌—被欺凌者兼具欺凌者和被欺凌者所持的两方面危害特点，他们无论与欺凌者还是与被欺凌者相比，都存在更多的同伴交往问题，往往朋友更少、更不受欢迎，因此在情绪和行为问题方面有更高的风险。有研究显示，在已经出现抑郁情绪的青少年中，与对照组相比，欺凌者、被欺凌者、欺凌—被欺凌者均具有更高的抑郁水平，其中，欺凌—被欺凌者出现高抑郁水平的风险更大，可能是对照组的1.86倍[⑤]。近年来，成为热点的网络欺凌研究的结果同样显示，焦虑和抑郁是所有网络欺凌

[①] 郝义彬、吴柯、权菊青等：《中小学生心理问题与欺凌他人行为的相关性》，《中国学校卫生》2022年第2期。

[②] 谢洋、陈彬莉：《校园欺凌中不同欺凌角色与抑郁的关系研究》，《社会工作与管理》2021年第3期。

[③] 唐寒梅、陈小龙、卢飞腾等：《欺凌行为与青少年非自杀性自伤关系的Meta分析》，《中国循证医学杂志》2018年第7期。

[④] 任海涛：《校园欺凌法治研究》，中国政法大学出版社2019年版。

[⑤] 金凤、刁华、蒲杨等：《重庆市中学生传统欺凌、网络欺凌与自杀相关心理行为关系》，《中国公共卫生》2022年第1期。

角色的共病症状，其中欺凌—被欺凌者检出焦虑、抑郁及二者共病症状的风险均最高①。此外，有研究显示，被欺凌、欺凌、欺凌—被欺凌都是自伤行为的危险因素，其中，欺凌—被欺凌者发生自伤行为的风险是无欺凌行为者的2.76倍，关联强度最大②。

（四）校园欺凌对旁观者的危害

尽管旁观者没有直接卷入校园欺凌事件，看似不存在对他们的危害，但实际上长期目睹欺凌事件，会对其心理健康和社会发展产生负面影响。目击欺凌事件会让旁观者感同身受地体验到恐惧、愤怒、无助，同时也会担心自己或朋友成为欺凌者的下一个目标，导致焦虑和紧张等情绪问题。此外，旁观者还会受到同伴压力的影响，从而被迫参与欺凌行为或保持沉默，这会让他们对被欺凌者感到内疚和无力，进而负面影响其自我概念的形成。长此以往，这些心理和情绪上的负担会对旁观者的心理健康产生深远影响。

校园欺凌对旁观者的社会性发展也会带来危害。旁观者可能因缺乏欺凌行为的应对技能，担心自己的行为会引起欺凌者的注意，会选择远离被欺凌者或避免与他们建立联系，从而导致孤立感和社交隔离。即便是"冷漠型"旁观者，也会因漠视欺凌行为而影响其同理心与共情能力的发展。同理心是指能够理解和共享他人情感的能力，而共情能力则是指能够感受并回应他人情感的能力。当旁观者选择冷眼旁观欺凌行为，而不对欺凌行为采取任何行动时，相当于主动切断对被欺凌者的情感共鸣，从而避免体会到他们的痛苦和困境，久而久之就会阻碍旁观者的同理心和共情能力的发展。当"冷漠型"旁观者成为主导人群时，其他学生会在"旁观者效应"下，选择保持沉默或与被欺凌者保持距离。这种从众行为会进一步加剧校园欺凌氛围的恶化，产生恶性循环。

综上，校园欺凌会对卷入欺凌事件的所有角色学生的身心健康及其

---

① 陈佳怡、赵颖、李可晗等：《儿童青少年网络欺凌现状及其与焦虑、抑郁症状的关联性分析》，《现代预防医学》2022年第5期。

② 唐寒梅、陈小龙、卢飞腾等：《欺凌行为与青少年非自杀性自伤关系的Meta分析》，《中国循证医学杂志》2018年第7期。

人格和社会性发展产生负面影响，如果不能有效防治校园欺凌现象，就会从根本上侵蚀未来社会建设者和接班人的培养根基。因此，校园管理者应当以校园欺凌零容忍的态度重视校园欺凌问题，为中小学生营造安全、阳光的校园成长环境。

三 规范处置欺凌事件，维护社会和谐与稳定

近年来，中小学校园出现欺凌现象屡登新闻热搜榜，受到社会舆论关注。《少年的你》《悲伤逆流成河》等校园欺凌题材电影在全国上映，更是引起了公众对校园欺凌话题的热议。经媒体传播发酵的校园欺凌事件中，欺凌者对被欺凌者实施凌辱的恶性程度呈加剧趋势，从孤立、殴打、掌掴、逼迫下跪，到扒衣、传播裸照、逼迫喝尿、尝粪便，不断翻新欺凌手段，不仅给被欺凌者带来严重的身心伤害，更增加了学生和家长对校园安全的质疑。学校领导者对欺凌事件的不当处理一旦经媒体曝光和发酵，不仅严重影响教学秩序和学校声誉，更会给被欺凌者带来二次伤害。

2016年某小学的欺凌事件，由于学校将欺凌事件认定为"偶发事件"，从而引出家长一篇题为"每对母子都是生死之交，我要陪他向校园霸凌说NO!"的文章，文中，一位母亲讲述了自己的孩子被两名同学堵在厕所，将垃圾筐扔在头上的经历[①]。随后新华网发表评论，记者针对该事件围绕"到底发生了什么?""'校园欺凌'与'玩笑'的边界在哪里?""事件处理为何这么难?""反校园欺凌薄弱环节在哪里?"四个问题展开调查，直击校园欺凌治理工作的痛点。一些学校管理者会认为，处理校园欺凌事件是公关问题，或认为自己学校纪律严明，不会发生恶性欺凌行为，不用特别强调和实施校园欺凌防治工作。然而，积小疾而为大患，对起绰号、小团体孤立这样的欺凌萌芽错失教育时机，就会给校园欺凌的种子提供温室培养的条件。因此，校园欺凌防治工作既要做好校园欺凌零容忍的预防性工作，也要做好发生校园欺凌后的认定和处理工作。

学校是社会的一部分，承担着培养未来社会人才的重要任务。校园

---

① 郭皓博：《校园欺凌事件中学校侵权责任研究》，硕士学位论文，内蒙古大学，2021年。

欺凌的存在不仅对学生造成伤害，也对整个社会造成负面影响。学校应该积极履行社会责任，通过健全校园欺凌防治工作体系，培养学生正确的价值观和行为准则，为社会的和谐发展贡献力量。

第二节　校园欺凌防治工作相关的教育部文件

一　《国务院教育督导委员会办公室关于开展校园欺凌专项治理的通知》[①]

《国务院教育督导委员会办公室关于开展校园欺凌专项治理的通知》（国教督办函〔2016〕22号）（以下简称《专项治理通知》）是为了加强校园欺凌的预防和处理而制定的法规。2016年4月，《专项治理通知》由国务院教育督导委员会办公室印发，自当日起实施。《专项治理通知》指出，要通过专项治理，加强法治教育，严肃校规校纪，规范学生行为，促进学生身心健康发展，建设平安校园、和谐校园。此次专项治理覆盖全国中小学校，包括中等职业学校，分为两个阶段进行，第一阶段为2016年4月至7月，由各校从开展教育、完善制度、加强预防、及时处理、监督指导、组织部署六方面推行治理工作；第二阶段为2016年9月至12月，主要是开展专项督查，各地各校对专项治理第一阶段专题教育情况、规章制度完善情况、加强预防工作情况、校园欺凌事件发生和处理情况等，进行全面自查、督查和总结，形成报告并逐级上报。

二　《关于防治中小学生欺凌和暴力的指导意见》[②]

2016年11月，教育部联合中央综治办、最高人民法院、最高人民

[①] 《国务院教育督导委员会办公室关于开展校园欺凌专项治理的通知》，中华人民共和国教育部，2016年5月9日，http://www.moe.gov.cn/srcsite/A11/moe_1789/201605/t20160509_242576.html。

[②] 《关于防治中小学生欺凌和暴力的指导意见》，中华人民共和国教育部，2016年11月2日，http://www.moe.gov.cn/srcsite/A06/s3325/201611/t20161111_288490.html。

检察院、公安部、民政部、司法部、共青团中央等部门印发了《关于防治中小学生欺凌和暴力的指导意见》（教基一〔2016〕6号）（以下简称《意见》）。

《意见》指出，在党中央、国务院的正确领导下，在各级党委政府及有关部门的共同努力下，发生在中小学生之间的欺凌和暴力事件得到遏制，预防青少年违法犯罪工作取得明显成效。但是，由于在落实主体责任、健全制度措施、实施教育惩戒、形成工作合力等方面还存在薄弱环节，少数地方学生之间欺凌和暴力问题仍时有发生，损害了学生的身心健康，造成了不良社会影响，必须加强教育预防、依法惩戒和综合治理，切实防止学生欺凌和暴力事件的发生。

《意见》强调，要积极预防学生欺凌和暴力。切实加强中小学生思想道德教育、法治教育和心理健康教育，紧密联系中小学生的思想实际，积极培育和践行社会主义核心价值观，引导全体中小学生从小知礼仪、明是非、守规矩，做到珍爱生命、尊重他人、团结友善、不恃强凌弱，弘扬公序良俗、传承中华美德。认真开展预防欺凌和暴力专题教育，提高学生对欺凌和暴力行为严重危害性的认识，增强自我保护意识和能力，自觉遵守校规校纪，做到不实施欺凌和暴力行为。严格学校日常安全管理，建立早期预警、事中处理及事后干预等机制。强化学校周边综合治理，对中小学生欺凌和暴力问题突出的地区和单位，通过通报、约谈、挂牌督办、一票否决权制等方式进行综治领导责任督导和追究。

《意见》强调，要依法依规处置学生欺凌和暴力事件，保护遭受欺凌和暴力学生身心安全，强化教育惩戒威慑作用，并实施科学有效的追踪辅导。对实施欺凌和暴力的中小学生必须依法依规采取适当的矫治措施予以教育惩戒，既做到真情关爱、真诚帮助，力促学生内心感化、行为转化，又充分发挥教育惩戒措施的威慑作用。对屡教不改、多次实施欺凌和暴力的学生，应登记在案并将其表现记入学生综合素质评价，必要时转入专门学校就读。对构成违法犯罪的学生，根据有关法律法规予以处置，区别不同情况，责令家长或者监护人严加管教，必要时可由政府收容教养，或者给予相应的行政、刑事处罚，特别是对犯罪性质和情节恶劣、手段残忍、后果严重的，必须坚决依法惩处。对校外成年人教唆、胁迫、诱骗、利用在校中小学生违法犯罪行为，必须依法从重惩处，有效遏制学生欺凌和暴力等事件发生。

《意见》强调，切实形成防治学生欺凌和暴力的工作合力。要加强部门统筹协调，各地应成立防治学生欺凌和暴力工作领导小组，明确任务分工，强化工作职责，完善防治办法，加强考核检查，健全工作机制，形成政府统一领导、相关部门齐抓共管、学校家庭社会三位一体的工作合力。要依法落实家长监护责任，避免家长对孩子放任不管、缺教少护、教而不当。要加强平安文明校园建设，提高学校治理水平，推进依法依规治校，建设无欺凌和暴力的平安文明校园。全社会要共同保护未成年学生健康成长，避免学生欺凌和暴力通过网络新媒体扩散演变为网络欺凌，切实为保护未成年人平安健康成长提供良好社会环境。①

三 《加强中小学生欺凌综合治理方案》②

为建立健全防治中小学生欺凌综合治理长效机制，有效预防中小学生欺凌行为的发生，经国家教育体制改革领导小组会议审议通过，2017年11月，教育部、中央综治办、最高人民法院、最高人民检察院、公安部、民政部、司法部、人力资源和社会保障部、共青团中央、全国妇联、中国残联十一个部门联合印发《加强中小学欺凌综合治理方案》（教督〔2017〕10号）（以下简称《治理方案》）。《治理方案》立足于现行法律与政策，明确了综合治理中十一个部门和学校的职责，并强调要建立健全防治学生欺凌工作协调机制，形成多部门有效沟通、各负其责、齐抓共管的综合防治体系。《治理方案》中与学校管理者相关的主要内容整理如下。

---

① 《有效防治欺凌和暴力 保护广大中小学生健康成长》，中华人民共和国教育部，2016年11月11日，http：//www.moe.gov.cn/jyb_xwfb/gzdt_gzdt/s5987/201611/t20161110_288442.html。

② 《加强中小学生欺凌综合治理方案》，中华人民共和国教育部，2017年11月23日，http：//www.moe.gov.cn/srcsite/A11/moe_1789/201712/t20171226_322701.html。

(一) 明确校园欺凌治理指导思想

以习近平新时代中国特色社会主义思想为指导，全面贯彻党的教育方针，落实立德树人根本任务，大力培育和弘扬社会主义核心价值观，不断提高中小学生思想道德素质，健全预防、处置学生欺凌的工作体制和规章制度，以形成防治中小学生欺凌长效机制为目标，以促进部门协作、上下联动、形成合力为保障，确保中小学生欺凌防治工作落到实处，把校园建设成最安全、最阳光的地方，办好人民满意的教育，为培养德智体美全面发展的社会主义建设者和接班人创造良好条件。

(二) 规定校园欺凌治理基本原则

1. 坚持教育为先原则

深入开展中小学生思想道德教育、法治教育、心理健康教育，促进提高人民群众的思想觉悟、道德水准、文明素养，提高全社会文明程度，特别要加强防治学生欺凌专题教育，培养校长、教师、学生及家长等不同群体积极预防和自觉反对学生欺凌的意识。

2. 坚持预防为主原则

完善有关规章制度，及时排查可能导致学生欺凌事件发生的苗头隐患，强化学校及周边日常安全管理，加强欺凌事件易发现场监管，完善学生寻求帮助的维权渠道。

3. 坚持保护为要原则

切实保障学生的合法权益，严格保护学生隐私，尊重学生的人格尊严。切实保护被欺凌学生的身心健康，防止二次伤害发生，帮助被欺凌学生尽早恢复正常的学习生活。

4. 坚持法治为基原则

按照全面依法治国的要求，依法依规处置学生欺凌事件，按照"宽容不纵容、关爱又严管"的原则，对实施欺凌的学生予以必要的处置及惩戒，及时纠正不当行为。

(三) 界定校园欺凌认定标准

校园欺凌作为社会和政府广泛关注的问题，清晰界定概念是防治工作的前提条件。《治理方案》首次以政策文件形式界定了校园欺凌的认定标准，为校园欺凌防治工作提供了政策支持。《治理方案》中规定"中小学生欺凌是发生在校园（包括中小学校和中等职业学校）内外、学生之间，一方（个体或群体）单次或多次蓄意或恶意通过肢体、语言及网络等手段实施欺负、侮辱，造成另一方（个体或群体）身体伤害、财产损失或精神损害等的事件"。该规定明确了校园欺凌发生群体、行为性质、行为类型、行为表现及行为后果（详见第一章），并提出各地各校在实际工作中，要严格区分学生欺凌与学生间打闹嬉戏的界定，正确合理处理。

（四）明确预防校园欺凌的有效措施

校园欺凌重在预防，《治理方案》明确提出预防校园欺凌体现在指导学校切实加强教育、组织开展家长培训、严格学校日常管理、定期开展排查四项措施中。

1. 指导学校切实加强教育

中小学校要通过每学期开学时集中开展教育、学期中在道德与法治等课程中专门设置教学模块等方式，定期对中小学生进行学生欺凌防治专题教育。学校共青团、少先队组织要配合学校开展好法治宣传教育、安全自护教育。

2. 组织开展家长培训

通过组织学校或社区定期开展专题培训课等方式，加强家长培训，引导广大家长增强法治意识，落实监护责任，帮助家长了解防治学生欺凌知识。

3. 严格学校日常管理

学校根据实际成立由校长负责，教师、少先队大中队辅导员、教职工、社区工作者和家长代表、校外专家等人员组成的学生欺凌治理委员会（高中阶段学校还应吸纳学生代表）。加快推进将校园视频监控系统、紧急报警装置等接入公安机关、教育部门监控和报警平台，逐步建立校园安全网上巡查机制。学校要制定防治学生欺凌工作各项规章制度的工作要求，主要包括：相关岗位教职工防治学生欺凌的职责、学生欺凌事件应急处置预案、学生欺凌的早期预警和事中处理及事后干预的具体流程、校规校纪中对实施欺凌学生的处罚规定等。可以说，对学生欺凌治理委员会这一组织的规划设置是本《治理方案》的重点与亮点：一方面，它的建立属于一种长效机制，它将在学校内形成应对校园欺凌的牵头与应急组织，让校园欺凌事件得到及时有效地解决；另一方面，这一组织专业化、多维化的特质决定了其在事件处理问题上的权威性与合理性，合法认定校园欺凌行为，必须有独立且专业的组织，而不能由校方个别领导或部门单独认定①。

4. 定期开展排查

教育行政部门要通过委托专业第三方机构或组织学校开展等方式，定期开展针对全体学生的防治学生欺凌专项调查，及时查找可能发生欺凌事件的苗头迹象或已经发生、正在发生的欺凌事件。

（五）依法依规治理校园欺凌的具体措施

1. 严格规范调查处理

学生欺凌事件的处置以学校为主。教职工发现、学生或者家长向学校举报的，应当按照学校的学生欺凌事件应急处置预案和处理流程对事件及时进行调查处理，由学校学生欺凌治理委员会对事件是否属于学生欺凌行为进行认定。原则上学校应在启动调查处理程序10日内完成调查，根据有关规定处置。

2. 妥善处理申诉请求

各地教育行政部门要明确具体负责防治学生欺凌工作的处（科）室并向社会公布。县级防治学生欺凌工作部门负责处理学生欺凌事件的申诉请求。学校学生欺凌治理委员会处理程序妥当、事件比较清晰的，应以学校学生欺凌治理委员会的处理结果为准；确需复查的，由县级防治学生欺凌工作部门组织学校代表、家长代表和校外专家等组成调查小组启动复查。复查工作应在15日内完成，对事件是否属于学生欺凌进行认定，提出处置意见并通知学校和家长、学生。县级防治学生欺凌工作部门接受申诉请求并启动复查程序的，应在复查工作结束后，及时将有关

---

① 任海涛：《校园欺凌法治研究》，中国政法大学出版社2019年版，第55—56页。

情况报上级防治学生欺凌工作部门备案。涉法涉诉案件等不宜由防治学生欺凌工作部门受理的，应明确告知当事人，引导其及时纳入相应法律程序办理。

3. 强化教育惩戒作用

对经调查认定实施欺凌的学生，学校学生欺凌治理委员会要根据实际情况，制定一定学时的专门教育方案并监督实施欺凌学生按要求接受教育，同时针对欺凌事件的不同情形予以相应惩戒。

（1）情节轻微的一般欺凌事件，由学校对实施欺凌学生开展批评、教育。实施欺凌学生应向被欺凌学生当面或书面道歉，取得谅解。对于反复发生的一般欺凌事件，学校在对实施欺凌学生开展批评、教育的同时，可视具体情节和危害程度给予纪律处分。

（2）情节比较恶劣、对被欺凌学生身体和心理造成明显伤害的严重欺凌事件，学校对实施欺凌学生开展批评、教育的同时，可邀请公安机关参与警示教育或对实施欺凌学生予以训诫。学校可视具体情节和危害程度给予实施欺凌学生纪律处分，将其表现计入学生综合素质评价。

（3）屡教不改或者情节恶劣的严重欺凌事件，必要时可将实施欺凌学生转送专门（工读）学校进行教育。

（4）涉及违反治安管理或者涉嫌犯罪的学生欺凌事件，处置以公安机关、人民法院、人民检察院为主。

（六）明确建立校园欺凌防治的长效机制

明确要求各地各有关部门要加强制度建设，积极探索创新，逐步建立具有长效性、稳定性和约束力的防治学生欺凌工作机制。

1. 完善培训机制

明确将防治学生欺凌专题培训纳入教育行政干部和校长、教师在职培训内容。

2. 建立考评机制

将本区域学生欺凌综合治理工作情况作为考评内容，纳入文明校园创建标准，纳入相关部门负责同志年度考评，纳入学校校长、行政管理人员、教师、班主任及相关岗位教职工的学期和学年考评。

3. 建立问责处理机制

对职责落实不到位、学生欺凌问题突出的地区和单位要追究责任，把防治学生欺凌工作专项督导结果作为评价政府教育工作成效的重要内容。

4. 健全依法治理机制

建立健全中小学校法制副校长或法制辅导员制度，由专人推进学校完善规章制度、落实各项预防和处置措施。

除此之外，《治理方案》强调要建立健全防治学生欺凌工作协调机制，统筹推进学生欺凌治理工作，妥善处理学生欺凌重大事件，正确引导媒体和网络舆情。在职责分工上，明确了学生欺凌综合治理中，教育行政部门、综治部门、人民法院、人民检察院、公安机关、民政部门、司法行政部门、人力资源和社会保障部门、共青团组织、妇联组织、残联组织十一个部门和学校的职责。各地各有关部门要深入细致部署中小学生欺凌综合治理、加强督导检查、及时全面总结、强化宣传引导等工作提出具体要求。

四 《国务院教育督导委员会办公室关于开展中小学生欺凌防治落实年行动的通知》[①]

为实施教育"奋进之笔"，推动教育部等九部门《意见》和教育部等十一部门联合印发的《治理方案》落地生根，促进中小学生欺凌防治工作取得明显成效，2018年4月国务院教育督导委员办公室下发《国务院教育督导委员会办公室关于开展中小学生欺凌防治落实年行动的通知》（国教督办函〔2018〕28号）（以下简称《通知》）。《通知》要求各地提高思想认识，深刻认识专项整治工作的重要性，根据教育部关于在"不忘初心、牢记使命"主题教育中开展专项整治的工作方案部署的整治任务，严格落实有关法律法规和政策要求，健全工作机制，完善防

---

① 《国务院教育督导委员会办公室关于开展中小学生欺凌防治落实年行动的通知》，中华人民共和国教育部，2018年4月20日，http：//www.moe.gov.cn/srcsite/A11/moe_1789/201804/t20180428_334588.html。

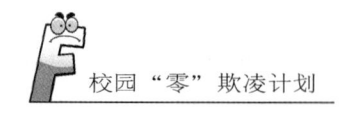

治办法，妥善应对处置，把学生欺凌防治工作落到实处。《通知》内容如下。

（一）指导思想

以习近平新时代中国特色社会主义思想为指导，真抓实干，狠抓落实，促进各教育部门和学校建立健全预防处置学生欺凌的组织机构、工作体制和规章制度，切实推动《指导意见》和《治理方案》规定的政策措施在各教育部门和学校落细落实，有效防治学生欺凌，为建设阳光安全校园、促进学生健康成长奠定良好基础。

（二）行动目标

建立健全国家、省、市、县、学校五级学生欺凌防治工作责任体系和制度体系，基本形成学生欺凌防治部门齐抓共管、责任落实到位、管理制度健全、预防措施有效、处置程序规范的工作局面，推动形成学生欺凌防治工作长效机制，有效遏制学生欺凌事件发生。

（三）工作内容

1. 落实工作机制，做到责任到位

各教育部门要明确学生欺凌防治工作机构，明确学生欺凌防治工作负责人和联系人，制定学生欺凌防治工作实施方案，并在本单位官方网站公开学生欺凌防治工作信息（含工作机构名称、办公电话、实施方案）。

2. 落实部门分工，做到齐抓共管

各教育部门要协调组织相关部门建立健全防治学生欺凌工作机制，推动综治、法院、检察院、公安、民政、司法、人力资源和社会保障等部门及共青团、妇联、残联等组织落实职责分工，加强协作，共同治理。

3. 落实日常管理，做到制度健全

学校要成立学生欺凌治理委员会，明确工作职责和工作方式；明确学校相关岗位教职工特别是法治副校长或法治辅导员防治学生欺凌的工作职责和具体任务；明确学生欺凌的早期预警和事中处理及事后干预的具体流程；在校规校纪中明确不同程度欺凌情形的处罚规定。

4. 落实预防措施，做到防患未然

学校每学期至少开展一次学生欺凌专题教育，结合思想道德教育、法治教育和心理健康教育，普及防治学生欺凌知识和反欺凌技能。开展针对全体学生的防治学生欺凌专项调查，及时查找可能发生欺凌事件的苗头迹象或已经发生、正在发生的欺凌事件。

5. 落实处置程序，做到规范有度

学校要细化调查处理欺凌事件、判定欺凌事件严重程度和教育惩戒欺凌实施者、安抚保护欺凌受害者的具体流程和办法。县级教育行政部门要细化欺凌事件处理申诉和复查程序。各教育部门和学校要依据管理权限，对本地本校学生欺凌事件及处置情况建立专门档案。

6. 落实长效机制，做到专业有效

各教育部门要按照《治理方案》要求建立学生欺凌防治工作培训、考评、问责处理、依法治理等长效机制，在教育行政干部、校长、教师培训和考评中增加学生欺凌防治内容，细化培训内容、范围、次数等要求，细化纳入考评内容和标准，细化问责处理规定等；要求责任督学将学校开展学生欺凌防治的工作情况纳入挂牌督导内容，监督指导学校围绕学生欺凌防治健全工作制度、开展专题教育、加强预防排查。

（四）督促措施

1. 定期通报

国务院教育督导委员会办公室将对全国学生欺凌事件开展舆情监测，对各省（区、市）发生事件情况进行统计，每两月通报一次各省（区、市）学生欺凌事件发生情况。各地要结合本地实际，相应建立学生欺凌舆情监测通报制度，实时掌握欺凌事件发生情况。

2. 事件督办

国务院教育督导委员会办公室对社会反映强烈、群众来信来访、久拖不决及重大欺凌事件进行重点督办，各地要按照督办要求及时妥善核查、处置、整改，对学生欺凌事件中存在失职渎职行为、因违纪违法应当承担责任的有关人员严肃问责，并相应建立学生欺凌事件督办制度。

3. 专项督导

国务院教育督导委员会办公室将联合有关部门于 10 月下旬对各省工作情况开展专项督导，重点检查各地建立工作机制、落实工作责任、纳入挂牌督导、开展综合治理等情况，学校落实学生欺凌防治日常管理、预防措施、处置程序、工作成效等情况。各地教育督导部门要对区域和学校的学生欺凌防治工作情况开展督导检查。

4. 评估总结

各省（区、市）要对照工作内容中的"六个落实"总结经验、查找不足、提出改进措施，于 2018 年 10 月 20 日前向国务院教育督导委员会办公室提交本省学生欺凌防治落实年行动总结。国务院教育督导委员会办公室于 11 月下旬综合舆情监测、定期通报、事件督办、实地督导等情况，对各省（区、市）学生欺凌防治工作情况进行评估总结，形成学生欺凌防治国家督导评估报告。

5. 社会监督

国务院教育督导委员会办公室在教育部门户网站开设"学生欺凌防治工作"专栏，公开各省（区、市）学生欺凌防治工作信息（含工作机构名称、办公电话、实施方案），主动发布学生欺凌防治有关政策文件、工作动态、先进典型、警示事件、追责问责、督导报告等信息，接受公众监督。

6. 宣传引导

各教育部门和学校要通过推广学生欺凌防治经验、发放防治学生欺凌指导手册、"给家长一封信"或编制文艺作品等方式开展形式多样的宣传活动。国务院教育督导委员会办公室将于 11 月下旬选取学生欺凌防治工作成效显著的省份召开新闻发布会，向社会通报全国落实年行动开展情况和有关典型经验做法。

各地要认真落实本通知要求，结合实际制定工作方案，深入开展学生欺凌防治落实年行动，确保学生欺凌防治各项工作落实到位、深入人心、取得实效。

五 《防治学生欺凌暴力　建设阳光安全校园——国务院教育督导委员会办公室 2019 年第 5 号预警》[①]

为做好中小学生欺凌和暴力防治工作，切实保障学生安全，维护校园安宁，2019 年 8 月国务院教育督导委员会办公室发布《防治学生欺凌暴力　建设阳光安全校园——国务院教育督导委员会办公室 2019 年第 5 号预警》（国教督办函〔2019〕5 号），提醒地方各级政府、有关部门、学校、家长要严格落实学生欺凌防治工作要求，群策群力，切实把校园建设成最阳光、最安全的地方。要求重点做好完善协调机制、隐患排查、开展专题教育、预防处置、落实家长责任五项工作。具体内容如下。

（一）完善协调机制

各地要组织协调有关部门、群团组织，建立健全防治学生欺凌工作协调机制，明确任务分工，强化工作职责，完善防治办法，加强考核检查，做好舆情引导，形成政府统一领导、相关部门齐抓共管、学校家庭社会三位一体的工作合力，统筹推进学生欺凌和暴力防治工作。

（二）做好隐患排查

各地教育行政部门要同有关部门强化校园及周边的综合治理，做好安全隐患排查整治，督促学校严格日常管理，积极有效预防欺凌和暴力事件发生。要密切警校合作和家校沟通，认真排查可能导致欺凌和暴力事件发生的苗头隐患，加强欺凌事件易发现场监管，及时进行干预处置。

（三）开展专题教育

中小学校要结合学生身心发展规律和思想实际，深入开展思想道德教育、法治教育和心理健康教育，强化学生校规校纪教育，引导学生养成良好思想品德和行为习惯。要通过课堂教学、专题讲座、班团队会、主题活动、编发手册、参观实践等多种形式，开展预防学生欺凌和暴力专题教育，增强学生自我保护意识和能力。

[①] 《防治学生欺凌暴力　建设阳光安全校园——国务院教育督导委员会办公室 2019 年第 5 号预警》，中华人民共和国教育部，2019 年 8 月 23 日，http://www.moe.gov.cn/jyb_xwfb/gzdt_gzdt/s5987/201908/t20190823_395632.html。

（四）做好预防处置

教师要加强师生联系，密切家校沟通，及时掌握学生思想情绪和同学关系状况，对发现的欺凌和暴力事件线索和苗头要认真核实、准确研判，做到早发现、早预防、早控制。一旦发现学生遭受欺凌和暴力，要第一时间向学校报告，并及时通知家长，配合有关部门和学校妥善做好处置工作。

（五）落实家长责任

学生家长要掌握科学家庭教育理念，注重家风建设，重视与孩子相处交流，注意以身作则，教育孩子养成健全人格和积极心理品质。要引导孩子认识欺凌和暴力危害性，了解防治知识，增强自护意识，提高防治能力。要增强法治意识，配合有关部门和学校依法依规做好欺凌和暴力事件防治、处置工作。

六 《教育部办公厅关于印发〈防范中小学生欺凌专项治理行动工作方案〉的通知》[①]

为持续深入做好中小学生的欺凌防治工作，加大专项治理力度，巩固治理成果，健全防治长效机制，2021年1月，教育部发布《教育部办公厅关于印发〈防范中小学生欺凌专项治理行动工作方案〉的通知》（教基厅函〔2021〕5号），要求重点指导各地进一步摸排工作死角，织牢联动网络，健全长效机制，建设平安校园、和谐校园，促进学生健康快乐成长，确保治理行动取得实效。具体内容如下。

为进一步防范和遏制中小学生欺凌事件发生，切实保护中小学生身心健康，努力把校园打造成最安全、最阳光的地方，现就深入开展防范中小学生欺凌专项治理行动，制定如下工作方案。

（一）工作目标

通过深入开展防范中小学生欺凌专项治理行动，切实加强中小学生

[①] 《教育部办公厅关于印发〈防范中小学生欺凌专项治理行动工作方案〉的通知》，中华人民共和国教育部，2021年1月21日，http：//www.moe.gov.cn/srcsite/A06/s3325/202101/t20210126_511115.html。

思想品德教育、法治教育和心理健康教育，集中查处通报一批情节恶劣、社会影响大的恶性事件，指导各地进一步摸排工作死角，织牢联动网络，健全长效机制，建设平安校园、和谐校园，促进学生健康快乐成长。

（二）工作任务

1. 全面排查欺凌事件

各地教育部门要围绕学生欺凌防治工作机制、制度措施、队伍建设、责任落实、宣传引导、教育惩戒、条件保障等方面，对行政区域内所有中小学校开展全面排查，确保全覆盖、无遗漏。学校要对全校学生开展全面梳理排查，与家长进行深入沟通交流，了解掌握学生心理状况、思想情绪和同学关系状况，及时查找发生欺凌事件的苗头迹象或隐患点，对可能发生的欺凌行为做到早发现、早预防、早控制。

2. 及时消除隐患问题

对排查发现的苗头迹象或隐患点，学校要及时向上级教育主管部门报告，与家长进行沟通，调查了解原因，采取必要的干预措施，做好疏导化解工作，并举一反三，及时完善有关规章制度、加强日常管理、压实工作责任、完善工作流程、细化工作举措、防控化解风险、营造良好氛围，切实防止学生欺凌事件发生。要对近年来发生过学生欺凌事件的学校和地区，进行"回头看"，确保整改落实到位。

3. 依法依规严肃处置

各地教育部门要依据相关政策法规和《中小学教育惩戒规则（试行）》有关要求，指导学校进一步完善校规校纪，健全教育惩戒工作机制。对实施欺凌的学生，情节轻微的，学校和家长要进行严肃的批评教育和警示谈话。情节较重的，学校可给予纪律处分，并邀请公安机关参与警示教育或予以训诫。对实施暴力、情节严重、屡教不改的，应将其表现计入学生综合素质评价，必要时依法转入专门学校就读。涉嫌违法犯罪的，由公安机关、人民法院、人民检察院依法处置。对遭受欺凌的学生，学校要给予相应的心理辅导。

4. 规范欺凌报告制度

各地教育部门和学校要建立健全学生欺凌报告制度。学校全体教师、员工要进一步增强责任感，一旦发现有学生遭受欺凌，都应主动予以制止，并及时向学校报告；学校和家长要相互通知，及时进行调查处理。对情节严重的欺凌事件，要向上级教育主管部门报告，并迅速联络公安机关介入处置，配合相关部门依法处理。对舆论高度关注、社会影响广泛的欺凌事件，要及时报送教育部业务主管部门。报告的主要内容包括事件基本情况（时间、地点、起因、过程、涉及人员等）和已采取的措施等。报告内容要准确、客观、详实，不得迟报、谎报、瞒报和漏报。事件情况发生变化后，要及时续报。

5. 切实加强教育引导

各地教育部门和学校要结合学生身心发展规律和思想状况，加强新修订的《中华人民共和国未成年人保护法》《中华人民共和国预防未成年人犯罪法》等法律宣传解读，深入开展思想道德教育、法治教育、心理健康教育，引导学生养成良好思想品德和行为习惯。要将防治学生欺凌专题培训纳入教育行政干部和校长、教师在职培训内容，增强防治学生欺凌的意识和能力。要进一步加大家庭教育力度，密切家校沟通交流，引导学生家长掌握科学家庭教育理念，依法落实监护责任。要教育引导学生正确使用网络，自觉抵制不良网络信息、影视节目、网络游戏等侵蚀影响。

6. 健全长效工作机制

发生学生欺凌事件的学校和有关部门，要认真反思，深入总结经验教训，全面提高防治工作水平。其他地区要引以为鉴，警钟长鸣，防患未然。各地都要进一步健全责任机制，制订学生欺凌防治工作责任清单，明确省市县各级各部门职责，压实学校校长、班主任、学科教师和教职工各岗位责任。进一步强化预防机制，制定学校或年（班）级反欺凌公约，建立师生联系、同学互助、紧急求救制度，积极探索在班级设置学生安全员，发挥法治副校长作用。进一步完善考评机制，将学生欺凌防治情况纳入教育质量评价和教育行政、学校校长、班主任、学科教师及相关岗位教职工工作考评，作为评优评先先决条件。进一步健全问责机制，对学生欺凌问题突出的地区和单位进行督导检查、通报约谈，并向社会公开通报恶性欺凌事件处置情况。对失职渎职的，严肃追责问责。

(三) 组织实施

专项治理行动分三个阶段进行：

第一阶段，部署摸底。各地进行全面部署，集中开展排查摸底工作，摸清当前学生欺凌防治工作中存在的问题，建立台账，明确整改措施。2021年3月底前完成。

第二阶段，集中整治。针对摸排结果，对发现的问题开展集中治理，依法依规做好欺凌事件的调查处置工作，健全完善防治工作机制和制度措施。2021年6月底前完成。

第三阶段，督导检查。国务院教育督导委员会办公室对各地治理行动开展情况进行抽查，及时向社会通报有关情况。2021年7月底前完成。

(四) 工作要求

1. 加强组织，周密部署

各地要把做好学生欺凌防治工作作为建设高质量教育体系的重要内容，作为学生成长成才的底线要求，作为学校教育教学工作的重要任务，切实予以高度重视，加强组织领导，细化工作方案，明确工作要求，压实工作责任，确保治理行动取得实效。

2. 部门联动，强化协作

各地要在属地党委和政府领导下，与法院、检察、公安、民政、司法等部门和共青团、妇联等群团组织加强协同配合，健全部门联动机制，明确任务分工，强化工作职责，完善防治办法，积极构建综合防治体系，切实形成工作合力。

3. 深入宣传，营造氛围

各地要及时向社会公布专项治理的重要举措、工作进展，深入总结本地治理情况和典型工作经验，对工作不力的，予以通报曝光。要引导媒体加强正面宣传，做好舆情引导，防止过度渲染细节，保护受害学生隐私，营造良好治理氛围。

4. 开展督查，确保落实

各地教育督导机构要将学生欺凌防治工作纳入责任督学挂牌督导范围。要会同检察、公安等相关部门对区域和学校专项治理行动开展情况进行联合检查，指导学校不断改进防治措施，确保各项工作落实到位。

七 《中小学法治副校长聘任与管理办法》①

2021年12月，最高人民检察院、教育部联合印发《检察官担任法治副校长工作规定》（以下简称《工作规定》）。《工作规定》从2022年1月1日起开始施行，要求国务院教育行政部门会同最高人民检察院，建立检察机关开展法治副校长工作协调机制，统筹指导地方教育行政部门、检察机关开展法治副校长的聘任、管理、培训、考核、评价、奖励等工作。2021年12月27日，经最高人民法院、最高人民检察院、公安部、司法部同意，教育部颁布《中小学法治副校长聘任与管理办法》（中华人民共和国教育部令第52号）（以下简称《办法》）。《办法》自2022年5月1日起开始施行，充分吸收了多年来各地公检法机关开展兼职法治副校长工作的成功经验和做法，对规范和完善法治副校长制度、实现法治副校长在中小学校全覆盖作了体系性设计，有助于推进中小学法治副校长制度在实践中的全面落地见效和长远发展②。

根据《工作规定》及《办法》相关规定，中小学应当配备至少一名法治副校长，要求其拥有丰富的法律专业知识和法治实践经验，在开展法治宣传教育时更加专业、科学和准确，更能将在校学生法治教育整体布局与针对特定群体的案例式教学结合起来，深入浅出地讲解法律知识，提高法治宣传教育的实际效果，从而引导青少年从小树立新时代中国特色社会主义法治理论、法治意识和法治思维；同时，能从根本上解决当前实践中存在的诸如校园安全、学生欺凌、犯罪预防和对未成年学生罪错行为分级干

---

① 《中小学法治副校长聘任与管理办法》，中华人民共和国教育部，2021年12月27日，http：//www.moe.gov.cn/srcsite/A02/s5911/moe_621/202202/t20220217_599920.html。

② 佟海晴（责任编辑）：《法治副校长，如何有"名"更有"实"》，中华人民共和国最高人民检察院，2022年3月17日，https：//www.spp.gov.cn/llyj/202203/t20220317_549368.shtml。

预等问题。

根据《广东省教育厅等十三部门关于加强中小学生欺凌综合治理方案的实施办法（试行）》法治副校长在学生欺凌综合治理工作中履行以下职责：

（1）协助学校制定学生欺凌治理规划，推动修订校规校纪等学校规章制度，将学生欺凌防治的内容加入其中，使学校的规章制度为学生欺凌综合治理提供相应的依据。

（2）协助学校开设与学生欺凌防治相关的法治教育课程，与社区、家庭及社会有关方面联系沟通，完善学校、家庭、社区三位一体法治教育机制，办好家长学校。

（3）协助学校定期开展针对全体学生的学生欺凌防治专项调查，及时查找可能发生欺凌事件的苗头迹象或已经发生、正在发生的欺凌事件。

（4）协助学校做好对欺凌者的批评教育或专门法治教育（警示教育）。

（5）对涉法涉诉案件，协助学校告知当事人并引导其遵循法律程序办理。[1]

第三节　构建校园欺凌防治工作体系

我国从 2016 年起出台一系列行政法案要求加强预防和综合治理校园欺凌现象，这使发生在中小学生之间的欺凌和暴力事件得到有效遏制。然而，部分中小学学校对校园欺凌的防治工作状态仍呈现出乏力与被动，这与学校管理者对此项工作不够重视从而未能形成权责明确的理念与工作体系密切相关，导致无法充分发挥学校校园欺凌治委会的作用，出现各部门

---

[1] 《广东省教育厅等十三部门关于加强中小学生欺凌综合治理方案的实施办法（试行）》，《省政府公告》2018 年第 32 期，http://www.gd.gov.cn/zwgk/gongbao/2018/32/content/post_3366103.html。

欠缺工作协作性，监管相互推诿或各守一方，教职工也因认知局限出现"责任稀释"的情况等。可见，学校管理者推进中小学校园欺凌防治工作首先应当在国家行政法案，以及当地校园欺凌综合治理办法相关文件基础上，结合学校实际，建构针对本校的权责明确的校园欺凌防治工作体系及其标准。

一 校园欺凌防治工作体系内容

（一）成立学生欺凌综合治理委员会

成立学生欺凌综合治理委员会（以下简称"治委会"），不仅落实了教育部《治理方案》中专门针对校园欺凌问题要成立治委会的校园欺凌防治政策，从形式上宣示学校对于欺凌问题的零容忍态度以及严厉打击的决心。更重要的是，由治委会组织构建专业化校园欺凌防治机制及方案，可以有针对性地对校园欺凌进行有效预防和干预工作，建设"零"欺凌的和谐校园。治委会应由法治副校长全面负责，分为领导组和工作执行组。治委会组织架构及人员构成见图2-1。

1. 治委会领导组

（1）治委会领导组人员构成

领导组成员人数在8—12人，成员结构可以包括学校法治副校长、各行政主管人员、年级长教师、心理健康辅导教师（以下简称"心理教师"）、道德与法治课程教师（以下简称"道法教师"）、学生代表（高中可参与）等校内人员，此外还可以邀请学生家长代表、社区工作者，派出所警员以及心理学、司法部门专家等校外人员共同参与制定反欺凌校规和校园欺凌防治工作规划，以及情节严重欺凌事件的研判和处置。其中，学生家长代表可邀请家长委员会成员或具有心理、教育和法律专业背景的家长担任，可参与学校组织的反欺凌家长培训、协助欺凌现象的发现与报告，以及配合学校欺凌事件调查与处置等工作。社区工作者可邀请学校所在地区的居委会成员担任，协助学校反欺凌教育宣传工作，加强对学校周边监控，协助学校发现和处理欺凌事件，并关注社区内特殊家庭和缺乏家庭教育关怀的被欺凌者和欺凌者。派出所警员可邀请学校所在辖区派出所的警员担任，参与学校法治教育活动和宣传活动，协助学校处理情节严重的欺凌事件，并对行为情节严重的欺凌者及家长进行教育警示工作。

（2）治委会领导组主要职能

① 制定并推进校园欺凌防治工作规划。

② 落实和检查各阶段校园欺凌防治工作。

③ 参与严重欺凌事件的判别、应对和处理。

2. 治委会工作执行组

治委会工作执行组应覆盖全校教职工，建议分为若干职能工作组，由教务处、教导处、团委、德育处、总务处、党政处等行政主管任小组组长。各组工作内容由法治副校长全面落实于组长，人员责任明确、职责清晰，再由组长分工定责，组织工作组成员积极开展校园欺凌防治工作。

（1）课程开发与策划组

由教务处行政主管任组长，由心理教师、道法教师和信息技术教师（教职工）等任组员。

① 负责开发与策划校园欺凌防范专题课程及活动。

② 负责开发与策划法治教育课程及活动。

③ 负责开发与策划行为规范教育活动等。

（2）活动执行与调查组

由教导处行政主管任组长，由年级教师、班主任、课程教师等任组员。

① 负责落实开展各类校园欺凌防范课程与活动。

② 负责组建班级安全委员会，充分调动班级安全委员的积极性，全面了解掌握学生学习、生活等方面的情况，排查与发现欺凌萌芽和欺凌事件，化解学生间一般性矛盾纠纷。

③ 负责开展校园欺凌专项调查，并形成调研报告。

（3）专题培训与宣传组

由团委行政主管任组长，由道法教师、心理教师、家委会成员以及学校宣传相关教职员工等任组员。

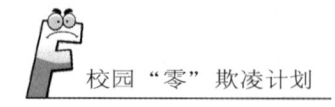

① 负责组织开展校园欺凌防治教职工培训工作。

② 负责组织开展校园欺凌防治班主任专题培训工作。

③ 负责组织开展校园欺凌防治家长专题培训工作。

④ 负责组织开展校园欺凌防治学生培训工作。

⑤ 负责组织开展反校园欺凌法治教育宣传工作。

（4）事件研判与处置组

由德育处行政主管任组长，由心理教师、道法教师、班主任等任组员。

① 负责制定校园欺凌防治校规。

② 负责制定学生矛盾纠纷、欺凌萌芽和欺凌事件的研判标准。

③ 负责制定欺凌事件处置流程。

④ 负责处置严重欺凌事件。

⑤ 负责校园欺凌事件相关人员的心理辅导。

⑥ 负责家校合力反欺凌教育处置工作。

（5）防范巡护与应急组

由总务处行政主管任组长，安保教职工、宿管教职工、后勤教职工、校医等任组员。

① 负责学校日常巡视、重点场所隐患排查。

② 负责配齐安防设施，定期安保设施检修。

③ 负责发现与上报校园内及校园周边欺凌萌芽和欺凌事件。

④ 负责突发性校园欺凌事件的应急工作。

（6）督查与外援建议组

由党政处行政主管任组长，校办教职工、校外法律顾问、心理专家、家长代表、学生代表等任组员。

① 负责制定各小组工作考评与问责机制。

② 负责各小组工作督查与问责。

③ 负责协助制定校园欺凌防治校园欺凌事件的研判标准和处置流程。

④ 负责组织治委会工作会议。

⑤ 负责汇总专家建议形成改进方案。

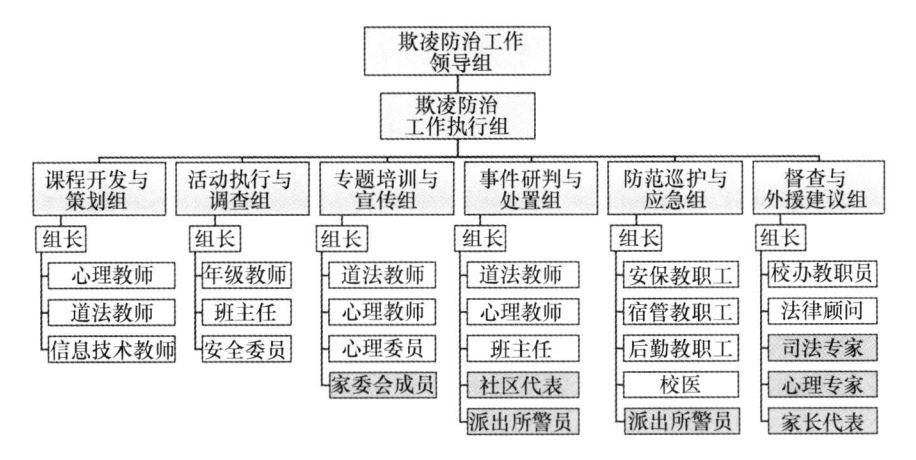

图 2-1　学生欺凌综合治理委员会组织架构

（二）制定校园欺凌防治工作整体规划

教育部 2018 年 4 月印发《通知》要求各地各有关部门将按照属地管理、分级负责的原则，进行综合治理，结合本地区、本部门实际制定具体实施方案。学校治委会领导组的首要工作是在教育部下发《治理方案》及地方相关具体实施方案文件的指导下，制定校园欺凌防治工作的整体规划。例如广东省出台了《实施办法》①，进一步对欺凌防治工作体制和规章制度提出具体实施办法。依据《实施办法》可以明确学校在校园欺凌防治工作中应履行的职责。

学校在学生欺凌综合治理中履行以下职责：

（1）建立学校学生欺凌综合治理委员会；

（2）健全防治学生欺凌的规章制度和措施，将防治学生欺凌工作纳入学校教职工岗位职责；

---

① 《广东省教育厅等十三部门关于加强中小学欺凌综合治理方案的实施办法（试行）》，《省政府公告》2018 年第 32 期，http：//www.gd.gov.cn/zwgk/gongbao/2018/32/content/post_3366103.html。

（3）开展多种形式的防治学生欺凌教育，增强学生的是非观念和法治意识；

（4）完善预防和处置学生欺凌的应急预案和处置流程，妥善处理学生欺凌事件；

（5）认定学生欺凌事件的性质和等级，对实施欺凌的学生进行法治教育或惩戒；

（6）教育学生监护人增强法治意识，指导监护人科学实施家庭教育，依法督促监护人履行法定监护职责；

（7）其他防治校园欺凌的预防和处置工作。

学校应根据本校实际成立学生欺凌综合治理委员会，对学生欺凌事件进行认定和处置。学校学生欺凌综治委由学校主要负责人、法治副校长、教职工代表、德育主任、安全主任、少先队大队辅导员或校团委负责人、家长委员会代表、校外专家等人员组成，学校主要负责人任委员会主任。高中阶段教育的学校学生欺凌综治委应吸纳学生代表参加。

学校制定的校园欺凌防治工作整体规划可结合学校实际，参考地区文件，明确工作目标、学生欺凌综合治理委员会组织架构、工作任务、实施阶段及其验收指标。

参考示例：《**中学和谐校园"零"欺凌计划
——校园欺凌防治工作规划》

为有效防范与治理校园欺凌事件，保障学生的身心健康，维护和确保学校的稳定和发展，构建和谐平安校园，根据《教育部等十一部门关于印发〈加强中小学生欺凌综合治理方案〉的通知》（教督〔2017〕10号）和《广东省教育厅等十三部门关于加强中小学生欺凌综合治理方案的实施办法（试行）》（粤教保〔2018〕13号，以下简称"《实施办法》"）的贯彻实施意见，结合我校实际，制定《**中学和谐校园"零"欺凌计划——校园欺凌防治工作规划》。具体规划如下：

（一）工作目标

1. 防范校园欺凌

加强学生法治教育，严肃校规校纪，规范学生行为，扎实认真做好校园欺凌事件防范工作，促进学生身心健康。

2. 治理校园欺凌

精准解读校园欺凌内涵，对以下校园欺凌行为进行专项治理（"校园欺凌行为表现与判定标准"内容略，详见本章第五节中"校园欺凌行为的判定"），从而构建"零"欺凌的和谐平安校园。

（二）学生欺凌综合治理委员会组织架构

即日起，本校成立学生欺凌综合治理委员会（以下简称"治委会"），治委会由领导组和工作执行组构成。

1. 治委会领导组

组长由法治副校长担任，副组长由德育主任担任，是防治校园欺凌领导小组的主要负责人，负责统筹领导小组的工作。成员包括各行政主管人员、年级长教师、心理健康辅导教师（以下简称"心理教师"）、道德与法治课程教师（以下简称"道法教师"），以及学生家长代表、社区工作者，派出所警员、欺凌防治心理学和司法部门专家等校外人员。

2. 治委会执行组

治委会执行组分为课程开发与策划组、活动执行与调查组、专题培训与宣传组、事件研判与处置组和防范巡护与应急组，分别由教务处、教导处、团委、德育处、总务处、党政处等行政主管任小组组长（组长与成员工作职责略，详见本章第三节内容）。

（三）工作任务

1. 开展校园欺凌排查和校园安全设施排查工作；
2. 组织教职工集中学习学生欺凌事件防范与处置的相关政策、措施和方法；
3. 加强学生校园欺凌防范与应对教育；
4. 完善校园欺凌事件发现、判定与处置制度；

5. 加强家长反欺凌教育，增强家长预防学生欺凌的意识和处理能力。

（四）实施阶段及其验收指标

本次治理规划分为两个阶段。

第一阶段：20＊＊年9—12月底。

1. 宣传教育（执行小组：专题培训与宣传组，组长：＊＊＊）

（1）启动宣讲活动

开展"和谐校园零欺凌"为主题的国旗下讲话活动，宣布启动"和谐校园零欺凌"活动月（计划时间：＊＊＊，负责人：＊＊＊）。

（2）学生校园欺凌防范专题讲座

以案说法形式，有针对性地集中对学生开展欺凌防治专题教育，要着力加强法治教育，使学生充分意识欺凌他人不仅是极端错误的不道德行为，造成后果将要承担相应的法律责任（计划时间：＊＊＊，负责人：＊＊＊）。

（3）学生校园欺凌防范专题活动

结合新学期开学阶段，利用开学第一课、主题班（队）会开展欺凌防范专题活动（计划时间：＊＊＊，负责人：＊＊＊）。

（4）静态宣传

充分利用学校教育宣传设施，如校园宣传橱窗、电子屏幕、文化橱窗、校园网、广播、黑板报等向师生、家长广泛开展校园反欺凌教育宣传。宣传有关法治知识和典型案例，宣传社会主义核心价值观关于友善的要求和处理人际关系的基本准则；宣传校园欺凌行为的危害和恶劣影响，形成反校园欺凌的社会舆论压力和震慑力；积极宣传校园中团结关爱、和谐共进的优秀事例，做好正面引导，建设优良教风、校风、班风、学风（计划时间：＊＊＊，负责人：＊＊＊）。

2. 落实课程（执行小组：专题培训与宣传组，组长：＊＊＊）

（1）道德法治课程

校园欺凌相关防治教育纳入道德法治课程内容中（小学可纳入思想品德课程），应结合思想道德教育、法治教育，为学生普及欺凌防治知识和反欺凌技能（计划时间：＊＊＊，负责人：＊＊＊）。

（2）心理教育课程

校园欺凌相关防治教育纳入心理教育课程，结合学生年龄特征、心理特征，从欺凌者、被欺凌者、旁观者各相关角色入手引导学生体验式学习校园欺凌的危害与应对方式，同时让学生树立自我保护意识，学会利用法律武器保护自己，坚决与欺凌的人和事作斗争（计划时间：***，负责人：***）。

3. 组织培训（执行小组：专题培训与宣传组，组长：***）

（1）全体教职工培训

组织全体教职工集中学习学生欺凌事件预防、识别和处理的相关政策、措施和方法，加强对全体教职工开展校园欺凌专项治理的指导和检查（计划时间：***，负责人：***）。

（2）班主任培训

组织班主任集中学习反欺凌班风建设，明确反欺凌班规（计划时间：***，负责人：***）。

（3）家长培训

组织家长集中学习反欺凌教育，增强家长预防学生欺凌的意识和处理能力（计划时间：***，负责人：***）。

4. 首次排查（执行小组：活动执行与调查组，组长：***）

（1）班级排查

班主任通过问卷调查和学生访谈等形式对班级内进行初步摸底排查，了解班级内是否存在欺凌现象，针对排查结果制定专项治理具体措施（计划时间：***，负责人：***）。

（2）学校排查

通过全校师生问卷调查、学生抽样访谈、信箱等形式全面开展涉校涉生矛盾纠纷隐患排查以及校园易发生校园欺凌盲区（计划时间：***，负责人：***）。

（3）重点人群排查

对农村留守儿童、流动人口子女、困难家庭子女和残疾学生等重点人群进行个人访谈及家庭访谈等形式的排查工作，健全困境学生救助保护制度和家校联系制度，不让弱势学生群体受到校园欺凌的伤害（计划时间：***，负责人：***）。

5. 规范处置（执行小组：事件研判与处置组，组长：***）

（1）研判处置

根据排查结果，调查处置校园欺凌事件，做到公平公正，形成处置报告。对于实施校园欺凌者，应视情节轻重进行惩戒，并长期观察与矫正其不当行为，对情节严重、造成不良后果的，要及时报案，依法处理。具体情节严重程度判定依据《实施办法》第二十一条至第二十四条；具体处置流程依据《实施办法》第二十五条至第三十条。对于被欺凌者一方做好安抚工作，视情况跟进心理干预，安排学校心理咨询教师或校外专家对被欺凌者学生进行心理评估与辅导（计划时间：***，负责人：***）。

（2）完善校规

重新修订完善校纪校规，明确不同程度欺凌情形的触犯规定（计划时间：***，负责人：***）。

6. 安全管理（执行小组：防范巡护与应急组，组长：***）

（1）校园应急防暴演练

为有效防范校园暴力（欺凌）伤害事件，切实保障师生人身安全，及时妥当处置侵害师生安全事件，增强全体师生防暴意识，提高全体师生应对能力，组织一次校园应急防暴演练活动（计划时间：***，负责人：***）。

（2）加强校园欺凌治理的人防、物防和技防建设

建立完善校园欺凌防范工作相关的各项校园安全管理制度。严格落实校园门禁、请销假、出勤和值班巡逻等制度；加强晚自习、学生宿舍管理；积极开展管制器具和危险品收缴工作；完善校园视频监控设施，清空监控盲区，监控显示端必须24小时值班；在教学区和生活区楼道、洗手间等隐蔽场所安置无声式一键报警设施（计划时间：***，负责人：***）。

第二阶段：20**年1—6月底。

1. 自查总结（执行小组：督查与外援建议组，组长：***）

对第一阶段的专项治理情况进行全面自查和总结，重点围绕落实学

生欺凌防治工作日常管理、预防措施和处置程序等，形成书面报告，请专家鉴定并提出相关建议。

2. 二次排查（执行小组：活动执行与调查组，组长：***）

5月下旬实施第二次排查。排查内容与首次排查相同，采用问卷调查、师生访谈等形式实施班级、学校和重点人群三个层面的校园欺凌排查工作。将两次排查结果进行数据分析，探讨工作成效及改进措施。

3. 工作评估（执行小组：督查与外援建议组，组长：***）

根据自查和排查工作结果，以班级为单位对各班的欺凌防范工作进行评估；对校园欺凌防范小组各部门的工作进行评估。

4. 形成常规化校园欺凌防治方案（执行小组：督查与外援建议组，组长：***）

根据自查报告、欺凌行为排查报告结果以及专家建议形成学年制常规化校园欺凌防治方案。

（三）组织校园欺凌行为排查与调研

治委会制定的校园欺凌防治体系是否合理，"零"欺凌和谐校园的工作目标是否能逐步达成，组织校园欺凌行为的排查与调研工作是完善工作体系和检验工作成效的关键步骤。学校管理者可以通过校园欺凌排查结果和调研报告了解本校校园的欺凌行为状况，如欺凌行为发生率、欺凌类型、欺凌行为易发生场所、师生对校园欺凌行为的认识、态度和应对方式等，更准确地把握本校欺凌规模、发展趋势和影响因素，进而优化完善校园欺凌防治工作体系。校园欺凌行为排查与调研方法包括问卷调查法、提名法和访谈法等方法。

1. 问卷调查法

（1）学生问卷调查

① 欺凌问卷调查

中小学校园欺凌问卷调查应当每年至少一次针对全校学生施测。20世纪70年代，欺凌研究先驱者Olweus使用《奥维斯欺负受害者问卷》（*Olweus Bully/Victim Questionnaire*）开展大规模的校园欺凌问卷调查，而后国内外的欺凌问卷调查大多是在该问卷的基础上修订而成。调查通常在询问年级、性别等基本信息后询问欺凌行为相关问题。学生回答为匿名形式。低段小学生进行问卷调查时，可由教师逐题阅读题目和选项，让学生填写。我国学者张文新、武建芬对该问卷进行了修订，分为小学版和中学版两个版本，小学版38个条目，初中版56个条目[1]。近年来国内也有学者采用条目较少的"Olweus 欺负问卷"中小学修订版，共计12个条目，分为被欺凌和欺凌他人两个维度，每个维度6个条目，每个条目按照0—4分进行评分，0 = 没有；1 = 只发生过几次；2 = 1个月2—3次；3 = 大约1周1次；4 = 1周多次。各维度得分越高代表遭受欺凌和实施欺凌的频率越高，总分越高代表卷入欺凌行为的程度越严重。

《Olweus 欺负问卷（简版题目）》[2]

(1) 同学给我起难听的外号，骂我，或者取笑和讽刺我。

(2) 同学故意排挤我，或者完全不理睬我。

(3) 同学打、踢、推、撞我，或者把我关起来。

(4) 同学散布关于我的谣言，并试图让他人不喜欢我。

(5) 同学强行拿走或损坏我的钱或东西。

(6) 同学威胁我，或者强迫我做不情愿做的事情。

(7) 我给同学起难听的外号，骂我，或者取笑和讽刺同学。

(8) 我故意排挤同学，或者完全不理睬同学。

(9) 我打、踢、推、撞同学，或者把同学关起来。

(10) 我散布关于同学的谣言，并试图让他人不喜欢同学。

(11) 我强行拿走或损坏同学的钱或东西。

(12) 我威胁同学，或者强迫同学做不情愿做的事情。

---

[1] 张文新、武建芬：《Olweus 儿童欺负问卷中文版的修订》，《心理发展与教育》1999年第2期。

[2] 彭畅、刘小群、杨孟思等：《中文版 Olweus 欺负问卷同胞欺负信效度评价》，《中国公共卫生》2020年第3期。注：将原问卷条目中"同胞"改为"同学"。

为了解本校欺凌发生率或被欺凌发生率，可以在解释"欺凌"的含义后，采用两个题目开展全校匿名调查：

欺负是指一个同学或一群同学对另外一个同学实施身体的或心理上的攻击或伤害，如果发生了以下<u>任意一种情况</u>时，被攻击伤害的同学很难进行自卫或反击，那么这个同学就视为被欺负。请注意同学之间相互开玩笑不叫欺负，两个力量均等的同学之间打架或争吵也不叫欺负。

A. 给同学取、叫侮辱性绰号，或辱骂、讥讽、恐吓同学；
B. 排斥、孤立同学；
C. 打、踢、推、撞或威胁同学；
D. 散布谣言、散布恶意小纸条使大家都不喜欢该同学；
E. 索要或故意损坏同学的钱财用品；
F. 网络上对同学做诸如上述的伤害性事情。

(1) 本学期你欺负过其他同学吗？
① 未发生　　② 仅发生一至两次　　③ 有时发生
④ 大约每周一次　　⑤ 一周数次

(2) 本学期你被其他同学欺负过吗？
① 未发生　　② 仅发生一至两次　　③ 有时发生
④ 大约每周一次　　⑤ 一周数次

为划分校园欺凌重点巡查与治理区域，了解容易发生校园欺凌的校内场所及校园周边场所，可在问卷调查中增设如下题目：

(1) 你是在哪里被欺负的？（可多选）
① 我没有被欺负过　　　　② 在操场
③ 在教室　　　　　　　　④ 在厕所
⑤ 在校车上　　　　　　　⑥ 在放学回家和上学的路上
⑦ 在其他地方_____。

(2) 你看见的欺负事件是在哪里发生的？（可多选）

① 我没有看见欺负事件　　② 在操场

③ 在教室　　　　　　　　④ 在厕所

⑤ 在校车上　　　　　　　⑥ 在放学回家和上学的路上

⑦ 在其他地方_____。

为了解发生校园欺凌时旁观者态度，可在问卷调查中增设如下题目：

(1) 当你看到一个同学受到欺负时，你会怎么做？

① 看热闹　　　　　　　　② 走开

③ 只管做自己的事　　　　④ 帮助被欺负的同学

⑤ 报告老师　　　　　　　⑥ 也跟着欺负这个同学

(2) 当一个同学受到欺负时，其他同学是否加以制止？

① 从来不制止　　　　　　② 偶尔制止

③ 时常制止　　　　　　　④ 每次都制止

(3) 你会参与欺负一个你不喜欢的同学吗？

① 会　　　　②也许会　　　　③ 不知道

④ 应该不会　　⑤ 绝对不会

② 校园（班级）氛围问卷调查

除了欺凌专项问卷调查外，也可以通过校园氛围、班级氛围或学校归属感、班级归属感等问卷了解学生对学校或班级的评价。比如《特拉华校园氛围量表—学生卷》（*Delaware Bullying Victimization Scale-Student*，DSCS-S）用于测量中小学生对所在学校氛围的感知与评价。我国学者苏洁等人对该量表2016年版进行修订，并对5483名中小学生施测，证明该问卷具有良好的信效度[1]。问卷共计32个条目，采用4点计分，总分

---

[1] 苏洁、朱丽华、李莎等：《特拉华校园氛围量表（学生卷）中文版再修订》，《中国临床心理学杂志》2021年第3期。

数越高代表学生感受到的校园氛围越和谐,其中4个反向计分条目为校园欺凌维度,该维度分数越高则代表学校欺凌现象越严重。

(2) 教师问卷调查

中小学教师作为教育的一线主体,对校园欺凌的态度以及科学处理能力,在校园欺凌防治工作中至关重要。因此,有必要对本校教师,特别是班主任教师开展调查工作。问卷内容可以参考教师校园欺凌认知的相关研究,包括教师对校园欺凌概念的理解、对校园欺凌类型的认识、对欺凌者、被欺凌者自身特征和家庭特征的认识、对校园欺凌重要性的认识与对校园欺凌的态度,以及采取的处理方式和提供给被欺凌者的应对策略等内容[①]。

2. 访谈法

以班级为单位,班主任随机抽取学生以访谈形式进行摸底排查,了解班级内是否存在欺凌现象,特别是对农村留守儿童、流动人口子女、困难家庭子女、家庭结构特殊学生、生理与心理疾病学生和残疾学生等重点人群定期进行个人访谈。学校管理者也可随机抽取不同年级、不同班级学生,针对学生之间矛盾纠纷隐患、欺凌现象,以及校园内及学校周边易发生欺凌的区域进行访谈。学生访谈提纲如下:

《校园欺凌学生访谈提纲》

(1) 你认为什么是校园欺凌?

(2) 本学期你有被同学欺凌的经历吗?(学生回答"有"则询问本题里的以下问题)

① 请告诉我被欺凌的发生过程好吗?

② 你认为他/她/他们为什么会欺负你?

③ 你有没有告诉老师?

④ 老师是怎么处理这件事的?

---

① 张可:《中小学教师对学校欺负行为的认知及其应对研究》,硕士学位论文,河北大学,2004年;范津:《小学教师对校园欺凌的认知及处置方式的现状研究》,硕士学位论文,曲阜师范大学,2019年。

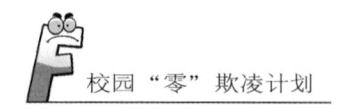

⑤ 现在你和他/她/他们的关系怎样?

（3）本学期你有见过本校/本班同学被欺凌吗？（学生回答"有"则询问本题里的以下问题）

① 请告诉我他/她被欺凌的发生过程好吗?

② 你认为他/她/他们为什么会欺负他/她?

③ 你看到后是怎样做的?

④ 这件事情有后续发展吗？学校和老师是怎么处理的?

（4）在你所在的班，老师如何对待经常欺负其他同学的学生?

（5）在你所在的班，老师如何对待经常被其他同学欺负的学生?

（6）你有学习过校园欺凌防范相关的知识或应对技能吗?

（7）你所在的学校或班级有开展过校园欺凌相关的教育活动吗?

（8）你希望学习哪些校园欺凌防范相关的知识或应对技能?

（9）你觉得欺负他人的学生应该给予怎样的教育惩戒会有效治理校园欺凌现象?

（10）你觉得怎样的欺凌举报措施既能确保信息准确可靠，又能确保举报人的隐私安全?

访谈法也可用于全校教职工，特别是班主任教师。相比于教师问卷调查，访谈形式的开放式问询方式能获得更多信息。教师访谈提纲如下：

《校园欺凌教师访谈提纲》

（1）你认为什么是校园欺凌?

（2）你认为哪些行为属于校园欺凌行为?

（3）你觉得校园欺凌有哪些危害?

（4）从教以来，你觉得本校/本班的校园欺凌发生率大概是多少?

（5）日常学习生活中你有向学生教授校园欺凌防范和应对相关的知识技能吗?

（6）通常你是怎么发现本校/本班的欺凌行为的?

(7) 如果有学生或学生家长向你报告欺凌行为后,你是怎样做的?

(8) 你在处理欺凌事件时通常会有什么困难或者困惑?

(9) 学校下发过校园欺凌相关的工作制度或文件吗?都有哪些?

(10) 如果学校组织校园欺凌防治工作相关的教师培训,你希望获得哪方面内容的培训?

(四) 组织校园欺凌防治教职工培训工作

对全校教职工开展校园欺凌防治培训工作,提升教师甄别校园欺凌的能力,是做好欺凌防治的重要环节。因为学校教职工群体,特别是班主任,无论在空间还是时间方面,都能够更及时地获取与欺凌事件有关的信息。因此,学校管理者应结合政策文件规定重视和落实对教师的教育培训,提升教师的主体意识与识别能力,充分发挥其在防治欺凌事件工作中的重要性。

1. 培训工作组织策略

(1) 培训宣传先行

教职工的校园欺凌防治培训工作应结合政策文件和法律法规先做好宣传。组织全校教职工解读国家出台的欺凌防治工作相关政策文件和法律条规,让全体教师深刻意识到校园欺凌行为的危害、防治校园欺凌工作的必要性和紧迫性,提高惩戒校园欺凌行为的决心和执行能力。

(2) 培训形式多样化

利用多种形式的培训活动提高教职工分辨、识别校园欺凌行为的能力以及应对策略。培训形式不单单局限于专家讲座,可增设交流座谈会、观影交流会、对策模拟会等各种形式,提高教师正确判别校园欺凌行为,习得防治校园欺凌的技巧和对策,扩充教师处理校园欺凌行为的知识储备。如邀请心理专家、法治专家结合案例开展校园欺凌识别与应对的专题讲座;在组织教职工观看《少年的你》《悲伤逆流成河》等校园欺凌主题的电影后,交流讨论教师在欺凌防治工作中的主体作用;角色扮演模拟练习欺凌行为处置技巧和应对策略等,从而将宏观的治理欺凌行为转化为微观的具体可操作的干预行为。

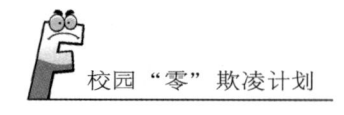

(3) 培训内容分层化

强化校园欺凌防治培训内容的针对性和系统性。对治委会领导组成员应开展政策文件解读的培训工作；对后勤、安保教职员工应注重欺凌行为的发现与判别、校园安全巡视，以及校园安全设施的检修等培训工作；对班主任应多开展模拟认定欺凌行为、处置欺凌行为等实践性培训工作，丰富班主任教师的经验，提升教师处理校园欺凌的实操能力。

(4) 组织培训制度化

根据《治理方案》建议，教育行政部门应将防治学生欺凌专题纳入全省教育行政干部、校长和教师在职培训内容，并计入继续教育学分。学校治委会应明确将参加培训工作列入教职工继续教育考评制度中，对考评不合格者，特别是不参加培训的教职工应给予通报处分，并责令补习。

2. 培训工作内容

(1) 了解校园欺凌专题

① 校园欺凌行为、校园欺凌萌芽行为的概念界定、构成要素、类型。

② 标准校园欺凌事件与一般性学生冲突和打闹玩笑间的区别。

③ 校园欺凌危害性和校园欺凌防治工作的重要性。

④ 解读校园欺凌防治工作相关的政策文件和法律法规。

(2) 校园欺凌防范工作专题

① 发现校园欺凌行为和校园欺凌萌芽行为。

② 落实校园欺凌行为举报多渠道。

③ 开展预防校园欺凌，营造"零"欺凌班级氛围的活动（班主任特训）。

④ 校园欺凌防范教育课程设计及学科渗透。

⑤ 校园欺凌防范工作的家校合作。

(3) 校园欺凌处置工作专题

① 处置校园欺凌事件流程和联动机制。

② 校园欺凌萌芽事件的早期干预与教育惩戒（班主任特训）。

③ 校园欺凌事件的阻止、核查、应对与善后处置。

④ 教师与学生及学生家长的沟通技能类特训。

（4）突发性校园暴力事件应急工作专题

① 处置突发性校园暴力事件流程和联动机制。

② 处置突发性校园暴力事件的模拟演练。

③ 突发性校园暴力事件的阻止、应对与善后处置。

④ 校园安全巡视与管理工作。

（五）培养学生校园欺凌的防范观念

1. 校园欺凌防范宣传活动

校园欺凌行为的发生反映出学校多元价值观的容纳度较低，以及学生之间缺少相互理解与尊重的态度。因此，学校应开展多种形式的活动来宣传相关法律法规，宣传校园欺凌对欺凌者、被欺凌者和旁观者的危害，以及国家、社会和学校对校园欺凌零容忍的决心、态度。需要注意的是，学校如果仅仅单一强调反校园欺凌，只会让学生容易将其视作约束行为的校园规范，甚至在被动教育下产生麻木感或抵触情绪。

校园欺凌防范的宣传教育工作一方面应结合法治、人权、责任意识以及公民义务等内容树立学生义务和责任意识，让学生充分意识到欺凌他人不仅是极端错误的不道德行为，且要为造成的后果承担相应的法律责任。可以宣传欺凌防治相关法治知识和典型案例，宣传社会主义核心价值观关于友善的要求和处理人际关系的基本准则，宣传校园欺凌行为的危害和恶劣影响，形成社会舆论压力和震慑力。

另一方面，学校同时也要积极宣传校园中团结关爱、和谐共进的优秀事例，做好正面引导，建设优良教风、校风、班风、学风。应注意结合学生年龄特点开展丰富多彩、形式多样的宣传活动，要充分利用学校教育宣传设施，如通过校园宣传橱窗、电子屏幕、文化橱窗、校园网、广播、黑板报等形式广泛开展校园反欺凌教育的静态宣传。

2. 校园欺凌防范专题课程教育与学科渗透

校园欺凌防范教育建议纳入中小学教学体系中，以保证专门的教学课时，具体涉及课程有《道德与法制》课程（小学阶段为《思想与品德》课程，高中阶段为《思想政治》课程）和《心理健康教育》课程。将反欺凌和人权等责任意识培养内容纳入《道德与法制》课程教学内容中，结合法治教育和思想品德教育，教导学生识别并抵制校园欺凌、普及欺凌防治相关法律法规。将校园欺凌防范相关知识与技能纳入《心理健康教育》课程，结合学生年龄特征、心理特征，从欺凌者、被欺凌者、旁观者各相关角色进行校园欺凌危害与应对策略的体验式教学，同时让学生树立自我保护意识，学会利用法律武器保护自己，以适宜方式坚决反对欺凌者和抵制校园欺凌行为。

此外，其他学科教学也应以学科渗透式教学将校园欺凌防范教育内容渗透到各门学科中，化整为零地实施教育。各学科教师通过培训活动善于发现反欺凌教育的切入点，教学内容中针对学生的实际，渗透人权、性别平等、多元价值观、信息伦理、生命教育等教育内容。

3. 校园欺凌防范教育活动

除了校园欺凌防治静态宣传活动和专题课程外，学校应积极开展多种形式的校园欺凌防范教育活动。如校园欺凌防治专题讲座，结合案例有针对性地对学生开展欺凌防治专题教育，着力加强法治教育；开展反欺凌和欺凌应对策略主题的心理剧；开展校园欺凌防范为主题的国旗下讲话活动；结合新学期开学阶段，利用开学第一课、主题班（队）会开展欺凌防范专题活动；举办审判欺凌行为的法庭模拟活动；举办欺凌行为危害性正反方的辩论会；邀请学生和家长共同参加宣传相关法律知识的反欺凌学校开放日；举办反欺凌常识竞赛（法律常识竞赛）等形式多样的各类活动，在寓教于乐中培养学生校园欺凌的防范观念。

（六）完善欺凌事件发现、判定与处置制度

校园欺凌防范工作中，学校管理者不仅要重视事前防控，更要重视后期治理，这就需要一套完善且全面的校园欺凌行为发现、判定与事件处置制度。

1. 建立与完善欺凌发现通道制度

很多中小学校园欺凌行为是由教师、家长发现报告，被欺凌者以及欺凌事件旁观者可能因受到欺凌者恐吓威胁不敢报告。然而，教师、家长的被动发现远不及当事人和目击者主动报告多,这也是欺凌行为高发生率的调查研究结果出乎学校管理者意料的原因之一。有研究将被欺凌者的应对态度与没有遭受过欺凌的学生进行对比,发现被欺凌者更倾向用消极方法应对欺凌行为,如16.1%的被欺凌者选择"忍让和逃避"的方式,而没有遭受过欺凌的学生中只有3.3%的学生选择这一方式;12.1%的被欺凌者选择"找机会报复"的方式,而没有遭受过欺凌的学生中只有2.4%选择了这一方式①。因此,建立一个被欺凌者自身、目击者、旁观者以及知情者能够安全有效地发现通道及其制度,是发现校园欺凌行为的首要工作。

学校应建立多元化的校园欺凌发现通道。除班主任、教职工和家长的第三方反映外,应当设立学生可安全反馈信息的通道,如可匿名的调查表、校园欺凌行为举报专用电话和邮箱、校长信箱、心理咨询信箱、网络班群或学生私建群中心理委员或班委的常态化异常行为报告,以及班主任与学生的常态化沟通等。学校安全巡视组也要通过巡查校园和校园周边重点场所发现并报告欺凌事件。此外,发现新生入学后如有异常表现,可以询问曾经就读学校了解是否有被欺凌史。

对于学生可报告的通道还应宣传到位,可以把专用举报电话、邮箱信息、实物信箱位置等公开在校园易见位置,如宣传栏、宿舍等,特别是经调研后发现的校园欺凌易发场所。山东省颁布的《〈山东省学校安全条例〉实施细则》(以下简称《细则》)自2022年12月1日起施行,全面落实校园相关安全措施。《细则》明确提出,中小学应当畅通举报和求助渠道,设立学生欺凌举报电话和咨询平台,健全会商研判机制;并对校园管理者的欺凌防治工作做出详细规定,强调学校应当建立校长"谈心日",每学期每位校领导至少拿出3个半天时间开展谈心活动,为师生答疑解惑,主动回应师生诉求②。

---

① 赵福江、刘京翠、周镭:《全国中小学生欺凌现状调查与分析——基于对全国11万余名学生和6000余名教师的问卷调查》,《教育科学研究》2022年第5期。
② 王源:《〈山东省学校安全条例〉实施细则——学校应定期开展实战型应急演练》,《大众日报》2022年10月15日第6版。

此外，学校应当健全和完善发现通道制度。一是应有专人负责设置和管理举报电话专线、举报信箱等，将实物信箱安置于校园醒目位置，并定期对信息进行登记和记录；二是明确教职员工的报告责任，以及不履行义务的后果，对应发现报告而未尽发现报告责任者追究其相关责任；三是建立打击报复报告人和诬告的惩罚制度，从而建立报告人无顾虑且真实有效的校园欺凌报告制度。

2. 校园欺凌行为的判定

（1）校园欺凌行为常见表现

① 给同学起或称呼侮辱性绰号，使用侮辱性言语辱骂、嘲笑、讥讽同学等行为（包括社交网络行为）。

② 故意拉扯同学头发、推撞绊倒、掌掴拍打、拳打脚踢等攻击身体的或使用工具攻击身体的行为。

③ 故意损坏同学个人财物，如文具用品、衣物等行为。

④ 敲诈、强索同学财物等行为（包括社交网络行为）。

⑤ 故意传播同学侮辱其人格的谣言、闲话及其隐私图片等行为（包括社交网络行为）。

⑥ 恐吓、胁迫同学做违背其意愿的事情等行为（包括社交网络行为）。

⑦ 分帮结派地故意孤立、排挤同学等行为（包括社交网络行为）。

⑧ 故意让同学陷入麻烦，如招致违规、处分等行为（包括社交网络行为）。

⑨ 捏造事实诽谤同学的行为（包括社交网络行为）。

（2）校园欺凌行为判定标准

根据2017年《治理方案》对中小学欺凌事件的概念界定，中小学生欺凌是发生在校园（包括中小学校和中等职业学校）内外、学生之间，一方（个体或群体）单次或多次蓄意或恶意通过肢体、语言及网络等手段实施欺负、侮辱，造成另一方（个体或群体）身体伤害、财产损失或精神损害等的事件。是否构成校园欺凌行为，可以从以下四要素判别，内容详见本书第三章：

第一，故意为之的恶意行为。
第二，恃强凌弱的势力差异。
第三，重复性发生。
第四，被欺凌者的主观痛苦感受。

案例一：身材高大健壮的李强因不满同桌李林弄坏自己的模型，大课间活动时故意用身体碰撞李林，两人发生口角。

案例二：志明给长相乖巧秀气的男生常浩起绰号"嫦娥"，还经常当众称呼其"爱妃"，惹得全班同学哄堂大笑，还有女生跟着装出"争宠"的样子，常浩对此会追打、笑骂和还口。

案例三：静雅是名转学生，因为带有地方性口音，被宿舍小雯等五名同学嘲笑为"外国人"，静雅明确表示不喜欢这样被称呼，几人认为静雅不合群，经常在静雅休息时发出异响，惊扰其睡眠。一个月后，小雯专门组建微信群，群中商量如何让静雅在班级里难堪，并散播谣言静雅携带"地方病毒"，对接近她的同学发出警告"不要感染病毒"。静雅很难过，家长向老师反映静雅不想再上学了。

需要注意的是，校园欺凌不能以单一、孤立的行为作为判断依据，比如身体强壮的同学撞到了弱小的另一同学，被叫不喜欢的绰号就一定是欺凌行为。案例一中李强看似发生身体上的"恃强凌弱"，如果存在"李林弄坏李强模型"的冲突前因，或撞击李林的行为为单次发生，该事件更倾向于同学间的矛盾冲突；案例二中志明给他人起绰号行为，虽然满足故意性、势力差异和重复发生的条件，但如果常浩对此并不是很在意，且未对其造成身心伤害，则更倾向于同学间的打闹玩笑。因此，判断是否构成欺凌行为要综合考虑主观恶意、势力差异、重复性发生和精神痛苦这四方面要素，通常同时满足这四点（单次发生但情节严重欺凌事件除外）才构成欺凌事件。比如案例三中小雯故意嘲笑、散播谣言、孤立排斥等行为既是故意为之的恶意行为，又构成了以多欺少、恃强凌弱的势力差异，专门针对静雅的上述行为持续反复发生，已经给静

雅造成了身心伤害。该案例同时满足校园欺凌四要素，因此属于典型的校园欺凌行为。

3. 校园欺凌事件类别的判定

根据校园欺凌行为的四要素特征，结合《实施办法》第二十一条至第二十四条，依据对被欺凌者造成的伤害程度以及其情节严重性，将校园欺凌事件分为一般欺凌事件（尚未违法但造成被欺凌者轻微的身心痛苦）和严重欺凌事件（可能涉及违法并造成被欺凌者明显的身心伤害）。其中严重欺凌事件包括情节比较恶劣的严重欺凌事件、屡教不改或者情节恶劣的严重欺凌事件和违法欺凌事件[①]。

（1）一般欺凌事件

欺凌者恃强凌弱给被欺凌者身体和心理造成轻微痛苦，其行为没有违法，具有下列情形之一的，属于情节轻微的一般欺凌事件：

第一，给他人起侮辱性绰号的。

第二，侮辱其人格，程度较轻的。

第三，损坏他人财物，价值较低的。

第四，在社交媒体上发表贬低或者侮辱他人人格言论的。

（2）严重欺凌事件

① 情节比较恶劣的严重欺凌事件

欺凌者恃强凌弱的行为尚未违法、对被欺凌者身体和心理造成明显伤害，具有下列情形之一的欺凌事件：

第一，对被欺凌者拳打脚踢、掌掴拍打、推撞绊倒、拉扯头发等物理攻击的。

第二，捏造事实诽谤被欺凌者的。

第三，在社交媒体用图像贬低或者侮辱被欺凌者人格的。

第四，强脱被欺凌者衣物的。

第五，强索被欺凌者财物的。

[①] 《广东省教育厅等十三部门关于加强中小学生欺凌综合治理方案的实施办法（试行）》，《省政府公告》2018年第32期，http：//www.gd.gov.cn/zwgk/gongbao/2018/32/content/post_3366103.html。

第六，其他情节比较恶劣的严重欺凌事件。

② 屡教不改或者情节恶劣的严重欺凌事件

具有下列情形之一的屡教不改或者情节恶劣，或未达法定责任年龄但已构成违反治安管理或犯罪的欺凌事件：

第一，经过学校教育再次恃强凌弱的。

第二，在社交媒体上传被欺凌者受欺凌图像的。

第三，行为违反治安管理法规，但未满十四周岁不予处罚的。

第四，行为违反治安管理法规，但依法属于不予处罚的。

第五，携带刀具等器械威胁或殴打被欺凌者的。

第六，多次强脱被欺凌者衣物的。

第七，多次强索被欺凌者财物的。

第八，其他屡教不改或者情节恶劣的严重欺凌事件。

③ 违法欺凌事件

欺凌者依法已达到法定责任年龄，欺凌行为已构成违反治安管理或犯罪，且不属于免予或者不予追究行政或者刑事责任的学生欺凌事件。

通常，教师应在日常班级管理中留意欺凌萌芽现象并做出应对措施，对已发生的情节轻微的一般欺凌事件做出处置，对严重欺凌事件应上报学校，在治委会的指导下参与处理。

4. 处理欺凌事件

在不同类别与性质的欺凌事件中，处理的主体与惩戒措施各不相同，对于不构成违法犯罪的一般欺凌事件和严重欺凌事件，其处置以学校为主。给他人起侮辱性绰号、损坏价值较低的他人财物等一般欺凌事件，建议先由班主任采取批评教育等干预措施，责令其向被欺凌者当面或书面道歉，以取得谅解。反复发生的一般欺凌事件应及时与欺凌者家长或监护人沟通，正面引导学生认识其错误性质，也可根据欺凌行为的情节及危害程度予以上报和相应班规处分。

学校处置学生欺凌事件应遵守发现、调查、认定和处理的工作程序。如对被欺凌者实施掌掴脚踢等行为，对其身体造成了伤害，或多次强索财物、强脱衣物、造谣侮辱诽谤等对被欺凌者造成明显的身心伤害的严重欺凌行为，应由班主任展开调查核实，经由德育主任提交治委会认定欺凌行为性质，学校根据治委会意见作出《学生欺凌事件处理决定书》。惩戒措施除向被欺凌者道歉、训诫、班规惩处外，可根据校规要求，进行学校记过等纪律处分（非义务教育阶段可给予留校察看、勒令退学、开除学籍等处分），欺凌行为表现计入综合素质评价，监护人陪同法治教育等。

对于已经构成违反治安管理规定或涉嫌构成犯罪的违法欺凌事件，处置以公安机关、人民法院、人民检察院为主。学校要及时联络公安机关依法处置。如果监护人在校园欺凌事件中存在教唆、纵容、包庇等行为，可由公安机关给予警告、训诫，若触犯法律法规则依法处置。

此外，学校在应对欺凌事件，特别是严重欺凌事件和违法欺凌事件中，要对被欺凌者提供心理辅导服务，针对学生需求积极开展心理疏导、心理治疗或心理危机干预。

5. 追踪处理效果

校园欺凌事件在经过处理后，应持续观察欺凌者和被欺凌者的事后处理效果，要特别注意是否存在欺凌者打击报复被欺凌者等隐匿行为。班主任可结合个询、心理委员报告、心理教师报告、家访等多方面途径追踪欺凌事件的处理效果。

通过上述"发现欺凌行为—判定欺凌行为—判定事件类别—处理欺凌事件—追踪处理效果"的五步走策略，以制度化方式令校园欺凌处置程序具备鲜明的指向性、可操作性与实效性。

（七）促进校园欺凌防治的家校合作

无论是欺凌者还是被欺凌者，欺凌行为的实施与接受都和学生等多个社会生态系统相关，因此，有效的校园欺凌防治工作应采取多个视角构建多个防治渠道。家庭作为中小学生成长的重要环境，承担着重要的家庭教育责任。大量研究证实，学生的家庭教育密切影响校园欺凌的发生与应对，民主权威型教养方式有助于学生形成积极向上、守正不阿的人格特质和乐观向善的交往方式。对于校园欺凌防治工作的行为规范类教育，只有家校教育达成共识，才能保证其目标的实现。因此，校园欺凌防范与治理需要家庭和学校的通力合作，帮助学生发现、识别、防范和应对欺凌行为,远离校园欺凌的伤害。

1. 组织家长培训工作

针对部分家庭校园欺凌防治意识和法治意识薄弱的现象,应对家长进行校园欺凌防治工作重要性的宣传及相关培训,提高家长校园欺凌防治工作的参与意识。培训内容如下:

(1) 了解校园欺凌专题

① 校园欺凌行为的界定。

② 校园欺凌与一般性冲突和打闹玩笑间的区别。

③ 校园欺凌的危害性及其防治工作的重要性。

④ 解读校园欺凌防治工作相关的政策文件和法律法规。

⑤ 介绍本校校园欺凌相关校规、班规、惩戒制度以及防治工作内容体系。

(2) 家庭教育专题

① 家庭关爱、陪伴与校园欺凌行为。

② 家庭教养方式与校园欺凌行为。

③ 家庭价值观与欺凌者的"差异化"视角。

④ 父母行为的示范性作用。

(3) 同伴关系专题

① 关注孩子同伴交往的重要性。

② 引导新入学孩子如何适应新环境。

③ 如何引导孩子交朋友。

④ 培养孩子平等、尊重的同伴交往态度以及拒绝不合理要求的交往技巧。

(4) 家长干预专题

① 如何发现孩子欺凌他人。

② 如何发现孩子被他人欺凌。

③ 如何引导孩子不做欺凌者。

④ 如何引导孩子应对校园欺凌。

⑤ 孩子欺凌他人父母怎样做。

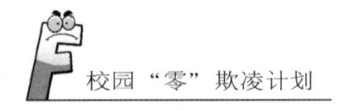

⑥ 孩子遭受他人欺凌父母怎样做。

⑦ 如何引导孩子保护自身安全前提下帮助被欺凌者。

2. 家校沟通常态化

除了组织家长开展校园欺凌防治专题培训外，学校还应定期组织以班级为单位的家庭教育交流会、辅导沙龙或通过建立家校网络学习群等方式加强家校合作。这些活动不仅能帮助家长掌握科学的教育理念和教育方法，使家校交流活动形成家校沟通常态化，更能帮助家校双方通过沟通学生在家和在校状况，同时了解学生是否存在欺凌与被欺凌的萌芽行为或异常行为。

3. 重点人群的定期家长访谈

一些父母疏于照顾，孩子遭受欺凌也无从知晓；也有父母疏于管教，孩子结识不良群体，被卷入校园欺凌事件中；还有孩子在隔代教育的溺爱下，遭受欺凌忍气吞声或趾高气昂地欺凌他人。这类家庭因父母无法积极关注孩子状态容易使其卷入校园欺凌事件中去。因此，学校应对农村留守儿童、流动人口子女、困难家庭子女、家庭结构特殊学生、患生理或心理疾病及残疾学生、曾经有被家暴、易与父母发生冲突、关系疏离、缺乏亲子沟通的学生等重点人群进行定期的家长访谈。针对这类家庭的家长教育和家校合作重点应放在提高父母的保护和教养责任，切实关心孩子成长、关注孩子的社交范围，言传身教式树立良好社交方式的榜样，以及与孩子共同增强法律素养和反欺凌意识和能力。同时，学校还应健全困境学生救助保护制度和家校联系制度，让家长知悉相关制度，紧密家校合作，不让弱势学生群体受到校园欺凌的伤害。

《校园欺凌家长访谈提纲》

（1）你认为什么是校园欺凌？

（2）你的孩子有被同学欺凌的经历吗？（回答"有"则询问本题里的以下问题）

① 你是怎样发现孩子被校园欺凌的？

② 请告诉我这件事情的发生过程好吗？

③ 你对这件事情的发生原因有怎样的看法？

④ 当时你是怎样处理这件事情的？

⑤ 这件事情有后续发展吗？学校和班主任老师是怎样处理这件事的？

（3）你觉得被欺凌的危害有哪些？如果你的孩子被同学欺负你会怎样做？

（4）你觉得欺凌他人的危害有哪些？如果你的孩子欺负其他同学你会怎样做？

（5）日常学习生活中你有和孩子交流过校园欺凌防范和应对相关的知识技能吗？

（6）你在处理孩子同伴交往方面通常会有什么困难或者困惑？

（7）学校是否给家长下发过校园欺凌相关的文件通知？

（8）如果学校组织校园欺凌防治工作家长培训，你希望获得哪方面内容的培训？

4. 畅通家校合作渠道

（1）开发建设反校园欺凌的家校合作渠道

组织建立校园欺凌防治家校合作委员会，成员包括家庭和学校双方代表，其家长成员应参与学校治委会的校园欺凌防治工作。家校合作委员会以防范校园欺凌和解决校园欺凌问题为目标，开展角度广泛、形式多样的互动交流。在家校合作委员会的运行机制下，开发建设反校园欺凌的家校合作平台，提高信息监管和校园欺凌事件的干预效果。

（2）开发建设反校园欺凌的信息合作媒介

家校合作共同防治校园欺凌应适应新时代的发展要求，借助视频、漫画、图文资料、摄影作品等动态教学方式，提高学习者的学习兴趣，使其乐于学习反欺凌知识，增加校园欺凌防治工作的自主参与意识；开发校园欺凌防治知识学习APP，帮助家长和学校双方互动学习，提高教

师、家长和学生防范校园欺凌意识和学习效果[1]。

（八）加大校园安全的管理力度

1. 优化校园环境设计

环境设计预防犯罪（Crime Prevention Through Environmental Design，CPTED）是由奥斯卡·纽曼（Oscar Newman）所提出，为预防情境犯罪强调对环境结构进行合理化设计，从而减少犯罪行为发生的有利条件。尽管青少年校园欺凌行为与成年人犯罪行为有诸多不同，但人与环境的交互作用确实成为犯罪与欺凌行为的发生条件[2]。因此，学校管理者可以应用CPTED的相关举措，对校园环境进行因地制宜的合理化设计，即增加校园欺凌行为被发现可能性的环境设计，以威慑欺凌者、降低环境促发条件下欺凌行为的发生。

具体举措如下：

（1）增加照明与监控设备

校园欺凌行为多发生于阴暗角落或缺少摄像头监控场所，以降低被发现的可能性。因此，应增加教学区和生活区建筑物走廊尽头及拐角、楼梯间、卫生间、体育馆、操场等隐蔽场所的照明和监控摄像头（卫生间应在外门处设置），避免形成监控盲区。

（2）创造自然监控条件

教室、功能室、图书馆及生活区的活动室等门窗应采用透明宽大玻璃，提高自然监控效果。可将教学区和生活区各建筑物内的楼道门拆除或保持敞开状态，卫生间外门拆除用屏风或遮帘替代，从而保证环境通道畅通。

（3）整洁校园环境

保持校园环境整洁卫生，避免物品占地、堆放形成巡视及监控盲区。

---

[1] 闫婷：《家校合作视角下小学校园欺凌现象的治理研究》，硕士学位论文，黑龙江大学，2022年。

[2] 刘瑾泽：《情境行动理论视角下的校园欺凌犯因性分析》，硕士学位论文，中国人民公安大学，2021年。

（4）紧急求助设施

在教学区和生活区楼道、洗手间等隐蔽场所安置无声式一键警报设施，便于被欺凌者紧急求助，同时也给旁观欺凌事件的学生提供匿名、安全的报告通道。当学校安保部门接到警报时，就可迅速到现场制止干预。

2. 加大校园安全的管理力度

即便有安全的校园环境硬件，校园安全巡视制度及其人员管理也是校园欺凌防治工作的重要环节。通常校园安全巡视工作交由学校安保部门负责，不仅要有专人承担校园各种安全设施的定检定修工作，对校内不同区域及校园周边区域的不同时间段巡视工作也应制度化，夯实人员及其职责范围、工作内容，制定详细的不履职尽责的惩处制度。

将校内所有场所及校园周边划分为重点区域和非重点区域。应对所有区域进行巡视，重点区域要重点观察，非重点区域不定时巡查。其中重点区域是指摄像头难以监控的死角地区，如洗手间、楼梯间等极易成为校园欺凌发生地的隐蔽地点。同时，也要根据每年的校园欺凌调查结果，将师生报告的欺凌发生地划为重点巡视区域。

3. 完善管制器具及危险物品管理制度

为预防校园暴力事件的发生以及校园欺凌事件升级为校园暴力事件，学校应完善管制器具及危险物品的管理制度。

（1）相关法规文件依据

《中小学幼儿园安全管理办法》第十七条明确规定"禁止将非教学用易燃易爆物品、有毒物品、动物和管制器具等危险物品带入校园"。

《中小学教育惩戒规则（试行）》第十一条明确规定"教师、学校发现学生携带、使用违规物品或者行为具有危险性的，应当采取必要措施予以制止；发现学生藏匿违法、危险物品的，应当责令学生交出并可以对可能藏匿物品的课桌、储物柜等进行检查；教师、学校对学生的违规物品可以予以暂扣并妥善保管，在适当时候交还学生家长；属于违法、危险物品的，应当及时报告公安机关、应急管理部门等有关部门依法

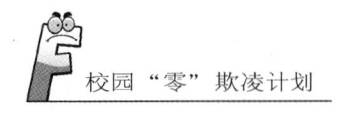

处理"。

《中华人民共和国预防未成年人犯罪法》第三十八条将"非法携带枪支、弹药或者弩、匕首等国家规定的管制器具"的行为列为严重不良行为之一。严重不良行为是指未成年人实施的有刑法规定、因不满法定刑事责任年龄不予刑事处罚的行为，以及严重危害社会的行为。

（2）管制器具和危险品内容

根据公安部《管制刀具认定标准》，结合校园安全管理要求，禁止学生藏匿和携带以下物品：

① 匕首、三棱刀（包括机械加工用的三棱刮刀）、带有自锁装置的弹簧刀（跳刀）以及其他相类似的单刃、双刃、三棱尖刀。

② 其他非学习所需刀具，包括水果刀、工艺刀等能够对人身造成伤害的刀具。

③ 无弹簧但有自锁装置的单刃、双刃刀。

④ 形似匕首但长度超过匕首的单刃、双刃刀。

⑤ 双节棍、三节棍等棍棒、玩具枪、鞭炮、打火机等具有风险性的游玩器具。

⑥ 其他非教育学习用，却可能造成自伤伤人的危险品，如能够对人身造成伤害的刀具，木棒、锤子等。

（3）实施管制器具及危险物品管理制度

实施该项制度前应注重宣传教育，使学生明白收藏、携带、使用管制器具的违法性和危害性，主动远离管制器具。如通过校园宣传橱窗、电子屏幕、文化橱窗、校园网站、广播、黑板报等形式广泛开展管制器具及危险物品危害性的静态宣传；以班级为单位开展"禁止管制器具入校园"主题班会宣传教育活动，强调严禁带小刀或尖利危险品进校园，并向学生介绍什么是管制器具，讲述学校禁止学生携带管制器具的重要意义。引导全体学生充分认识非法持有、携带管制器具和危险品的危害性，教育学生自觉抵制此类不良行为，号召学生共同维护安全和谐的校园环境。

每学期治委会应至少组织开展一次集中检查，班主任需要做好日常检查与发现工作。应贯彻落实"禁止管制器具和危险物品"管理制度，切实将管制器具和危险品收缴工作做到日常化。若发现带有管制器具和危险品的可疑学生，应于第一时间上报学校处理，并扣留其物品；同时加强校园巡查，尤其是对教室、操场等场所进行经常性督查，一旦发现学生打架或持有管制器具和危险品的行为，必须及时处理，有效防止校园暴力事件的发生。

二　保障校园欺凌防治工作成效的实施策略

（一）增加校园欺凌防治工作的专项费用

校园欺凌防治工作的专项费用用于开发适合本校的校园欺凌科学预防与干预体系，该体系应具备科学性和实用性特点，对校园欺凌防范工作提供理论与实践指导，包括校园安全环境建设、校园欺凌行为排查与调研、校园欺凌防范宣传活动、处理学生欺凌创伤的心理咨询服务，以及为校园欺凌行为防治提供相关的培训和技术支持等。山东省颁布的《细则》进行了校园管理者相关的详细规定，"学校应当加强学生欺凌和暴力防范，领导班子每学期应当至少召开1次办公会，专题研究解决校园欺凌防治工作措施、经费、人员保障等问题"。

（二）强调全员参与，建立健全的考评与问责机制

校园欺凌防治工作策略应强调不同责任主体之间的责任与义务，不仅包括学生主体中的欺凌者、被欺凌者以及旁观者，还应包括学校主体中的校长、治委会、各部门教职工等，全员都应参与到校园欺凌防治工作中，构成权责统一、分工明确的治理体系。治理系统中的每个环节环环相扣、层层递进，并能够相互配合，最为重要的是应明确工作职责和指标，便于考评与问责。根据《实施办法》第四十三条，地级以上市、县（市、区）人民政府督导委员会应把防治学生欺凌工作专项督导结果作为评价政府教育工作成效的重要内容，依据督导结果追究责任；学生欺凌综合治理工作应纳入中小学安全文明校园考评标准。

因此，学校管理者也应建立健全校园欺凌防治工作的考评与问责机制。依据具体工作职责和评价指标，学校管理者对治委会校内各部门负责人员进行学期和学年考评，各部门负责人对学校行政管理人员、教师、班主任及相关岗位教职员工进行学期和学年考评。对考评优秀者予以奖励，进一步调动其工作积极性；对考评不合格者，特别是对不履行、乱履行工作职责的部门及教职工应进行责任追究，给予其相应处分。

（三）加强对校园欺凌防治工作改进的评估

根据《实施办法》第四十五条要求，地级以上市、县（市、区）防治学生欺凌工作协调机制应认真及时全面做好防治学生欺凌工作总结，一方面围绕取得的成绩和经验，认真总结防治学生欺凌工作中带有启示性、经验性的做法；另一方面围绕面临的困难和不足，认真查找防治学生欺凌工作与社会、家长和学生需求的差距、不足和薄弱环节，查找问题真正的根源，汲取教训，研究改进，推动防治学生欺凌工作进一步取得实效。因此，不仅评估工作应参考校园欺凌防治标准，总结及改进工作也应将明确需要改进的具体维度和指标，用于次年的改进评估。

第四节　网络欺凌的防治工作

随着全球化进程的加快，互联网在人们的生活中占据了重要地位。现今网络学习资源、网络娱乐和网络社交深入学生学习和生活等诸多方面，使得中小学生越来越依赖互联网。然而，网络使用犹如"双刃剑"，学生亦可以通过互联网释放其不良情绪和攻击性，进而衍生出一种新兴的欺凌方式，即网络欺凌。

中小学生网络欺凌问题频发可考虑以下几个原因：未成年网民规模大，缺乏网络道德规范；互联网匿名言论特征使得网络欺凌者缺少愧疚感；青少年心理冲突和矛盾增多，得不到合理情绪宣泄；缺少学校和家庭对依据法律法规规范网络行为的正确引导等。网络欺凌实施者也可能仅仅因为"好玩"做线上"键盘侠"，而网络被欺凌者受到的伤害较之线下欺凌则有过之而无不及。

尽管我国大多数中小学明令禁止学生携带电子设备入校，但众多学生仍可在家庭及校外网吧等场所上网。一方面，学校管理者、教师和家长对学生上网内容、频率和时间较为模糊；另一方面，新型沟通科技产生的跟踪骚扰、人肉搜索、戏仿丑化、造谣诋毁、游戏排挤等网络欺凌形式给校园欺凌的防治工作带来了很大挑战。在社会对网络欺凌问题高度关注的背景下，2017年10月，上海市教育委员会在全国率先发布《上海市教育委员会关于发布〈预防中小学生网络欺凌指南30条〉的通知》[①]（以下简称《指南》），发放至全市中小学校。《指南》分为"学生篇""家长篇""学校篇"和"社会篇"，其中"学校篇"要求中小学校完善预防组织架构、加强正面教育和安全提示、健全发现机制、有效化解学生矛盾、加强教师培训和学生日常管理。借鉴《指南》的纲要指导，中小学学校网络欺凌防范工作可从以下几个方面开展。

一 网络欺凌现状调查

学校定期开展学生网络欺凌调查研究，以了解本校学生网络欺凌行为和网络被欺凌行为现状，从而为制定具有针对性的预防和干预措施提供科学依据。根据调查结果开展反网络欺凌活动，更能促进学生、家长和教师对网络欺凌及其危害性的认识，增强网络安全意识和法治意识，共同打击网络欺凌行为，维护学生健康成长。学校可选用实施网络欺凌行为与遭受网络欺凌行为相关的调查问卷。量表后可增加开放式题目询问其他网络欺凌形式，也可设置选填项目，填写目睹或亲历的网络欺凌行为，增加学校了解网络欺凌的渠道。此外，匿名开展的调查研究可保证结果真实可信，根据结果对网络欺凌行为盛行的班级及时开展工作。

二 网络欺凌认知教育

学校的网络欺凌防治工作应从积极开展网络欺凌认知教育工作入手，帮助中小学生形成对网络欺凌的正确认知。通过现状调查、宣传、专项

---

① 《上海市教育委员会关于发布〈预防中小学生网络欺凌指南30条〉的通知》，上海市黄浦区人民政府，2017年11月24日，https：//www.shhuangpu.gov.cn/zw/009002/009002004/009002004002/009002004002002/20171201/0c8a35fd-82f1-4c69-8005-e4829f13cbb3.html。

报告、心理剧，或邀请网络欺凌相关领域专家学者、承办反网络欺凌项目的机构入校开展网络欺凌专题讲座等多种形式活动，让学生了解什么是网络欺凌行为，如何辨别网络欺凌行为，网络欺凌现状及其造成的危害，网络欺凌事件的管理部门及其工作流程，从而对我国网络欺凌的基本概念、发生现状和管理现状有系统的认识和解读。

（一）网络欺凌概念

根据《中华人民共和国未成年人保护法》[①]（以下简称《未保法》）第七十七条对网络欺凌进行的禁止性规定，网络欺凌是指个体或团体通过网络以文字、图片、音视频等形式，对未成年人实施侮辱、诽谤、威胁或者恶意损害形象等伤害性行为。网络欺凌者可借助手机、电脑等电子设备通过数字平台，如社交网站、聊天室、博客、即时消息应用程序和短信发布电子信息，意图对被欺凌者进行谣言散播、骚扰、威胁、排挤和孤立等恶意行为。

（二）网络欺凌的表现形式

1. 辱骂攻击。以打击被欺凌者自尊心和自信心为目的，使用恶语、诅咒、辱骂等言语攻击被欺凌者的行为。

2. 恶意评价。在微信、QQ、论坛、微博等社交网络平台，以及个人博客、视频网站等其他网络平台发布恶意评论、攻击性评论等行为。

3. 网络骚扰。通过短信、邮件或社交平台等持续性传播侮辱、恐吓、性暗示等冒犯信息的骚扰行为。

4. 网络排挤。利用群体效应，针对被欺凌者进行攻击、威胁和排挤，将其孤立于聊天室或虚拟社区等网络社交群体的行为。

5. 人肉搜索。通过网络公开的信息，对被欺凌者进行详细的调查和搜索，未经同意公布其个人基本信息、照片、视频等个人隐私信息的行为。

6. 网络跟踪。通过智能设备对被欺凌者进行监控与跟踪，或同时发

[①] 《中华人民共和国未成年人保护法》，中华人民共和国教育部，2020 年 10 月 17 日，http://www.moe.gov.cn/jyb_sjzl/sjzl_zcfg/zcfg_qtxgfl/202110/t20211025_574798.html?eqid=d61fedac000252e000000004644b4bf0。

送伤害性、威胁性或暧昧性信息的行为。

7. 网络造谣。散播有损被欺凌者名誉的不实信息,以及对其恶意P图、人工换脸、制作表情包、视频剪辑等方式的行为。

8. 网络假冒。假冒被欺凌者发布煽动性网文,损害其形象,致其被第三人攻击的行为。

(三) 网络欺凌危害

网络欺凌不仅被证实能导致被欺凌者学业成绩下降,引发抑郁、焦虑、睡眠困难、药物滥用等身心问题,还会使被欺凌者因遭受孤立排挤而降低自尊、自信和自我认同感,深陷孤立无助,无法摆脱被攻击的阴影,甚至产生自伤和自杀行为。学校积极开展网络欺凌危害性的宣传教育工作,让学生充分认识到网络欺凌的危害性,而身处互联网时代人人都可能成为网络欺凌受害者。因此,不仅不做网络欺凌者,同时,增强网络欺凌防范意识,遭受网络欺凌时能及时求助,学会用法律保护自己。最为重要的是,引导学生提升网络环境的责任意识,目睹网络欺凌行为时,不应该选择沉默和围观,应通过合理方式阻止欺凌继续发生,共同创造一个安全、友好的网络环境。

三　网络欺凌法治教育

学校在加强对网络欺凌行为监管的同时,也应该提高全校师生的法律意识,自觉遵守法律法规,共同维护网络安全和社会和谐。

(一) 网络欺凌法治教育内容

1. 了解个人隐私权

我国《中华人民共和国民法典》(以下简称《民法典》)① 确立了对个人隐私权和个人信息保护的基本规则,应组织学生普法学法,了解《民法典》相关规定,明确个人隐私权受到法律保护,强调校园网络欺凌行为不仅会对青少年造成身心伤害,还会对社会造成负面影响,并违

---

① 《中华人民共和国民法典》,中华人民共和国中央人民政府,2020年6月1日,https://www.gov.cn/xinwen/2020-06/01/content_ 5516649.htm。

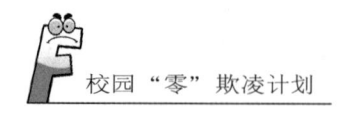

反了法律法规。

第一千零三十二条 自然人享有隐私权。任何组织或者个人不得以刺探、侵扰、泄露、公开等方式侵害他人的隐私权。

隐私是自然人的私人生活安宁和不愿为他人知晓的私密空间、私密活动、私密信息。

第一千零三十三条 除法律另有规定或者权利人明确同意外，任何组织或者个人不得实施下列行为：

（一）以电话、短信、即时通信工具、电子邮件、传单等方式侵扰他人的私人生活安宁；

（二）进入、拍摄、窥视他人的住宅、宾馆房间等私密空间；

（三）拍摄、窥视、窃听、公开他人的私密活动；

（四）拍摄、窥视他人身体的私密部位；

（五）处理他人的私密信息；

（六）以其他方式侵害他人的隐私权。

第一千零三十四条 自然人的个人信息受法律保护。

个人信息是以电子或者其他方式记录的能够单独或者与其他信息结合识别特定自然人的各种信息，包括自然人的姓名、出生日期、身份证件号码、生物识别信息、住址、电话号码、电子邮箱、健康信息、行踪信息等。

个人信息中的私密信息，适用有关隐私权的规定；没有规定的，适用有关个人信息保护的规定。

2. 了解网络欺凌/暴力立案标准

构成网络欺凌/暴力的表现形式：网民对未经证实或已经证实的网络事件，在网上发表具有伤害性、侮辱性和煽动性的失实言论，造成当事人名誉损害，在网上公开当事人现实生活中的个人隐私，侵犯其隐私权，对当事人及其亲友的正常生活进行行动和言论侵扰，致使其人身权利受损等。其法律依据参考《最高人民法院、最高人民检察院关于办理利用信息网络实施诽谤等刑事案件适用法律若干问题的解释》①：

  第一条　具有下列情形之一的，应当认定为刑法第二百四十六条第一款规定的"捏造事实诽谤他人"：
  （一）捏造损害他人名誉的事实，在信息网络上散布，或者组织、指使人员在信息网络上散布的；
  （二）将信息网络上涉及他人的原始信息内容篡改为损害他人名誉的事实，在信息网络上散布，或者组织、指使人员在信息网络上散布的；明知是捏造的损害他人名誉的事实，在信息网络上散布，情节恶劣的，以"捏造事实诽谤他人"论。
  第二条　利用信息网络诽谤他人，具有下列情形之一的，应当认定为刑法第二百四十六条第一款规定的"情节严重"：
  （一）同一诽谤信息实际被点击、浏览次数达到五千次以上，或者被转发次数达到五百次以上的；
  （二）造成被害人或者其近亲属精神失常、自残、自杀等严重后果的；
  （三）二年内曾因诽谤受过行政处罚，又诽谤他人的；
  （四）其他情节严重的情形。

此外，《最高人民法院、最高人民检察院、公安部关于依法惩治网络暴力违法犯罪的指导意见》明确提出"根据刑法第二百四十六条第二款的规定，实施侮辱、诽谤犯罪，严重危害社会秩序和国家利益的，应当依法提起公诉。对于网络侮辱、诽谤是否严重危害社会秩序，应当综合侵害对象、动机目的、行为方式、信息传播范围、危害后果等因素作出判定"②。

---

 ①　《最高人民法院、最高人民检察院关于办理利用信息网络实施诽谤等刑事案件适用法律若干问题的解释》，中华人民共和国国家互联网信息办公室，2020年10月18日，https://www.cac.gov.cn/2013-09/07/c_133142246.htm。
 ②　《最高人民法院、最高人民检察院、公安部关于依法惩治网络暴力违法犯罪的指导意见》，中华人民共和国最高人民法院，2023年9月25日，https://www.court.gov.cn/zixun/xiangqing/412992.html。

实施网络侮辱、诽谤行为，具有下列情形之一的，应当认定为刑法第二百四十六条第二款规定的"严重危害社会秩序"：

（1）造成被害人或者其近亲属精神失常、自杀等严重后果，社会影响恶劣的；

（2）随意以普通公众为侵害对象，相关信息在网络上大范围传播，引发大量低俗、恶意评论，严重破坏网络秩序，社会影响恶劣的；

（3）侮辱、诽谤多人或者多次散布侮辱、诽谤信息，社会影响恶劣的；

（4）组织、指使人员在多个网络平台大量散布侮辱、诽谤信息，社会影响恶劣的；

（5）其他严重危害社会秩序的情形。

3. 学习网络欺凌相关法律法规

我国针对网络欺凌和暴力行为已出台一系列法律法规，如《未保法》首次界定了网络欺凌，并对网络欺凌受害者及其监护人的及时通知权利、网络服务提供者的责任作出明确规定，强化了学校、司法机关和网络服务提供者对学生网络欺凌的事前教育、事后处罚与被欺凌者权益保障责任。当前，《未成年人网络保护条例》[①]已于2024年1月1日起正式施行，作为我国首部专门性的未成年人网络保护综合立法，这部条例的施行标志着我国未成年人网络保护法治建设进入新阶段，为我国未成年人网络保护提供更加有力的法律保障。学校应当组织全校师生学习相关法律法规。

《未成年人网络保护条例》

第二十六条　任何组织和个人不得通过网络以文字、图片、音视频

[①]《未成年人网络保护条例》，中华人民共和国中央人民政府，2023年10月24日，https://www.gov.cn/zhengce/zhengceku/202310/content_6911289.htm。

等形式，对未成年人实施侮辱、诽谤、威胁或者恶意损害形象等网络欺凌行为。

第五十八条　违反本条例规定，侵犯未成年人合法权益，给未成年人造成损害的，依法承担民事责任；构成违反治安管理行为的，依法给予治安管理处罚；构成犯罪的，依法追究刑事责任。

《中华人民共和国治安管理处罚法》

第四十二条　有下列行为之一的，处五日以下拘留或者五百元以下罚款；情节严重的，处五日以上十日以下拘留，可以并处五百元以下罚款。

（一）写恐吓信或者以其他方法威胁他人人身安全的；

（二）公然侮辱他人或者捏造事实诽谤他人的；

（三）捏造事实诬告陷害他人，企图使他人受到刑事追究或者受到治安管理处罚的；

（四）对证人及其近亲属进行威胁、侮辱、殴打或者打击报复的；

（五）多次发送淫秽、侮辱、恐吓或者其他信息，干扰他人正常生活的；

（六）偷窥、偷拍、窃听、散布他人隐私的。

《中华人民共和国刑法》

第二百四十六条　以暴力或者其他方法公然侮辱他人或者捏造事实诽谤他人，情节严重的，处三年以下有期徒刑、拘役、管制或者剥夺政治权利。

第二百四十三条　捏造事实诬告陷害他人，意图使他人受刑事追究，情节严重的，处三年以下有期徒刑、拘役或者管制；造成严重后果的，处三年以上十年以下有期徒刑。

3. 依法规范网络行为

关于规范网络行为方面也需要学校依据法律法规正确引导。比如根据《互联网群组信息服务管理规定》第九条规定，"互联网群组建立者、管理者应当履行群组管理责任，依据法律法规、用户协议和平台公约，规范群组网络行为和信息发布，构建文明有序的网络群体空间"①。通过学校网络欺凌法治教育活动，让学生明确微信群主负有对微信群的管理职责，须履行注意义务，即"谁建群谁负责""谁管理谁负责"。提示学生私建微信群须做到以下三点：一是群主立群规，明文规范群成员；二是如果群成员发布不良信息，应及时将发布者禁言或踢出群聊，避免不良信息传播的可能性；三是违法违规信息要及时向相关平台、部门举报。

（二）网络欺凌法治教育形式

学校应结合法治课程，以及通过宣传、班会、模拟法庭等多种活动形式积极开展相关法律法规的解读教育工作，让学生明确网络不是法外之地，网络欺凌同样也是一种违法行为，造成严重后果的甚至构成犯罪。

学校也可以通过组织热点新闻的专题讨论、案例分析以及辩论会等方式引导学生规范网络行为。如以人民日报中《网络曝光不能触碰法律"红线"》一文作为素材，组织学生对以热点新闻进行专题讨论，讨论网络视频曝光是否能成为人们披露不良行为、维护自身合法权益的方式。人民日报网评②：近年来有些网络曝光行为的确是为了揭露社会不良现象，但将拍摄的他人视频，尤其是可能会引起负面影响的视频随意传到网上，则有可能侵犯他人肖像权、隐私权和个人信息权益等，对他人的生活、工作造成了严重影响。现实中，还有人借网络曝光之名，泄一己私愤，通过视频剪辑或文字引导，掺入主观倾向甚至不当目的，片面地对他人的某种行为进行曝光，甚至引导进行"人肉搜索"，给当事人带来了巨大精神压力。网络不是法外之地，网络曝光不能触碰法律"红线"。公民的隐私权、肖像权、名誉权以及个人信息权益等是人们的基本权利，也是人们正常生活的保证，必须得到充分尊重和保护。在现代信息社会中，必须严守法律底线，依法处理好公民自由表达和隐私权等

---

① 《互联网群组信息服务管理规定》，中华人民共和国国家互联网信息办公室，2017年9月7日，https：//www.cac.gov.cn/2017-09/07/c_1121623889.htm。

② 张天培：《网络曝光不能触碰法律"红线"》，《人民日报 数字传媒》2022年12月29日第19版。

合法权利保护之间的关系。

学校有责任和义务向学生科普相关法律法规，网络信息内容生产者不得在网络平台上散布谣言，扰乱经济秩序和社会秩序，不得制作、复制、发布侮辱或者诽谤他人，侵害他人名誉、隐私和其他合法权益的内容。任何组织或者个人不得以刺探、侵扰、泄露、公开等方式侵害他人的隐私权，不得以丑化、污损，或者利用信息技术手段伪造等方式侵害他人的肖像权等。让学生了解，曝光视频的发布者如果违反相关法律法规，对当事人造成了严重的不良影响，很可能被追究相关民事乃至刑事责任。

四　反网络欺凌安全教育

（一）网络使用安全教育

学校可利用信息课程模拟实操或专门开设网络安全使用的讲座，教授学生应该学会如何保护自己的网络安全，避免自己成为网络欺凌的受害者。大数据时代全球网络安全形势严峻，人们的生活被数据裹挟的同时，自身也已成为数据的一部分。一些擅长网络信息技术的黑客很容易通过远端对信息进行提取并恶意利用，学校应当提示学生网络虚拟世界中更需要保护好个人隐私，避免欺凌者通过了解个人信息熟悉欺凌目标的弱点，施加欺凌行为。

1. 守好安全入口

手机、平板、电脑等互联网终端是学生每天使用最多的互联网产品，也成为个人信息数据集合的隐私设备。正规渠道购买手机等设备可避免使用到未经相关部门检测的装有盗取隐私信息软件的可能性；设置高级别的终端设备密码，安全携带，避免被他人随意使用；在维修、更换等状况下，提前将手机数据备份，并删除原有数据，避免个人隐私被泄露的风险；手机、电脑等设备应定期升级更新软件版本，增加系统后台防范风险措施，填补系统漏洞。学校在校园网络环境方面也应设置"网络安全员"，保证网络信息的安全，若网络信息中发现辱骂、胁迫以及恐吓等敏感词汇发生时要进行拦截和定位，从源头上遏制网络欺凌现象的

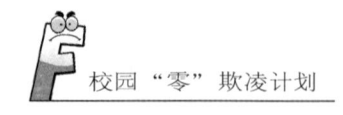

发生。

2. 养成安全使用网络习惯

下载软件及用户注册是个人信息泄露的根源之一，尽量避免在网站上提交个人真实信息，降低被恶意售卖供人肉搜索查询个人信息的可能性；应关闭应用程序非合理的敏感数据收集权限，如麦克风、摄像头、日历、联系人信息、所在地信息等；不访问任何钓鱼网站，降低被黑客入侵可能性，一旦发现有被入侵的异常情况，应该即刻断网，然后进行检测和修复；避免使用公共场所搜到的免费、无锁、安全防护功能较弱或来历不明无验证的 Wi-Fi 热点；软件下载认准安全的大型第三方应用市场或官方下载链接；不点击"扫码送礼""重要文件""获奖链接""精彩图片"等一切没有可信安全来源的图片、下载链接或二维码。

3. 增强网络社交的安全意识

网络社交中应注意对个人隐私进行保护，增强学生网络社交防范意识，不要轻易信任对方而发送自己的照片、视频、家庭住址、联系方式以及其他个人基本信息，以防止欺凌者恶意利用信息实施网络欺凌；在社交平台上不要加不明身份的好友、警惕"最熟悉的陌生人"发来的广告、帮砍价、帮投票等链接；发布信息应三思而后行，涉及个人隐私、他人评价等信息的留言、帖子、文章等一旦发布就有被存档、转载散布到其他网站的可能性，而搜索引擎可遍布互联网任何角落。

(二) 应对网络欺凌教育

面对网络欺凌，传统欺凌应对方式并不一定会奏效，还可能因满足对方的攻击回应需求，导致欺凌升级。因此，教授学生在遭受网络欺凌前学会如何回应网络欺凌十分必要。如学习专门应对网络欺凌的方法——SCBT 法[①]，即停止—复制—拦截—告知法。该方法包括如下四个步骤：

第一步 停止（S—Stop）

不要回应网络欺凌。被欺凌者的不回应可以让欺凌者失去攻击兴趣，

---

① ［美］芭芭拉·科卢梭：《如何应对校园欺凌》，肖飒译，华东师范大学出版社 2017 年版。

因为任何带有愤怒或受伤的心情回应欺凌者，无论积极、消极，甚至自信坚定的回应方式在社交网络中都被网络欺凌者视为攻击成功，满足了其攻击回应需求。此外，欺凌者还能通过剪辑、编辑回应信息篡改成"网络骂战"，甚至将被欺凌者伪造成网络欺凌者，降低后续维权可能性。

第二步　复制（C—Copy）

复制保存所有网络欺凌信息作为维权证据。发现网络欺凌信息后，第一时间通过复制、截图、录屏等方式收集保存所有相关信息，包括涉及网络欺凌行为的手机短信、邮件信息、微信、QQ等聊天记录、社交网站上的语音和文字留言、发布者头像以及发布者相关信息、发布信息时间等截图录屏，以便日后维权使用。

第三步　拦截（B—Block）

拦截或通过通信软件的通讯录或电子邮件过滤资讯。在收取足够维权的信息证据后屏蔽欺凌者发起的各类信息。一方面被欺凌者可考虑删除或变更账号、用户名、手机号码、邮箱地址，让欺凌者发现网络欺凌信息无法对其继续造成网络欺凌而停止伤害；另一方面也可使用"中国移动骚扰电话高频防护"屏蔽骚扰电话信息，以及社交网站中"黑名单"功能屏蔽欺凌者发来的社交欺凌信息。同时，可向网站、信息服务提供商以及校园网络监管部门提交投诉，并要求对方协助删除、拦截欺凌相关信息。各类网站首页通常会有"联系我们"页面，可提供网站的客服信息或电子邮箱地址，或通过拨打"114"查询公司电话，互联网服务提供商也可通过ISP网址查询其客服信息。这些运营商有责任和义务保证他们的网络工具和平台不被欺凌者恶意利用。如果是通过校园网发生的网络欺凌事件，可要求学校网络监管部门追踪欺凌者ID，并加大校内网络环境的监控力度。注意投诉过程也应保存相关投诉证明，网络欺凌投诉史为日后进一步升级维权留下有效证据。

第四步　告知（T—Tell a trusted adult）

将遭受网络欺凌经历告知一位信赖的成年人。往往网络被欺凌者和传统被欺凌者一样对被欺凌事件羞于启齿，有的学生将原因归咎于自己，有的学生担心告知成人会被报复，也有学生认为不擅长网络操作的成年人将对网络欺凌事件无能为力，还有的学生担心父母或者是学校教育工作者不会信任自己，而会相信网络欺凌者及其发布的伪造网络信息。然而，独自默默承受网络欺凌，不懂得求助只会助长欺凌者气焰。因此，学校在教授学生网络应对欺凌方法时帮助学生列举值得信任的成人名单，比如父母、监护人、班主任、心理教师、辅导员等，提供多种求助通道，至少传递校方管理者和教育者是值得信赖的信息，并开展情景模拟训练或求助行为训练。

五 反网络欺凌的旁观者教育

与传统欺凌类似，网络欺凌中的旁观者是指目睹网络欺凌事件发生过程的个体。旁观者是网络欺凌事件的潜在干预者，其行为决定欺凌事件的发展趋势。网络欺凌旁观者也可以分为保护者、欺凌协助者、欺凌强化者和局外者。网络欺凌事件发生时，保护者主动给予被欺凌者支持，意图帮助其摆脱困境。而欺凌协助者协助欺凌者直接参与网络欺凌行为，如在欺凌者群内发送被欺凌者隐私照片后加以侮辱性评论。欺凌强化者则通过煽动性语言或表情包表达自己赞同欺凌者行为，尤其当旁观者害怕与强势欺凌者对立，害怕破坏与群体成员关系从而被认为"不合群"，害怕自己成为下一个被欺凌对象，从而选择忽视群体观念的不道德与不合理行为，成为欺凌强化者。局外者保持中立态度旁观欺凌事件，既不站队欺凌者，也不支持被欺凌者，对信息不作回应。尽管网络欺凌事件中也有局外者持有"吃瓜群众"心态冷眼旁观事态发生发展，但与传统欺凌事件中的局外者略有不同的是，一部分局外者是对欺凌者发布的信息真相无法判别，在真相浮出水面前会保持冷静和中立。笔者认为与传统欺凌相比，网络欺凌中的局外者行为对推动欺凌事件的影响较小，尽管这种沉默会助长欺凌者的嚣张气焰，但由于网络欺凌更依赖于信息关注度，局外者不作回应的态度可能在某种程度上延缓或阻止了欺凌现象的持续和升级。当然这对于被欺凌者而言，同样也会因为局外者的不作为而加剧他们的无助感和痛苦感。因此，学校反网络欺凌的旁观者教育工作一方面应强化保护者的支持性行为,引导局外者网络发声援助,从而动摇欺凌势力的不均衡性;另一方面应对欺凌协助者和强化者进行法治教育和同理心教育,树立正确的道德观念,尊重他人的权利和尊严,不跟从欺凌者实施网络欺凌行为。

(一)预防网络欺凌的旁观者教育

预防网络欺凌的发生发展,做好对旁观者的教育工作是指在教育者的引导下,学生能在网络欺凌事件中正确选择旁观者角色,多承担保护者的角色以积极应对网络欺凌。一些学生选择成为欺凌协助者或强化者是因为对欺凌和网络欺凌缺乏正确认知,甚至有学生认为"我没有面对面辱骂,没有发生肢体冲突就不构成欺凌",因此,学校应积极开展认识网络欺凌、普及网络欺凌相关法律法规知识的讲座活动。而对于一些缺乏共情能力,无法体会被欺凌者感受而选择做消极旁观者的学生,则应通过案例分析、角色扮演、电影赏析等多种形式的活动体验被欺凌者的感受,唤醒消极旁观者的共情能力,在其情感上引发共鸣,激发旁观者群体对他人的责任意识,进而采取合理的方式帮助被欺凌者脱离困境。

(二)应对网络欺凌的旁观者教育

实际上,很多学生能够认识到网络欺凌的危害并有心阻止网络欺凌,却因缺少网络欺凌的应对策略而选择做局外人。特别是因为对保护者角色的狭隘意识,认为只有公开阻止欺凌者的欺凌行为才是保护,而公开支持则担心自己被报复成为欺凌者新目标。因此,学校应通过行为训练、模拟演示、心理剧等活动引导学生在面对网络欺凌发生时作为保护者的网络欺凌干预策略。保护者对被欺凌者提供的帮助可以是以下四种方式:

1. 网络阻止。保护者通过公开网络发声,劝阻或指责欺凌者的欺凌行为。

2. 公开支持。保护者通过投票、点赞或发表支持性言论,也可以通过发表中立性言论弱化压倒性欺凌言论,或者通过发朋友圈、发帖为被欺凌者正名,扩大其支持比例。

3. 私下支持。保护者通过私聊或线下会面给予被欺凌者关心、安慰,以及商议对策,提供建议。

4. 求助成人。保护者求助他人，告诉家长、老师等成人，或截图录屏帮助取证举报欺凌者或报警。

此外，网暴支援容易被学生误认为是保护者行为，需要教育者正确引导并避免学生采用网暴支援。这种方式与"网络阻止"较为类似，都公开网络发声支持被欺凌者，但其声援方式较为极端，通常用以暴制暴的公开辱骂、恐吓反制欺凌者，形成网络骂战，尽管在被欺凌者看来可能是强有力的支持手段，但往往因进一步激发欺凌者的攻击欲而导致矛盾升级，使得事件持续发酵。

六　反网络欺凌的家长教育

学校应当强化学生家长重视家校联动网络欺凌防治工作，通过微课、微视频、讲座等多种形式帮助家长了解网络欺凌的危害性，如何判断孩子遭受了网络欺凌，以及如何帮助孩子预防和应对网络欺凌等。

（一）网络欺凌危害性

很多家长会担心孩子沉迷网络游戏，而对网络社交中的欺凌问题并不关注。学校应提升家长与学校达成反网络欺凌家校联动合作的意识与紧迫感，让家长了解到孩子可以在许多方式下被当作欺凌目标，只要孩子使用网络就难以避免遭受网络欺凌的可能性。学校首先应通过开展家长教育活动，邀请专家举办讲座、组织家长交流会等方式，向家长传递网络欺凌的定义及其相关知识，让家长能够更深入地了解网络欺凌的危害而引起关注和重视。可以结合校园网络欺凌的实际案例，让家长了解网络欺凌的现状和影响，同时宣传相关法律法规，认识到涉及违法行为的网络欺凌将会受到法律制裁，引导家长教育孩子遵守法律法规。

（二）预防网络欺凌

要积极引导家长与孩子谈论网络欺凌的表现形式及其危害性，共同商议并制定网络使用规则，设定网上"能做"与"不能做"的具体行为规范，并解释为什么要这样做。最为重要的是，家长应鼓励孩子分享网上的经历，特别是那些让他们感到不舒服、不适当的信息或者遭受威胁的经历共同商议如何应对，如当一些联系人让孩子感到不适或不开心时，可以在电子设备应用上阻止或删除号码和联系人等。

(三) 孩子遭受网络欺凌的判断依据

孩子遭受网络欺凌后所呈现的症状与传统欺凌类似,具体可参考第三章中被欺凌迹象的相关内容。根据《指南》第七条至第十条,家长也可判断孩子是否遭受网络欺凌,其重要的判断点是孩子上网前后的即时变化以及一段时间内的异常变化。

> 第七条　看行为习惯是否有变化。如使用电脑或手机时间过长,对自己的上网行为尤为保密。
>
> 第八条　看精神状态是否有变化。如易怒、焦虑、沮丧,情绪低落、沉默寡言、孤僻古怪,甚至发生自伤、自残或自杀行为。
>
> 第九条　看学习情况是否有变化。如学习效率降低、作业拖堂、成绩下降,有厌学甚至弃学情绪。
>
> 第十条　看人际交往是否有变化。如人际关系紧张,喜欢独处,缺乏自尊和自信,甚至处于恐慌不安之中。

(四) 引导孩子应对网络欺凌

家长发现孩子遭受网络欺凌时,可根据《指南》第十一条至第十四条给孩子提供支持和帮助。如果情节特别严重,家长可协助孩子报警,让网警第一时间锁定施暴人。

> 第十一条　联系欺凌者要求其停止欺凌行为。
>
> 第十二条　向网络服务商进行投诉。要求及时对相关网络内容进行屏蔽、删除。
>
> 第十三条　报告学校及老师。发现欺凌者是学校学生的,应立即联系学校与老师,共同解决问题。
>
> 第十四条　寻求心理或法律援助。联系心理教师或专家,对孩子进行适当的心理辅导,必要时可联系警方或诉诸法律。

此外，家长应该特别关注网络欺凌给孩子带来的负面情绪，陪伴孩子共同面对困境，保持心理健康，避免因为网络欺凌而产生严重的心理问题。

（五）应对孩子网络欺凌他人

家长发现孩子对他人进行网络欺凌时，可根据《指南》第十五条至第十八条对孩子进行引导、教育和惩戒。

第十五条　告知孩子网络欺凌行为后果。教育孩子通过网络言论对他人进行侮辱、诽谤、攻击，是不道德的行为，应该受到谴责。如触犯法律，还要承担法律责任。

第十六条　及时发现孩子间的矛盾。若是网络欺凌，则应要求孩子立即停止，并陪同孩子主动向被害人赔礼道歉，妥善处理孩子间的矛盾和问题。

第十七条　适当禁用通信工具。通过禁止孩子一段时间使用手机、电脑等，对孩子进行教育、惩戒。

第十八条　加强不良心理和行为疏导。对于孩子的不良心理和行为，家长与学校要形成合力，加强教育转化，必要时可以申请专门学校介入。

（六）网络监管建议

引导家长对孩子使用网络的观念应与时俱进，关注孩子的网络使用状况，对于如何监管孩子网络使用提出如下建议。

1. 允许孩子网络娱乐与网络社交

近年来，我国未成年人互联网使用情况相关调查报告结果均显示，未成年人互联网普及率几乎饱和，触网代龄化趋势明显，这表明网络已成为孩子们成长发展过程中不可分割的一部分。孩子有顺应这个时代的网络学习需求、网络娱乐需求和网络社交需求，家长简单粗暴地切断孩子网络使用的做法相当于从学习、娱乐和社交上全面割裂孩子和这个时代的联结，不利于孩子的心理健康发展。

2. 做好守门员工作

网络不可避免地存在大量负面信息，比如蕴含暴力、色情、道德沦丧的短视频或网络游戏，而长时间玩手机也会影响孩子的身心健康。家长要加强对孩子在家使用网络的管理监督，对使用频次、时间和内容要有所约束，做好过守门员工作。家长可以告诉未成年孩子，作为监护人的责任与义务，需要了解孩子手机/电脑里有什么软件，还要对其手机/电脑的使用时间以及使用情况做监督性工作。大部分智能手机里都有"健康使用手机"的设置，平板里有"平板健康管理"的设置，可以设置软件使用时间和使用时长，家长通过这些操作就能了解孩子手机里都有什么软件，用得最多的是哪款软件，再试着去用这个软件来了解它的功能。比如孩子玩哪款游戏，家长也去玩玩看，了解游戏内容、游戏时间（一局游戏用时）、游戏社区环境。建议家长最好能和孩子玩同一款游戏，既能增加亲子互动，又能对孩子玩的游戏心中有数，随着知情水平提升，家长的焦虑感就会降低，才能心平气和地和孩子探讨手机使用问题。

此外，我国短视频用户规模巨大，其中青少年已成为短视频使用的重要用户群体。然而，短视频内容参差不齐，很多短视频缺乏精神内涵和现实价值，如一些低级趣味的网络毒梗、血腥暴力的视频内容，大数据推送模式下，会影响孩子们的人生价值观、道德价值观、审美价值观和交往价值观。但也并不是所有的短视频都是豺狼虎豹，各行各业的学者、专家都与时俱进制作了很多寓教于乐的科普短视频。家长需要警惕的是那种打发时间式的"刷短视频"行为，这才是让孩子不知不觉中产生网络不良行为模仿和网络成瘾的重要原因之一。

3. 允许孩子自己做网络使用时间的管理规划

可以让孩子先列出放学后、休息日及节假日要做的事情，并做优先级排序，规划每件事情所用时间，再确定使用网络的时间和时长以不影响、挤占其他日常生活内容（学习、睡眠、运动、面对面社交等）为宜。家长也做出自己的网络使用时间规划表，与孩子互相评议共同讨论决定执行，过一段时间后再根据执行中遇到的困难进一步规划调整。

4. 明确网络使用的时间和功能

家长可以向老师了解需要用电子产品完成网络作业的时间，比如查找资料、练口语大概所需网络总用时，引导孩子安排在书写作业后休息，之后专门的时间内完成工具类任务。也可以在手机上设置手机使用总时长相关APP的使用时间，孩子如果知道"每天我只有这么长时间玩游戏"，为了游戏的完整体验度会放弃手机碎片化时间的利用，自觉做好手机使用的时间管理。建议家长引导孩子使用"健康使用手机""平板健康使用"这类软件中的统计功能，对碎片化使用网络时间有直观认识。

总之，网络欺凌防治相关的教育工作应该从多个方面进行，既要加强学生、教师和家长的法律知识教育，又要注重学生道德、安全和心理健康教育，让青少年在网络空间中健康成长。

第三章

构建零欺凌班级的班主任工作

学校的基本构成单位是班级,学生的校园生活和各种集体活动的开展都是以班级为单位。更重要的是,学生早期社会关系的建立发生于班级,班级在学生形成正确世界观、人生观和价值观,促进和谐的人际交往等方面都发挥着不可替代的作用。然而,校园欺凌也最容易隐匿和发生在班级当中,可以说,班级的欺凌防治工作是学校欺凌防治工作的前线,同时也是防治成效的缩影。

中小学班主任作为班级的管理者和教育者,是班级建设的核心负责人和主导力量,在校园欺凌的防治工作中扮演着极为重要的角色。一方面,班主任的工作职责要求其保障学生的安全,通过开展班级欺凌防治工作提高学生自我保护能力是对学生进行安全教育的重要途径。在校园欺凌事件发生后,班主任有责任及时干预、惩戒与教育欺凌者,安抚被欺凌者,并协助学生综合治理委员会进行后续处理。另一方面,校园欺凌主体为学生,班主任与班级学生朝夕相处,无论在时间上还是在空间上都最容易觉察学生的异常表现、同伴关系的变化及隐藏的欺凌行为。班主任了解本班学生的性格品质,熟悉学生的惯常表现,可以及时关注有可能成为欺凌者或被欺凌者的学生,从而进行及时干预以减少欺凌行为及其严重后果,这是班主任面对校园欺凌行为得天独厚的优势。因此,校园欺凌防治工作中应当建立以班主任为核心的工作机制,充分发挥班主任的关键性和主体性作用,从而预防和遏制班级欺凌行为的发生和发展。

中小学生的校园生活相对固定于班级之中，他们正处于活泼好动、群体意识和归属感增强的心理发展阶段，而行为和情绪控制方面受到脑发育和激素水平波动的影响，学生之间的交往难以避免出现多种多样的同伴冲突、欺凌萌芽行为，以及准欺凌行为。倡导零欺凌班级的构建，更多指向的是班主任的班级建设目标与对拒绝欺凌行为的坚决态度，而并不是要求班级中绝对不可以发生任何欺凌行为，从而导致矫枉过正。也正是在欺凌行为预防、发生与教育的过程中，学生才会形成正确的人权法治观念以及自尊自爱、尊重他人等健康的人生观与价值观。因此，班主任应对构建零欺凌班级有正确的认识，并非通过惩戒制度将欺凌行为发生率降至零，而是把无欺凌行为发生的班级表现特征作为构建目标，开展常态化的班级欺凌行为防治工作。有学者阐述了如下零欺凌班级的基本特征：

（1）防范欺凌行为的常态化。班主任、学科教师能通过日常学习生活对学生进行反欺凌教育，以班规等不同形式对欺凌行为予以显明和规训。

（2）发生欺凌行为的低频率。班级内部偶有浅层次的欺凌行为，发生频率较低，且基本上很少发生性质恶劣、情节严重的暴力事件。

（3）化解欺凌行为的高效率。班级欺凌行为发生后，班主任能够在其他教师和学生的协助下快速、精准地处理欺凌行为，确保将欺凌行为所带来的危害降低到最小。

（4）班级人际关系的和谐化。这是无欺凌班级最需要的一种班级氛围，班主任要引导学生对内形成包容、理解的人际交往，对外则要建构平等、融通的班际关系。①

针对上述无欺凌班级的基本特征，班主任在对校园欺凌形成清晰准

---

① 张聪：《无欺凌班级建构：班主任的难为与能为》，《教育科学研究》2019年第4期。

确的概念界定后，可以从以下几方面开展工作，即构建班级"家文化"以完善班级欺凌预防工作使欺凌行为防范常态化、促进班级人际关系和谐化、实践欺凌行为应对策略以降低班级欺凌发生频率以及高效处置班级欺凌行为。

第一节 班主任对欺凌与欺凌萌芽行为的界定

校园欺凌防治工作不论采用何种制度，实施何种策略，最终都要由作为班级管理者的班主任进行操作。然而，在实际工作中，一些班主任在欺凌行为的认定上有明显的倾向性，比如认为只有涉及身体伤害或财物损失的暴力行为才构成欺凌。班主任对校园欺凌行为存在认知偏差，就会影响其态度和处理方式。值得关注的是，班主任的不当处置往往会成为校园欺凌发生及发展的重要因素。所以，班主任要对校园欺凌行为形成清晰准确的界定，以避免出现认知误区，导致处理不当。

班主任常见的不当处理有两种：一是界定宽泛，只要有举报就认定为欺凌，对"欺凌者"进行批评惩戒；二是界定狭隘，以敷衍和漠视的态度把欺凌行为认定为学生间的嬉戏玩闹，把孤立排斥认定为学生间的人际自由，从而对欺凌行为放任自流。因此，班主任应对校园欺凌行为的判断标准有清晰、充分且全面地认识，并能辨识班级中出现的欺凌萌芽行为。正确甄别学生交往中的矛盾冲突、校园欺凌萌芽行为和欺凌行为是有效开展防治校园欺凌工作的前提条件。

一 班主任对校园欺凌行为的判定

（一）校园欺凌行为判定标准

根据《治理方案》对中小学生欺凌事件的概念界定，中小学生欺凌是发生在校园（包括中小学校和中等职业学校）内外、学生之间，一方（个体或群体）单次或多次蓄意或恶意通过肢体、语言及网络等手段实施欺负、侮辱，造成另一方（个体或群体）身体伤害、财产损失或精神损害等的事件。尽管本书第一章节中已根据该概念总结了校园欺凌行为的构成要素，但在实际工作情境中，如何判断是否构成校园欺凌仍存在一定难度，如对方挑衅后动手、只有受害方觉得被孤立、被重复性叫绰号等，需要班主任在具体情境中综合判断。建议班主任在判定欺凌行为时充分考量以下四个标准。

第一，故意为之的恶意行为。

（1）丽丽的水杯被李明损坏，丽丽认为是被李明故意摔坏的，李明则说自己是不小心碰到，水杯就掉到地上摔坏了。

（2）小军在林强座位上放置了红色墨水，导致林强裤子染红，并大声告知班级同学"林强来例假了"，林强委屈地哭了，小军更得意地说"哭起来更像个女生"。当班主任批评小军时，小军则表示"谁让他女里女气的"。

校园欺凌行为的性质为蓄意或恶意性的主观故意性，这也是欺凌判定最重要的取证内容。班主任在判定欺凌事件前要听取欺凌、被欺凌、旁观者几方学生表述。很多教师在实际工作中对欺凌行为不当处理的原因之一是仅听取一方表述，如案例中李明认为"我不是故意的，只是不小心"，丽丽则认为"他就是故意的"；或即便听取双方解释后，仍凭借自己对学生的一贯表现进行主观判断，如李明平时就喜欢惹是生非，应该是故意为之；或者丽丽平时就不合群、"玻璃心"，应该是误会李明等。班主任可以接下来通过询问双方对自己和他人的行为理解以及相关佐证确认其行为动机。问询行为动机对判别欺凌事件至关重要，欺凌者往往将欺凌原因归因于被欺凌者，如案例中小军认为林强"女里女气"，部分被欺凌者也会认同欺凌者的归因，认为是自己的问题。如果在班级欺凌防范班会上强调了欺凌事件取证、留证的重要性，学生的相关证词、证明将有利于班主任对行为性质的高效判别。此外，一些语言表达能力较弱的学生或者无证据证明实情的欺凌事件需要班主任通过更多地询问双方意图以还原事件经过，信息不一致时还需询问旁观者关于事件的关键性信息。具体问询方法详见本章第五节"调查核实欺凌事件"。

班主任在判断是否为故意为之的恶意行为时,还可以通过问询旁观者报告当时双方的情绪反应,通常被欺凌者表现出恐惧、委屈、伤心、沮丧、无助等负性情绪,欺凌者则表现出与之相反的兴奋、得意、开心、雀跃等正性情绪,且双方情绪程度匹配,被欺凌学生越沮丧欺凌学生就越兴奋,如案例中林强越委屈,欺凌者小军越得意、越兴奋。

第二,恃强凌弱的势力差异。

(1)明俊叫上几个好朋友将林晓围堵在洗手间,威胁他考试时要告诉他答案。

(2)玲玲告诉宿舍其他同学在微信群里发言时谁都不要回应李立。

学生之间势均力敌的矛盾冲突并不构成欺凌行为。欺凌事件中,被欺凌者往往有单方向、被压迫且无力反抗的心理感受。如高壮的欺凌者欺负身材弱小的学生,多个欺凌者围殴或向一个欺凌者索要财物等。需要班主任注意的是,以多欺少并不仅仅呈现在身体欺凌或索要财物这些传统欺凌形式上。实际上,在发展至明显的身体欺凌前,欺凌者已经通过孤立排斥的关系欺凌确认无人帮助被欺凌者后才敢肆意妄为。而关系欺凌本身就是在多人排斥一人的不对等的势力差异下发生,如案例中玲玲的行为就是利用人际关系排斥达到其欺凌目的。另外,班主任还需注意教师自身也可能成为势力差异的推波助澜者,如班级学业优等生或班委利用同伴接纳来孤立一位学差生。一方面,欺凌者们利用班级地位获得包括教师在内的人际支持而有恃无恐;另一方面,学差生很可能因为预见自己不被教师喜爱和信任选择放弃求助从而导致欺凌行为愈演愈烈。因此,势力差异可以表现在欺凌与被欺凌者的身体强壮差异、人数差异、班级地位差异等多个方面。

第三,重复性发生。

(1)班长小美觉得林伟头大,一遍又一遍地叫林伟"南瓜",

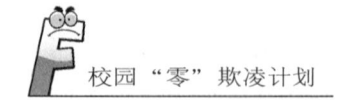

林伟很生气但不敢反抗。

（2）齐齐叫晓风"小飞象"，晓风很生气，认为是嘲讽他的体形，但齐齐说自己并无嘲讽之意，只是觉得可爱才这样说。

（3）浩浩让同学按住小林下跪并逼迫小林吃土，但只发生过一次。

班主任在判别是否构成欺凌事件时，常常会代入情境，通过主观感受去判断。比如有学生告诉老师自己被叫绰号、被同学取笑，班主任问其经过后，觉得不过是同学间的嬉戏打闹。当班主任觉得"事不至此"，在非严重欺凌事件的情况下，是否构成欺凌还应附加重复性发生的条件。例如，小美叫林伟"南瓜"的案例，重复性发生让林伟深受其扰，则构成欺凌；齐齐叫晓风"小飞象"的案例中，在双方争执是否存在恶意时，班主任可以问晓风是否告诉过齐齐"自己不喜欢这个绰号，以后不要这样叫他"（绰号主题班会上教给学生被叫绰号时的应对方式）。如果是重复发生的不听劝阻的伤害性行为，就有"主观恶意性"，从而构成欺凌事件，如晓风多次警告齐齐无果则构成欺凌。需要注意的是，很多绰号看似中性却隐含恶意，班主任不一定知晓只有青少年才能意会的绰号含义，因此要多询问被叫绰号学生的主观感受。校园欺凌通常始于侮辱性绰号的言语攻击，这类行为如果没有及时遏制，很可能会上升为严重的欺凌事件。此外，有些欺凌事件单次发生也构成欺凌，如浩浩的案例尽管只发生一次，但情节严重，足以构成欺凌。同时，班主任也要认识到，下跪吃土这类行为很可能是若干次其他形式的欺凌行为未能及时干预后出现的升级行为。

第四，被欺凌者的主观痛苦感受。

（1）齐齐让晓风给每人买一支笔，晓风痛快地答应了。

（2）校车上同学们都不愿意和刘卓一起坐，如果刘卓后上车，则常常被大家拒绝坐在自己旁边，导致他找不到座位。

《治理方案》中明确提出欺凌后果的三种形式：身体伤害、财产损失或精神损害。班主任容易发生欺凌行为误判的原因之一是忽视了被欺凌者的主观感受，即是否存在心理上的伤害，或称精神痛苦。如果仅以身体伤害和财务损失来判断欺凌行为，可能让深感精神痛苦的学生求助无望，并助长班级欺凌氛围。实际上，已有脑科学研究证实，精神痛苦所激活的脑区与躯体疼痛的脑区相重叠。欺凌事件发生后，愤怒、不甘、屈辱、孤独、恐惧、心酸、怨恨等情绪困扰对被欺凌者的伤害不亚于身体上的疼痛，而这些精神痛苦与学生厌学、抑郁、焦虑、自伤甚至自杀行为密切相关。反之，一些身体伤害和财产损失并未带来精神痛苦，如男生被女同桌狠狠地拧红了胳膊，虽痛却"甘之如饴"；案例中晓风尽管被齐齐索要财物但不以为意，觉得自己很大方、很有面子，这类事件尽管需要劝阻，但不必视为欺凌。而在中学阶段发生最频繁的欺凌形式是关系欺凌，欺凌者可能没有做出实际的欺凌行为，只是隐性利用自己的权威号召同伴不理睬被欺凌者，就会让被欺凌者痛苦不堪。更多情况下，班级中不存在明确的欺凌者，大多数学生没有意识地、自然而然地排斥和孤立某个性格孤僻或者行为怪异的同学。例如，刘卓在校车上被孤立的案例，班主任如果仅是询问校车上的同学或者其他旁观者原因和感受，会得出被欺凌者只是不合群、太敏感或者行为怪异的结论，从而忽略刘卓被排斥孤立所产生的精神痛苦，即被欺凌的事实。更需要班主任警惕的是，严重的欺凌事件往往是因为得到了同伴群体的默认和支持，当有同学自诉被欺凌而其他同学深不以为然时，班级本身已形成了欺凌氛围，其中关系欺凌起到了关键性作用。

因此，被欺凌者的主观感受是判定欺凌萌芽和欺凌事件的重要依据。即使再小的玩笑，如果被欺凌者觉得很受伤，班主任就应该及时介入，阻止被欺凌者认为的伤害性行为，积极引导学生接受个体差异性，引导学生发现每个人身上的闪光点。班主任有责任和义务让学生理解，校园欺凌不仅仅表现在攻击和伤害同学的身体、抢夺同学财物、破坏同学衣物这些典型的欺凌形式，那些叫同学讨厌的绰号、散播同学隐私、威胁恐吓及辱骂同学、挑拨离间、倚众欺寡、孤立和排斥同学也是欺凌行为。

班主任可以通过心理班会引导学生明晰校园欺凌的概念和形式，消除"仅暴力的身体欺凌才是校园欺凌"的刻板印象，避免不经意间伤害到同伴，或在肆无忌惮的言语攻击和社交排斥中给同伴造成精神损伤，卷入欺凌事件。

综上，是否构成欺凌行为可以依据主观恶意、势力差异、重复性发生和精神痛苦这四个标准去判断。然而，单一标准不能作为判断的依据，比如身体强壮的同学撞到了弱小的同学，被同学叫不喜欢的绰号不一定是欺凌行为。欺凌行为的判定通常同时满足四个标准（单次发生情节严重的欺凌事件除外）。例如"小毕觉得林伟头大，带着几名同学在很多场合上一遍遍叫林伟'南瓜'"，小毕的行为满足"主观恶意、势力差异、重复性发生"三个判断标准，如果林伟觉得生气、难过、深受困扰，即满足"精神痛苦"的特征则构成欺凌；如果林伟并不在意，认为同学们在和自己开玩笑则不构成欺凌。因此，判断是否构成校园欺凌行为必须包含"精神痛苦"的特征（对精神发育迟滞者的欺凌行为除外）。此外，建议班主任以整体事件为单位辨识欺凌事件，即考虑事件背后是否存在关联事件。比如撕毁同桌作业本，是因为自己的课本刚刚被同桌撕坏了；四个同学围殴一个同学，是因为这个同学散布谣言、挑拨离间四人关系……这就要求班主任在判别欺凌事件时充分询问事件前因后果，确定前期被欺凌者无挑衅激惹性行为后再做判断。

此外，班主任还应明晰欺凌事件的发生不限于时间与空间。学生可以在校内实施面对面的欺凌，也可以借助通信技术实施网络欺凌。校车上发生的身体欺凌、假期里发生的网络欺凌、家长投诉孩子受到关系欺凌等都属于班主任班级欺凌防治工作范畴。班主任不仅仅要处理班级里发生的欺凌事件，只要涉及本班学生群体间的欺凌，不限于时间场所都要及时做出应对。

（二）易混淆的非欺凌行为

1. 打闹嬉戏行为

打闹嬉戏行为是班级中学生之间同伴交往的一种形式，以追求精神愉悦兼疏解学业压力为目的的行为。打闹嬉戏表现出平等和善意的行为特征，比如你来我往地互相追逐、推搡、互叫绰号和开玩笑等。其判断标准为角色可互换，不存在欺凌和被欺凌角色，即便可能有行为和言语冒犯，没有人在过程中受到身心伤害。如果班中发生打闹嬉戏行为，班主任可持续观察，只要双方都在愉悦状态中可暂时不加管理。需注意的是，一些小学低年龄段学生并未意识到某些行为是冒犯性、侮辱性行为，如被要求下跪、学动物叫声、碰身体隐私部位等行为发生时，班主任应及时介入和处理。

2. 打架斗殴行为

打架斗殴行为是指学生超出理智约束的一种激烈对抗性的相互伤害性行为，包括约架（约定特定时间和地点的预定性打架行为）。打架斗殴行为表现出双方力量相对均衡的特点，其目的是解决各种利益纠纷而进行的暴力冲突，通常不会造成参与者的精神痛苦。这与欺凌行为中的势力不均和主观痛苦感受有根本区别。但打架斗殴行为对学校班级规章制度以及同学关系造成严重破坏，也很可能带来一定的法律后果，所以一旦班级中发生打架斗殴行为，同样需要班主任及时介入和处理。

二 班级欺凌萌芽行为

欺凌行为一旦发生既成事实，必然会对学生本人、家庭、学校至社会产生恶劣影响，谈防范则为时已晚。因此，班主任应在欺凌萌芽将显但又未形成时，及时介入消除萌芽，这也正是实现防范欺凌目标的根本所在。欺凌萌芽行为的判断标准是，疑似被欺凌者主诉负性情绪感受，而因疑似欺凌者的主观恶意不足，并且为单次发生，不足以认定为欺凌事件。最为常见的是班级中的恶作剧行为和无意识孤立行为。如果班级中发生类似行为，可作为欺凌行为发生前的预兆，班主任需提高警惕，准确识别，并形成消解策略。

（一）恶作剧行为

恶作剧行为是指故意和对方开玩笑，戏耍、捉弄对方的行为。其目的是让对方陷入窘境，并在旁边观赏对方尴尬、受惊吓、惶恐等不常见的情绪表现，借此从中得到乐趣。恶作剧并不一定单纯为自己取乐，一些学生的恶作剧行为是在有围观者的情况下故意发生，围观者越是哄笑，恶作剧者越觉得有成就感。基于恶作剧行为与典型的欺凌行为有很多重合之处，如果置之不理很有可能发展成欺凌行为。

恶作剧行为具有和欺凌行为相似的表现特征。一是蓄意性。恶作剧是故意而为之的捉弄行为，与欺凌者的主观恶意相似。二是单方向。恶作剧是单方面取乐，与相互打闹嬉戏不同，很多恶作剧又在围观下发生，容易形成欺凌行为中的势力不均等。三是重复倾向性。一旦恶作剧得逞且未加阻止，恶作剧者从中得到了乐趣和成就感，便更容易在同一人身上反复实施，事实上，班级中很多被恶作剧的学生相对固定，如果重复发生在一个学生身上就会成为典型的欺凌行为。因此，班主任应将恶作剧作为班级欺凌萌芽行为，进行观察、及时阻止并处理。区别欺凌行为的重点在于被捉弄学生的主观感受和发生次数。如果恶作剧行为让被捉弄学生觉得不悦，但仍能泰然处之，并未达到身心受伤程度，首次发生可以暂时不做处理，进行持续观察，或引导学生表达拒绝，自行协商解决。另一种情况是即便只发生一次，被捉弄者觉得难堪窘迫、十分受伤，就应根据情节严重程度视作欺凌萌芽行为或欺凌行为，需要班主任及时介入处理。

（二）无意识的孤立行为

进入青春期后，青少年尝试摆脱对父母的依赖，渴求对同辈团体的归属感，使得他们极为重视同伴关系。一旦在班级中遭受同学孤立，这无疑对他们来说是一场人际灾难。班主任需要警惕的是班级中的无意识孤立行为，或称作小团体现象，即学生之间自愿结合，自发形成的人际团体，且各个小团体相对孤立。当班级凝聚力不足、学生在自发团体中寻求归属感时，不受欢迎的学生自然而然被孤立，甚至被拒绝，而被孤立的学生因为得不到同伴支持很容易成为被欺凌对象。特别是初中生群体，从"他/她很特别、不合群"的无意识孤立到"他/她很讨厌、很臭、很恶心、很傲慢、很欠揍"的关系欺凌进展迅速，边界模糊。被孤立无需理由，只要没有小团体愿意接纳他/她，就容易成为被欺凌对象。因此，班主任在发现班级中出现"拉帮结派"的小团体现象时，就要将其视为欺凌的萌芽现象，弱化小团体之间的界限，增强班级凝聚力。具体应对策略详见本章第四节。

第二节 班主任班级"家文化"构建策略

"家文化"概念最初来源于企业，通过营造企业的"家"氛围让员工充满活力地工作，从而获得利润以维持企业发展的核心能力。班级"家文化"是指以校园文化为大背景，以班主任和班级同学为成员，积极建设和谐友爱且具班级特色的各种活动方式，其活动结果能体现所有成员共同的态度、信念和价值观。和谐友爱的班级氛围有利于班级向心力和凝聚力的形成，这种校园内班级为家的感受有助于增强中小学生的自信心、安全感、归属感和成就感；其次，中小学生的早期社会关系正是建立在班级的同伴关系之中，这与班主任对班级的引导密不可分，构建班级"家文化"能帮助学生形成良好的同伴关系，树立正确的世界观、人生观和价值观。

构建班级"家文化"是班主任校园欺凌防范工作的根基。学生在和谐友爱的"家文化"中学习和生活，更容易建立积极的人际关系，培养友善和包容的态度。他们会更愿意倾听和理解他人，并在解决冲突时，寻求和平的方式，从而减少欺凌行为的发生。同时，学生在和谐友爱的"家文化"中更容易分享自己的困扰和问题，得到班主任和同伴的及时帮助和支持，同样有助于学生防范与应对欺凌行为的发生。因此，班主任只要做好建设"家文化"的根基工作，固本培元，为学生提供安全、尊重、友爱和支持的班级氛围，即可在校园欺凌防治工作中事半功倍，取得良好的工作成效。

一 树立积极向上的"家"形象，培养学生归属感与向心力

班级"家文化"的建设，首先以构建"家"的外在形象，即教室环境与班级标志为建设途径。温馨整洁的教室环境为学生提供了安全、舒适的学习和成长空间，个性化的班级标志则帮助学生建立对班级的身份

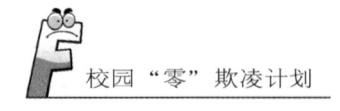

认同，增强班级凝聚力和集体荣誉感。

（一）教室环境

1. 整洁家貌环境

教室环境是影响学生身心健康成长的重要因素。井然有序的教室环境可以提供良好的学习氛围，培养学生专注和积极的学习态度；温馨整洁的教室环境更容易减少学生的焦虑和压力感，促进学生心理健康发展；舒适宜人的教室环境也能让学生感到自己备受重视和尊重，增强自尊心和自信心，乐于展示自己的才能和个性，培养积极的自我概念。

班主任可在新学期第一天、学期中每周一次和学期结束前，组织学生分工合作共同参与教室环境整理和清扫工作。班主任可以通过以下环节开展此项工作：

① 分组环节：根据教室不同位置将学生分为地面组、门窗组、桌椅组、讲台组等。

② 规定环节：班主任任命组长（轮流制），并规定各组清洁标准。

③ 工作环节：在学生轮流选择喜欢的歌曲播放中开始工作。

④ 验收环节：验收合格后全员获得某种特权奖励，如少写一项作业或进行游戏活动。

⑤ 增色环节：全员欣赏干净整洁的教室，班主任分发摆放在窗台和讲台上的绿植。

2. 展示家貌文化

充满书香文艺气息的教室更能体现班级的物质文化，从而为师生带来生命成长的愉悦感。充分且合理规划教室空间，师生共同打造各种教室家貌文化展示区域。

（1）墙壁文化

① 教室正面墙壁

教室正面墙壁黑板两侧可张贴班级制度、班级公约等行为约束内容，以及公布近期班级通知、当日作业内容等信息栏；正上方张贴班级班训，如"明德格物，和谐共融""友爱互助，共筑梦想""青春无畏，逐梦扬威"等全员投票决定的班训口号。不建议设置通报批评栏。

② 教室两侧墙壁

教室两侧墙壁内容小学低段由班主任设定主题，学生收集；小学高段和中学则可自行商讨主题，班主任编审通过即可。如励志名言、科学家或艺术家头像、书法、国画等内容，促进学生心智启迪，受到更多的文学艺术熏陶，从而激发学生潜能。

③ 教室外墙壁

教室外墙壁可设置为荣誉墙。定期评选"进步之星""助人之星""劳动之星""创新之星""管理之星""活动之星"等，拍照展示。教室外墙壁也可设置为达人墙，来展示班级学生的特长，如美术佳作、书法佳作、优秀作文、优秀作业等。研究发现，学困生是校园欺凌者选择的主要欺凌群体对象之一，这提示班主任如果不以学优为唯一评价标准，而是发现并放大每个学生的潜能与优势，学生才能认识到彼此各有所长，见贤思齐。因此，荣誉墙和展示墙应平衡学生上墙频率，善于发现学生各方面的优点和进步，要让每个学生发现自己和他人身上的闪光点，不仅可以促进学生间相互学习，彼此为师的和谐氛围，这种不间断积极赋能更是学生自信成长的基石。

（2）黑板报文化

教室黑板报文化是彰显班级文化的重要组成部分。黑板报内容应一周至两周更换一次。小学低段由班主任设定主题，辅助学生完成；小学高段和中学段由学生自行商讨主题，班主任审阅，其设计和完成过程则完全交由小组交替完成。学生围绕主题查阅资料，既得到知识的熏陶，又能培养实践能力，充分发挥自身的创造性，让自身个性得以彰显。

小学段黑板报中可设置"心情贴"一角，学生每日将自己情绪状态用情绪贴纸表达出来，班主任及心理委员可通过查看"心情贴"找到心境负向变化的学生，及时沟通了解近况。

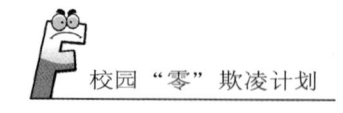

（3）图书角文化

教室内可设置图书角空间，由学生精心布置，放置中外名著、励志故事、人物传记、习惯养成、养殖指南等书目。建立图书"漂流"、借书制度等，推选图书管理员，规范管理图书借阅相关事项。定期开展"共读一本书""好书读后感"等交流会活动，组织学生分享书本中的精华与收获。

（4）生命角文化

班主任可将班级内摆放的绿植分工给各组照看。各组成员为其取名，称为"组植"或"组花"，介绍植物名称及养殖要点（初高中生可自行查阅资料制作养殖卡片），组内分工商讨如何照看。班级内也可饲养乌龟、兔子、金鱼等小动物，饲养活动有利于培养学生的爱心、责任心以及对自然和生命的尊重。

（二）班级标志

班级标志是班级的象征，代表着班级的特色和个性。通过设计和展示班级标志，可以帮助学生建立对班级的身份认同，增强班级凝聚力和集体荣誉感。班级标志应反映班级的价值观和文化特点，体现在班徽、班训、班口号、班歌、班服等，并将这些"家"特征布置展现在教室和宿舍里，成为本班级特有的标志。班主任需要注意的是，班级标志的设计过程不能由班主任"一言堂"，而是要班级成员全员参与商议，每位学生都要发言献策，让学生在讨论过程中获得"家"理念的融合并形成初步的班级责任感，增强对班级的归属感和向心力。

班级标志的展现过程体现在校园活动的方方面面，不仅仅是场所的展示，以班级为单位的校园活动，如运动会、诗词比赛等都注重特色班级的形象塑造。通过视觉和符号的方式传递班级的价值观和理念，并督促学生按班训班规而行，提升自身素质，维护班级形象，从而有形化班级"家"文化。班级标志的设计和展示过程可以成为班级教育的重要契机，帮助学生理解和内化班级所倡导的积极价值观，如友爱、尊重、合作等。

此外，应创建良好的网络"家"的形象。建立班级微信公众号，班级QQ群等，学生与学生家长共同关注网络"家"的成长。班主任将学生点点滴滴的进步发布在平台上，不仅可以让家长及时了解学生近况，更重要的是让学生感到自己备受关注与鼓舞，促进学生之间良性竞争、见贤思齐。

参考方案一 "家"形象建设方案

☞ "班名设计师"：班主任开学前给新入学班级的每位学生发布班名设计师招募令，强调每个人都是班级的主人，请学生基于"我希望我的班级是怎样的一个班级？"和"我希望毕业后我是怎样的一个人？"两个问题为班级取名字。开学后利用班会开展选班名活动，每个学生结合问题思考发表自己设计的班名并说明班名的含义，通过小组赛选拔（小组内自行投票评选），最终对进入决赛的班名进行公投表决，选票最高的班名作为本班班名。

☞ "网络家"：创建网络班群，设置班规、班生活、班信息公布栏、留言板等不同栏目。班主任、家长和学生共同建设网络班群，将学生在学校班级中，以及家庭生活中各方面的进步发布于平台上。

☞ "众筹智慧班徽"：班主任将班名及班名寓意发布于网络"家"群（网络班群），并附上班名产生过程相关的视频和图片，让家长们感受到学生积极参与的热情后，再邀请学生家长与学生共同设计符合班名寓意的班徽。截止日后网络班群内罗列出每个学生家庭设计的班徽形象，邀请家长和学生分别投三票，选票最高的班徽作为本班班徽。

二 建设民主管理的"家"制度，促进学生自律与平等

（一）民主制定班级"家"制度

班级"家"制度是指为维护班级秩序和规范行为而制定的一系列班级规章制度，其目的是促进学生的健康成长和良好的行为习惯。所谓"不以规矩，不能成方圆"，健全的"家"制度影响下，学生形成自我行为约束，实现自我成长，班级则呈现平等、相互关怀、相互尊重的和谐氛围。皮亚杰提出："外部制约强加给学生的纪律只会停留在学生精神

之外，基于相互尊重和合作的纪律才能根植于学生心灵。"因此，"家"制度的建立不能由班主任一人规定，应该由全班同学参与，充分讨论后共同制定。

班级"家"制度包括班级组织管理制度、行为规范制度和评价监管制度等。其中，反欺凌班规是行为规范制度中的核心部分。校园欺凌行为的发生是学生缺乏校园规则意识的体现，建立反欺凌班规是班主任约束本班学生欺凌行为发生的基本"规矩"。全员参与制定反欺凌班规，不仅能体现班级管理的民主性，提高学生对规则的依从性，更重要的是反欺凌班规的讨论过程"以案为鉴"，促使学生认识到校园欺凌行为的危害性，其过程本身即成为反欺凌教育的契机。此外，反欺凌班规内容还应涉及网络欺凌防范相关的规章制度。如规定建群群主的欺凌行为监督责任制，即自发组建小群的群主有责任日常监督和举报群内网络欺凌行为，群内发生欺凌行为无作为群主勒令其解散群，并承担一定责任。反欺凌"家"制度建设方案见"参考方案二"。

此外，由于中小学生绝大多数日间活动时间与空间都相对固定于班级，这对原本活泼好动的青少年来说，难以避免与班级同学发生人际冲突，进而产生各种形式、各种程度的欺凌行为。因此，要求建立班级内绝不发生任何欺凌行为的零欺凌班规并不实际。班主任首先应当理性认识到，完全通过班规去防范欺凌行为的发生是有限度的。

（二）合理实施违规教育惩戒

反欺凌班规形成后，对违反班规的学生实施教育惩戒是有效执行反欺凌班规的重要保障。选取何种惩罚方式应充分考虑违反欺凌班规的性质和程度，并兼顾惩罚时间、地点以及学生的个性特征，应因人而异地设置教育惩戒方法，从而建设和维护反欺凌班风。

班主任常常使用的惩罚的方式分为四类——代偿式惩罚、剥夺式惩罚、积分式惩罚和连坐式惩罚。代偿式惩罚是指将增加学生的学习或者劳动任务作为学生违反班规所需付出的补偿，比如学习类的惩罚如背诵、抄写或默写与友爱助人相关的课文和诗篇，写随笔作文等；劳动类的惩罚如扫地面、擦玻璃、清洁黑板、清洁班级垃圾桶等。代偿式惩罚容易使学生产生情绪性条件反射，如一写随笔作文或清洗垃圾桶就感受到羞愧、耻辱，从而厌恶学习和劳动。剥夺式惩罚是指通过剥夺学生喜欢的东西或者希望参加的活动作为学生对违反班规所付出的代价。积分式惩罚是指暂时不做惩罚措施，而是将违反班规的次数和程度进行分数量化，纳入班级考评成绩中，如期末考评或评优考评中。连坐式惩罚是指一人犯错，其所在团体全员受罚，如学生未完成作业该生所在小组（宿舍或班级）全体学生共同被惩罚写检讨。这种惩罚方式容易导致违规学生被排斥、孤立，进而升级为典型的关系欺凌，已被《中小学教育惩戒规则（试行）》明令禁止。班主任在选择惩戒方法时，要关注是否会对学生的身心健康造成不利影响，避免使用简单、粗暴的惩罚方式实现杀一儆百以儆效尤，反欺凌教育的惩戒成效在于教育先行，在于奖惩之间的平衡，在于警示度的把握，更要明确其核心目的是培养学生尊重他人的品质和树立和谐友爱的班风。

参考方案二　反欺凌"家"制度建设方案

（一）班会目标

① 通过小组案例讨论活动促进学生了解何为校园欺凌，以及欺凌行为的表现形式和危害性；

② 学生共同商议形成反欺凌班规，建立和谐、平等和包容的班级氛围；

③ 体验民主、平等、公正的班级管理方式，培养学生的民主意识和班级责任感。

（二）班会程序

1. 分组活动

以游戏分组作为班会热身活动，如"松鼠与大树""无家可归口令报团"等团体辅导活动分成若干组，每组6人。这样进行分组既能达成提升班级温度的热身目的，同时也可以通过随机分组打破以往学生在班级内的交往范围，为班规的民主制定做好根基准备。游戏中注意平衡男女生性别差异，使每组男女生人数相同。

2. 小组讨论

（1）指定组长。

班主任倒数"3、2、1"，小组成员手指指向他们认为可以担任本组组长的人选，被指人数最多者为组长，由组长主持组内讨论，并指定"发表者"和"记录者"。

（2）小组成员全员依次回答以下问题，"记录者"做记录。需注意提醒学生描述欺凌事件时主人公人物用化名。

① 我经历/我看到/我听说的校园欺凌是……

② 当时我的感受是……

③ 所以，我认为校园欺凌是指……

（3）组长带领组内商讨，形成关于校园欺凌定义和表现形式的最终意见。

（4）每组"发表者"依次发表。

3. 汇总与修正

班主任结合本章第一节"校园欺凌行为判定标准"，对各小组发表内容进行汇总和修正，强调欺凌行为的故意性、重复性、势力差异性和被欺凌者的痛苦感受，最终形成本班对校园欺凌行为通俗易懂的定义。汇总过程应结合学生经历的各种案例，通过学生表述的事实及情绪体验，提高学生对校园欺凌表现形式和危害性的认识，并表达出本班对欺凌行为的零容忍态度。

4. 民主表决形成班规初稿

根据班级欺凌行为定义，以及学生对欺凌表现形式的汇总，形成反欺凌班规初稿。逐条进行公投，全员认可保留；有学生否决的条目则展开充分讨论再决定是否修正、保留或删除，形成班规修订版。以下为反欺凌班规修订版内容示例。

《** 年 ** 班反欺凌行为班规》

第一条　不给同学起对方不喜欢的绰号，不叫同学侮辱性的绰号。

第二条　不索要或故意损坏同学钱财用品。

第三条　不散布同学隐私类信息，不传谣言。
第四条　不以任何形式孤立同学。
第五条　不故意对同学进行任何形式的身体伤害。
第六条　发现以上行为要及时上报老师。
注1：违反反欺凌班规者依据性质程度接受班级班规的惩罚措施。
注2：自发组建社团的同学和网络社交群群主有责任日常监督和举报群内欺凌行为，无作为者将承担责任。

5. 宣读反欺凌班规

全班齐声宣读反欺凌班规。

反欺凌班规修订版本经家委会讨论确定最终版本，以"家长一封信"或在网络班级群公告栏中公示，经全体学生和家长同意后正式出台，并由班级宣传组将内容书写在班级家貌文化展示区。

三　设计丰富多彩的"家"活动，激发学生潜能与个性特征

依据Harris提出的"群体社会化发展理论"，当被欺凌学生个体与班级群体的衣着、言行、能力、爱好等方面存在很大差异时，容易被已形成群体偏好的班级成员排斥，即校园欺凌往往发生在那些因差异化较大导致群体社会化程度低、难以融入班级的学生身上。这提示班主任应观察并发掘每个学生的禀赋，通过丰富多彩的"家"活动，促进学生自我发现、自我认同、自我赋能和自我突破，激发学生潜能与个性特征，使每个学生都觉得自己是"独特的"和"有能力的"，从而消除差异化偏见。如设计各类才能和个性化的展示与竞赛活动；开创班级网络公众号，利用网络平台交流日常学习生活中的大事小情；开创班级刊物，班级成员轮流分享班级内所见所闻、所感所思；利用每周班会时间开设丰富多彩的主题活动；利用假期开展习惯养成活动；等等。

班主任在设计"家"活动时，首先应考虑其内容是全体成员无差别都能参与的活动，并重视从学生日常生活中提炼主题，尊重每位班级成员的建议，采用民主协商投票方式形成最终主题。其次，设计活动也要

在充分了解本班学生个性和兴趣的基础上，设计寓教于乐，引发思考的主题活动，从而增强正向价值观班级文化建设的实效性。比如开展"心让你听见，爱让你看见"的感恩主题活动，通过激发学生对父母的感恩意识，以及同学间的分享活动，落实如何将感恩的心变为感恩的表达与行动。此外，"家"活动目标不仅要考虑价值观和人生观的正向引导，还要在活动过程中给学生积极赋能。初高中班级的班主任，也可将"家"活动的组织与领导工作交给学生自行完成，充分发挥学生自主建设"家文化"的积极性和主动性，从而培养学生的责任感和自豪感，共同参与建设也会使学生更加认同自"家"文化。而班主任的工作重点则是在参与过程中正向引导和积极赋能，一方面，通过引导正向舆论烘托抑制不良风气，弘扬正气；另一方面，班主任在各类活动中积极赋能每位学生，引导学生包容和欣赏不同观点和差异化的表现，认识到学业成绩、外貌衣着仅是评价体系中的一种，而每个人在其他评价体系中都有自己的长处和短处，都有自己的存在价值和意义，从而构建包容、和谐且个性张扬的"家文化"。

参考方案三 "家"活动建设方案

☞ **"才能大比拼"**：不局限于学业等智力相关因素的活动，可设计艺术类、体育运动类、家务、厨艺、摄影、演讲、主持、讲故事、读心术（看表情猜心事）等各类才能比拼，找到每个学生的闪光点，让学生感受到"我"在这个"家"中的重要性，提升自我认同和自信心。

☞ **"好习惯明星秀"**：寒暑假前请每位同学思考自己假期可形成的一种以上的好习惯，如时间管理好习惯、运动好习惯、书桌整理好习惯、读书好习惯、电子游戏管理好习惯、个人卫生好习惯、古诗背诵好习惯、做营养早餐好习惯等。由家长协助记录习惯保持时间，开学后开展"好习惯明星秀"，每位同学分享自己的好习惯和该习惯带给自己益处的心得体会，最后评选出"好习惯明星"。

☞ **"达人讲堂"**：让"才能大比拼"和"好习惯明星秀"的优胜者们担任讲师，举办各类讲堂，鼓励学生宣传并利用自身才能优势提升自信心和人际关注度，从而结交更多志同道合的朋友。

☞ **"班刊漂流瓶"**：创立班级刊物，以"漂流瓶"形式让每位学生都参与记录班级的学习生活动态，发表所见所闻和所思所感。可暗中指派学生对班级中缺乏自信心和人际支持的学生进行观察，记录其优势才能和助人事迹等，这种来自同伴的欣赏和认同更能提升他们的自我价值感。

四 建构和谐友爱的"家"氛围，培养学生互助性与凝聚力

很多欺凌者往往是师生眼中成绩不佳、行为不端、无事生非的"问题学生"，他们试图用欺凌行为告诉周围人"我是强大的、有能力的"，从而满足自身获得同伴关注和集体归属感的心理需求。而被欺凌者往往是班级中弱势群体，无论学业优异与否，大部分被欺凌者在班级群体活动中相对被动，缺乏自信和同伴支持。分析欺凌形成机制中的个体特征，不难发现青少年处于社会化的重要时期，能否被班级成员认可形成归属感，对其是否会卷入校园欺凌事件起到重要作用，而班主任对学生的评价以及班级氛围倡导下的评价系统在其中起到决定性的引导作用。如班主任仅以"分数"论能力形成班级单一的评价标准，教室环境中处处张贴成绩榜单、学科优秀状元留影等，成绩不佳的"问题学生"更容易以学习以外的能力"恃强凌弱"，彰显自己在班级中的价值感，而成绩优异的学生也可能由于学业单一评价遭受嫉妒，一些性格内向、缺乏社交自信和同伴支持的学生则更容易被班级同学排斥、孤立。因此，班主任可以首先通过建构多元化评价体系，对学生德智体美劳多方面进行充分肯定，再通过设计各种互助性活动，提升班级凝聚力，形成和谐友爱、互帮互助的"家"氛围，从而肃清和铲除校园欺凌的土壤。比如评比"助人之星"倡导生活中友爱互助，实行"师徒制一对一帮扶"帮助学习困难的学生，开展"才能大比拼""达人讲堂""我为家园作贡献""导师轮流制"等活动展示每个学生的多种才能，从而让所有学生都提高集体中的自我认可，给予集体赋能和自我赋能。互助性的引导过程中，班主任特别注意引导学生之间对德善品性、生活独立性、运动艺术才能

等其他方面的肯定，只有让每个"家庭成员"都觉得自己是美好的、有能力的，对"家"是有贡献的，才能激发学生的自我认可和助人能动性。互助性还体现在平日里点点滴滴的班级生活中，班主任对于出现某方面困难的学生不急于出手直接干预，可发动班级同学的互助力量，给予方法指导和持续关注，对双方都要及时鼓励和表扬。

参考方案四 "家"氛围建设方案

☞ "助人之星"：可利用班会时间评选出周"助人之星"、月"助人之星"和学期"助人之星"，也可设计"我想说声谢谢你"班级信箱（对帮助过自己的人道谢的一封信）作为评选依据。

☞ "师徒制一对一帮扶"：学优生（"师傅"）与学困生（"徒弟"）组成一对一学习小组，"师傅"从学业习惯和课业辅导两方面对"徒弟"进行督促和指导。

☞ "达人讲堂"：让"才能大比拼"和"好习惯明星秀"的优胜者们担任讲师，举办各类讲堂，鼓励学生宣传并利用自身才能优势提升自信心和人际关注度，从而结交更多志同道合的朋友。

☞ "我为家园做贡献"：鼓励学生利用自己的才能创造性建设班级"家"文化，如设计板报、拍摄班级活动照片、带领课间拓展活动等，高年级可尝试创建班级公众号等。

☞ "导师轮流制"：每个月或每个学期让学生自己选择兴趣导师，由导师教授自己所擅长的事情，注意尽量均等轮流，让每个学生都可因擅长之事有自豪感，并通过帮助其他同学而促进班级的凝聚力。

第三节　班主任欺凌行为防范策略

《学记》有云"禁于未发之谓豫"，强调教育应当防患于未然。校园欺凌事件一旦发生，不仅对被欺凌者造成心理创伤，对欺凌者产生长远负面影响，还会间接祸及其他班级同学，促成欺凌行为易发生的班级氛围。无论班主任事中应对多么得当，事后处置多么全面，都无法弥补欺凌事件对当事人学生和整个班集体带来的伤害。与其补救于已然，不如防患于未然，可见，班主任的欺凌防范工作显得尤为重要。

一　预防班级欺凌行为的信息学

（一）建立学生信息档案

为有效防范班级欺凌行为的发生，班主任需要全面了解班级学生信息，开展学生信息档案的建设工作。这是因为"独特性"是中小学校园欺凌受害者较为常见的原因，如异地转入带口音的学生、对某种食物过敏的学生、因家庭经济贫困没有学习用品的学生、哮喘的学生、胆小内向的学生等都容易成为被欺凌对象，而性格暴躁、攻击性较高及有被家暴史的学生，或在某些方面极具优势地位的学生也可能成为欺凌者。班主任可以通过学生信息档案的建立，了解是否存在易成为欺凌对象的相关信息，以及学生之间可能存在的诸多方面的差异性。

1. 学生信息档案内容

（1）基本信息：包括学生姓名、性别、出生日期、年龄、民族、家庭住址和紧急联系方式，以及是否存在户籍移动状况等。

（2）家庭背景信息：包括家庭成员信息、家庭状况信息和家庭教养信息。家庭成员信息包括直系亲属成员姓名，及其工作单位和文化程度等；家庭状况信息包括确认学生是否为留守儿童，是否属于离异家庭、重组家庭或经济贫困家庭等；家庭教养信息包括父母关系、亲子关系、父母教养态度和行为，以及是否存在家暴情况等。

（3）身心状况：包括疾病史、是否存在体重超重和过轻问题、睡眠质量问题以及过敏史等；心理健康状况表现、精神障碍诊断史和治疗史等。

（4）生活状况：包括性格特征、兴趣爱好、学习态度和成绩水平、人际交往水平、同伴关系。

（5）近一年重大生活事件：是否发生家庭变故（如父母离异、父母重病、亲人离世、家庭经济危机等）；是否发生情感打击（如恋爱失败、友谊中断、遭遇背叛、被孤立、遭同伴的嘲笑、欺凌等）；是否发生身

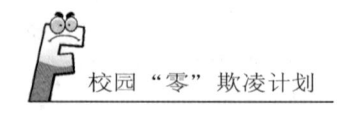

体受伤（如患重大疾病、大病初愈等）；是否发生环境变化（如搬家、转学、父母离家到外地工作等）。

2. 学生信息收集途径

上述信息种类条目繁多、一次性全面搜集难度较大，班主任可以通过家访、家长问卷、学生问卷、家长电话访谈以及学生日常访谈等形式逐步获取这些信息。需要注意的是，班主任在收集和整理学生信息的过程中，不应以个人喜恶来臆断学生，而是要以现实为基准进行客观记录，使学生信息档案帮助班主任提高辨别异常行为发生的能力。通过全面梳理不仅能让班主任对每个学生了解得更为细致，还能更容易觉察到被欺凌者和欺凌者的重要信息特征。此外，收集信息过程中需加强个人隐私保护，特别注意档案的安全性管理。

3. 易发生校园欺凌的学生类别

班主任对以下易卷入校园欺凌事件的学生应特别重视信息档案的建立。

① 曾经有欺凌和被欺凌（包含被孤立）史学生

② 身体有残疾学生

③ 服精神类药物学生

④ 出院复学学生

⑤ 有自杀自伤史学生

⑥ 过去一年中有重大生活事件发生学生

⑦ 孤儿、留守、离异或重组家庭学生

⑧ 曾经有被家暴史，或与父母易发生冲突，关系疏离、缺乏亲子沟通的学生

⑨ 家庭经济困难学生

⑩ 从外地转学学生

⑪ 其他原因心理危机预警学生

(二) 收集班级日常舆情

1. 发现异常变化

班主任应提高对班级日常舆情信息收集的意识。舆情的系统收集和科学判断，有助于班主任分析班风、学情，研判班级学生人际关系变化，从而从源头上了解班级内可能发生的欺凌萌芽行为，尽可能将欺凌事件扼杀在萌芽状态。班主任应清楚班级内所有欺凌事件的发生不是空穴来风，其发展也必然有其原因和规律，学生在言语和行为冲突前通常会有情绪化表达或异常行为表现。这就需要班主任有意识关注班级内部大小群体的活动动向，以及各群体间的关系变化，尤其要关注个别学生在言行、举止和情绪等方面表现出来的变化和异常。以下学生这些以往并非如此而近期发生的变化迹象预示其有可能正在遭受班级欺凌行为。

（1）身上有伤痕

学生身体表面出现各种人为伤痕，诸如淤青、抓伤、烫伤等，为遮掩伤痕，学生可能在天气炎热时仍穿长袖、长裤或高领衣服。身体上伤痕既可能是受到暴力欺凌所致，也可能是受到欺凌后继发的自我伤害行为。

（2）不愿意来上学

学生经常请假，甚至出现逃学、装病请假等现象。有些学生因恐惧学校表达其生理疼痛感或不适感，这并非伪装，很可能是焦虑性神经官能症所致。

（3）变得内向沉默、孤立独行

以往开朗活泼的学生近期变得很沉默，经常一个人独行，不参与班内或小组讨论，减少与同学和老师的沟通交流频率。

（4）明显的情绪变化

学生近期突然有伤心、恐惧、紧张、焦虑等情绪变化，具体表现为哭泣、紧张战栗、坐立不安等。家长反映在家里有情绪低落、沉默寡言的异常表现，或与家人关系紧张，易怒、易发生冲突。

（5）物品丢失或损坏

学生课本、作业本上有被涂鸦、损坏，衣物被撕扯或墨水涂画痕

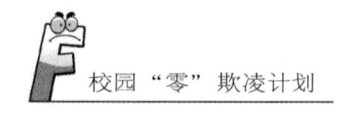

迹等。

（6）学业成绩大幅度下滑

学生对课程学习突然失去兴趣，上课不在状态，课后作业不完成或完成质量不高。学习成绩出现明显下滑。

（7）与其他班上同学日程安排不一致

学生刻意错开班级大部分同学活动日程安排时间，如刻意改变放学离开教室时间；刻意改变回宿舍路线；其他同学都去食堂时独自在教室或宿舍；上课前一分钟才去洗手间等（洗手间由于无监控设置，容易成为校园欺凌发生场所）。

（8）生理状况问题

学生睡眠出现问题，上课时困倦，精神恍惚，心不在焉；食欲变化，有可能食欲减退，也有可能暴饮暴食；出现一些非器质性身心疾病症状，如一到学校就会腹痛、头痛、呕吐或身体不适等症状；口吃状况愈加严重等。

（9）携带刀具、棍棒等管制器械

欺凌者可能用于实施暴力欺凌；被欺凌者可能用于防身或反制。

（10）带大量财物到学校

通过家访了解到学生以各种理由向家长要钱，甚至偷窃家中财物带到学校。

2. "一对一六问询"

班主任可以通过主动与每位学生开展"一对一六问询"，特别是对已呈现出被欺凌迹象的学生和对易卷入欺凌事件的学生进行定期问询。学生既能有单独倾诉机会，同时又感受到老师的积极关注。"一对一六问询"也可以作为学生心理危机预防/筛查工作在开学初、期中期末、放假后等容易发生校园心理危机的节点开展。问询过程中不仅要关注学生回答内容，同样要关注他们的非言语信息，如某个问题的回答即便是"挺好""没什么"或者是沉默，但学生的表情和身体姿势表达出担心、紧张、焦虑或恐惧时，都需要班主任老师警惕，通过进一步问询家长和宿舍、班级同学了解实际情况。此外，班级中易被师生忽视无存在感的学生也要重点问询。

问询一：问学业。
"开学以来/假期/最近 觉得学习压力怎么样？"
问询二：问身体。
"开学以来/假期/最近 身体怎么样？睡眠好吗？吃得怎样（有没有食欲）？身体有没有不舒服的地方？"
问询三：问关系。
"开学以来/假期/最近 和班里同学关系怎么样？和爸爸妈妈关系怎么样？"
问询四：问事件。
"开学以来/假期/最近 有没有发生让你很苦恼/难过的事情？"
问询五：问网络。
"开学以来/假期/周末 每天网络/游戏多长时间？上网时有没有很不开心的时候？"
问询六：问其他。
"还有没有什么想和老师聊一聊的事情？/还有没有什么烦恼/压力想和老师聊一聊？"

(三) 开展班级欺凌行为调查

1. 运用社会测量法了解班级社交关系动态

通常班级中总会有若干小团体，哪个团体起到班风主导作用，哪些同学被排斥孤立，班主任可以运用社会关系测量法来判断班级社交关系的动态进展状况。社会关系测量法由美国社会学家、心理学家莫雷诺（Moreno）提出，用于研究团体内（特别是小团体）成员之间人际关系状态和人际相互作用的模式。常用的测量方法有以下三种。

（1）同伴提名法

同伴提名法是测量青少年儿童同伴关系中同伴接纳和同伴排斥最典型的方法。具体在班级群体中操作，让学生根据班级同学名单或照片写出他最喜欢和最不喜欢的三名同学，最后统计每名学生得到的积极提名（被他人喜欢）和消极提名（被他人排斥）的次数。一个人在积极提名上被班级同学提名次数越多，说明他被同伴接纳的程度越高；相反一个人在消极提名上被班级同学提名次数越多，则说明他被同伴排斥的程度越高。也就是说，班级内同伴之间所进行的肯定性或否定性选择，实际上反映出同伴之间的人际关系状况。通过分析同伴的选择结果，就可以定量地测量学生同伴间的关系。需要注意的是，该方法尽管可以测量出不同学生在同伴群体中的地位差异，但有一部分既不在积极提名也不在消极提名中的学生无法体现其同伴关系状况。而这部分学生往往自我评价是"存在感较低"，容易被边缘化；表面上看他们不存在被恶意排斥孤立的欺凌现象，但不被任何人"看到"的存在对归属感需求较大的青少年来说同样是种伤害。笔者在参与青少年自杀案例倒查时发现，自杀未遂和既遂事件往往发生在人际关系上并未发生冲突但在班级中完全被忽视的群体。

（2）同伴评定法

同伴评定法同样可以测量青少年儿童的同伴关系状态。具体操作是让每个学生对班级中的其他同学进行五点量表喜爱程度的评分，"非常不喜欢""不喜欢""一般""很喜欢""非常喜欢"分别计分为1分至5分，然后计算每个学生从其他同伴那得到的评定分数平均值，最终可以获得学生在班级中被接纳的水平。该种方法弥补了同伴提名法的不足，使班级每位学生都得到同伴评价，数据较为全面、可靠，但同时也涉及一些伦理道德问题，因为必须对每个同伴做出评价，当评价不喜欢的同伴时通常会感到不舒服。

（3）戏剧评定法

直接提名与直接评价其他同学的同伴关系水平有时会受到很多因素制约。比如担心被同伴看到，或出于某种原因考虑不忍心打低分，或私下商量都要给对方高分等。采用戏剧评定法可以避免这些问题的发生。具体操作是由班主任给出一个脚本，让学生以导演的身份给班级同学选角色，如"一个正义感强的英雄""一个爱欺负人的人""一个见义勇为的好人""一个经常被欺负的人"等。每个学生分配角色后，根据学生被分配角色的次数来计算每个角色项目上的得分，最终得出该学生在班级中的同伴关系水平和社会角色属性。

2. 运用匿名问卷调查班级欺凌现象

班主任也可以设计一份匿名问卷，让学生回答班级欺凌现象的相关问题，比如"你见过班上发生过欺凌行为吗？发生在什么时间？什么地点？""班级中哪些同学经常欺负别人？""哪些同学总被人故意排斥、孤立或伤害？""你看到了欺凌行为会采取什么措施？""你遭受欺凌时会采取什么措施？"等等。班主任通过对这些信息的整理分析，就可以针对班级欺凌行为的表现形式、发生时间段和地点，制定出相应预防和治理措施，也可以了解到班级内谁正在实施欺凌以及谁正在遭受欺凌，还可以了解到学生在面对欺凌行为时是否采取消极的旁观者行为。班主任需要注意的是，要对通过匿名问卷得来的信息真实度进行多方验证。

二 开展反欺凌教育班会

班主任发现学生欺凌行为端倪后，即刻采取个体干预固然可以对班级欺凌行为起到威慑与防范作用，然而大部分欺凌和欺凌萌芽行为很难依靠班主任自身主动发现，毕竟校园欺凌事件通常在校园隐蔽处悄然滋生，无声蔓延。因此，校园欺凌防范工作中除了注重班主任补偏救弊式的"围堵性"策略外，还应重视建设反欺凌班级氛围的"疏通性"策略。班主任可以通过积极开展反欺凌教育班会实施群体性防范干预，增强学生反欺凌行为意识，形成互助互督班风，坚决铲除校园欺凌滋生的土壤。笔者认为，构建零欺凌班级，班主任至少应开展以下三类体验式反欺凌主题班会。

（一）尊重差异性与多元化价值观教育的主题班会

17世纪德国哲学家、数学家戈特弗里德·威廉·莱布尼茨（Gottfried Wilhelm Leibniz）曾提出"世上没有两片完全相同的树叶"。物种有其多样性，同一物种的个体也是如此。每片树叶都有自己的脉络纹理、自己的阳光土壤，有的在和风细雨中成长，有的在疾风骤雨中茁壮，所以世界上从没有两片树叶是完全相同的；同样，世界上也没有两个人是完全一样的，每个人的外形、性格和喜好都各不相同，更有其各自的成长环境，不能够强求所有人都是一样的。

开展尊重差异性与多元化价值观教育的主题班会对校园欺凌防治工作具有重要意义。一方面能够引导学生认识到每个人独特的经历成就独特的个体，多元化价值观构建了多元世界，所以每个人的身体特征、性格特征，以及只要不伤害他人与社会的价值观都应该被认可与尊重，从而减少欺凌行为的发生；另一方面还可以引导学生发现每个人在学习和生活中的优势和劣势，从而促进学生之间的合作与互助，营造团结友爱、和谐温馨的班级氛围，有效预防校园欺凌行为的发生。

《丛林中的一天》

一　班会目标

1. 让学生认识人与人之间必然存在差异性；
2. 尊重和欣赏与自己不同的他人特征；
3. 接纳和肯定独特的自我特征。

二　班会过程

活动一　了不起的食材

1. 活动目标：导入主题，引导学生理解"每个食材的重要性和独特性"。

2. 活动准备：厨师帽一顶；全体学生围坐成一圈。

3. 活动过程

第一步　讲解规则

班主任戴上厨师帽。

指导语：欢迎大家来到"舌尖上的城堡"，我是城堡的主人，是一位手艺精湛的厨师，而每一位同学都是一种独特的食材，比如白菜、土豆等蔬菜类食材；猪肉、牛肉、鸡肉等肉类食材；酱油、花椒、米醋等调料类食材。请大家先思考自己是哪一种食材并依次报上名来，记住不可以重复，努力让自己成为独特的食材。

组织学生顺时针依次报上自己的食材名称。

指导语：由于最近宴会繁多，城堡急需招募新的厨师。在我做完下面这道菜后，我会把没有回到座位上的食材抓过来施以魔法变成我的新任厨师。接下来我会选择不同的食材，被喊到名字的食材请跟在我的身后，和我做出相同的动作（可做出不同动作让学生模仿）。当我说"下锅了"，所有场内的食材要迅速坐回椅子上，没有椅子坐的食材就是我的新任厨师（叫第一个"食材"上场后撤掉他的椅子）。

第二步　游戏活动

进行3—4轮，提醒"厨师"尽可能选取不同食材。

第三步　小结

指导语：今天"舌尖上的城堡"做出了几道大菜，感谢厨师们的付出。但是大家都知道，"巧妇难为无米之炊"，正是在座不同食材的搭配才变成了美味佳肴，让宾客们的舌尖上有了丰富的味道，你们都是了不起的食材。

活动二　丛林中的一天

1. 活动目标：（1）理解人与人之间必然存在差异性；（2）学会接纳差异，正确面对与尊重彼此的差异。

2. 活动准备：狮子、老鹰、乌龟、变色龙四种动物的卡通形象标签或玩偶；大海报纸；活动卡（如下）。

活动卡：丛林中的一天

	狮子	老鹰	乌龟	变色龙
我的选择是				
选择的理由				
不选择的理由				

3. 活动过程

第一步　问题导入

指导语：如果你可以选择成为一种动物度过丛林中的一天，你会选择狮子、老鹰、乌龟、变色龙四种中的哪一种？为什么？请将答案写在活动卡上。

第二步　组队

指导语：请迅速找到你的族群，带着活动卡到放置相应动物标签（或玩偶）的桌子旁围成一圈组成一个团队。

每组6—8人为宜，超出人数过多时，可分为两组，如"狮子A组"和"狮子B组"。

第三步　绘制海报

指导语：每组成员在我数"3、2、1"后指认你所在组的组长，被指认最多的同学担任你们族群的族长，再由族长指派一位海报书写员和族群代言人。请族长组织各自族群展开讨论。每个人发表结束后，由书写员在海报上写出各自族群的优势（想成为该动物的理由）；以及对其他族群的印象（不想成为其他动物的理由）。

第四步　发表

四个族群代言人手持海报依次发表。

第五步　讨论

指导语：从海报中，你有什么发现？如果给予你们族群一种超级武器可以帮助你们消灭其他族群，你们愿意这样做吗？说出理由。请族长组织各自族群继续讨论，总结后请族群代言人发表。

第六步　总结

指导语：听了每个族群的发表后，老师看到大多数人并不赞成消灭其他族群，你们都说即便不一样，即便认为自己最好，仍旧觉得每个物种都有自己的独特性，这个世界正是因为物种的多样性而精彩。（如果学生答案倾向消灭其他族群，则组织讨论单一族群的弊端）请大家继续思考要不要铲除那些赞成消灭其他族群的人？他们的存在似乎威胁到了丛林的和平。但如果完全没有这种声音可能产生的危害是什么？（讨论后）当我们认为自己族群是永远存在的就很容易安逸处之，每个族群就会缺少行为约束，在丛林中肆意妄为。而当我们有不同的观点时，我们会思考族群对丛林安危的利弊，才能居安思危，获得长久的发展。

活动三 小剧场

1. 活动目标：（1）理解宇宙的自然状态是多元化和多样性；（2）引导学生接受并尊重人与人之间各方面都存在差异性。

2. 活动准备：回到座位组成六人小组；活动卡（如下）。

活动卡：会发生什么？

1. 请你描述一下，如果世界上只有一种动物的话，会发生什么？
   _____

2. 请你描述一下，如果世界上只有一种植物的话，会发生什么？
   _____

3. 请你描述一下，如果每个人都长得一模一样，会发生什么？
   _____

4. 请你描述一下，如果每个人都拥有相同的天赋和技能，会发生什么？
   _____

5. 请你描述一下，如果每个人都从事相同的工作，会发生什么？
   _____

---

3. 活动过程

第一步 填写活动卡

指导语：请同学们思考活动卡上的五个问题，把你的答案写在活动卡上。

第二步 排练小剧本

指导语：请各组从第三题至第五题中选择其中一个问题内容构思小剧本（或指定每组以不同的问题进行构思），题目叫"不一样的世界"，在组长的组织下分角色进行排练，最后发表时间为三分钟。

第三步　小剧场表演

第四步　小结

指导语：宇宙的自然状态就是多元化和多样性。种类繁多的树木、昆虫、鸟类、动物让我们感受到世界的生机勃勃。同一物种也存在多样性，17世纪德国哲学家、数学家戈特弗里德·威廉·莱布尼茨曾提出"世上没有两片完全相同的树叶"，每片树叶都有属于自己的脉络纹理和适合自己的阳光、土壤环境，有的在和风细雨中成长，有的在疾风骤雨中茁壮，所以世界上从没有两片树叶是完全相同的。世界上更没有两个人是完全一样的，每个人的外形、性格和喜好都各不相同，更有其各自的成长环境，不能强求所有人都是一样的。我们有不同的面孔、身材和体态，我们在不同领域中有各自的喜好，我们每个人都是基因、思想、感情、天赋以及技能的独特组合，这也让世界因我们而精彩。

活动四　画画你我他

1. 活动目标：（1）发现自己与他人的独特性；（2）认可与尊重人与人之间的差异性。

2. 活动准备：A4白纸每人一张。

3. 活动过程

第一步　画一画

指导语：将A4白纸长边三等分折叠再对折后打开，得到六个格子，请在最左上角的格子上端写上自己的名字。然后依次传给左边的同学，请每位同学画出这张纸主人与众不同的优势特点，不去评价像与不像的绘画水平，用符号和线条表达出来就好。画完后传给左边的同学继续完成，尽量画出不一样的特点。所有人完成后返回各自手中。请记住：我们要关注别人的优势特点，可以画出他们外貌、性格、能力等各方面的特点，并思考这个特点给他本人、周围人带来的好处是什么。比如一位同学画了一对大大的耳朵，想表达对方总是耐心倾听的特点。

第二步　猜一猜

指导语：每个人看看别人给自己画出的特点，请先猜一猜在别人眼中自己的优势特点是什么？再由绘画者给出答案，由衷地赞美这个特点。

第三步　想一想

指导语：通过刚才的活动，请每个人思考自己的与众不同，并在名字下方写下观点和感受。

第四步　总结

指导语：同学们，正因为我们的长相不同、体态不同、特长不同、能力不同、成长背景和家庭背景都不同，才让我们的观点，包括审美观、价值观和生命观都不同，也正因如此，我们才会成为宇宙中无人能替代、独一无二的个体。所以，每个人都是平等的，要学会尊重和欣赏身边的人，更要接纳和肯定独特的自己。我们不能因为差异而取笑别人，更不该因为差异而轻视自己。只要你的行为没有伤害到自己、他人和社会，你就是构成美好世界的一部分。

（二）禁止侮辱性绰号的主题班会

几乎所有校园欺凌和校园暴力行为都是以叫侮辱性绰号开始，很多欺凌者通过叫被欺凌者侮辱性绰号来试探对方底线，观察旁观者态度。因此，在班级中开展关于绰号讨论的主题班会，可以引导学生认识好绰号（友善昵称）和坏绰号（不友善绰号）的区别，明确侮辱性绰号是校园欺凌行为中的一种形式，应当被明令禁止，同时探讨起不被误解的友善绰号的策略和应对坏绰号的策略。

这类班会不仅有助于增强学生的欺凌防范意识和自我保护能力，也可以促使学生尊重他人、关爱他人，形成良好的班级氛围，并让学生认识到自己的言行对他人的影响，培养学生的社会责任感和公民意识，学会以积极的态度和行动来维护班级和谐，从而减少校园欺凌行为的发生。

《绰号红绿灯》

一、班会目标

1. 让学生认识绰号，并学会区别好绰号（传递认可、赞赏和亲昵的友善昵称）和坏绰号（传递贬损、侮辱的不友善绰号）；

2. 明确侮辱性绰号是校园欺凌行为中的一种形式；

3. 同理被叫坏绰号的情绪感受，认同"不给别人取坏绰号"的班规；

4. 学习坏绰号的应对策略。

二、班会过程

活动一　对对碰

1. 活动目标：（1）导入主题；（2）了解什么是绰号；（3）理解绰号从何而来。

2. 活动准备：可粘贴的卡纸每人一张、彩笔每组一套。

3. 活动过程

第一步　名片制作

指导语：请每位同学给自己起个昵称，写在卡纸上，并用彩笔绘画装饰做成名片。

第二步　自我介绍

指导语：找一位不经常说话的同学两两介绍自己的昵称，以及给自己起该昵称的缘由。

第三步　对对碰（他者介绍）

指导语：请和这位同学找到另外一组的两位同学组成新的小组，组内每位同学给新加入的同学介绍自己两人小组同学的昵称及其昵称由来。

第四步　讨论

指导语：请四人小组讨论以下几个问题：第一，什么是昵称？昵称又可以叫作什么？它的同义词有哪些？第二，你们的昵称是根据什么而来的？第三，你们觉得小组里的昵称是不是合适贴切的？你们对自己的昵称和别人的昵称有什么感受？

第五步　总结

（1）介绍昵称

指导语：昵称是指对人姓名以外的另一种称谓。昵称又称外号、绰号，还有的同义词包括诨名、浑名、花名、野名、徽号、雅号、斋号等。

（2）绰号由来

指导语：绰号可以根据人的相貌、外形而得，比如李逵说"俺梁山泊李逵的便是。人见我生得黑，起个绰号叫俺作黑旋风"；可以根据性格而得，比如红楼梦中的王熙凤因为性格泼辣被称作"凤辣子"；可以根据特长才能而来，比如称三国中的足智多谋的诸葛亮和庞统为"诸葛卧龙""庞凤雏"；还可以根据自己或他人期待而来，比如西游记中的猪八戒，就是因为他被贬入凡界之后，特别贪婪还好色，这个名字就是希望他能守好戒律，不断修行。除此之外，还可以根据人的兴趣爱好、特殊经历、姓名谐音等起绰号。

（3）绰号感受

指导语：今天大部分同学给自己起的昵称，都是让人觉得亲切舒服的，但有的时候绰号可并不一定让人觉得舒服。

活动二　绰号红绿灯

1. 活动目标：（1）了解绰号有好坏分别；（2）了解如何区分好绰号与坏绰号；（3）通过红绿灯游戏活动练习判断好坏绰号。

2. 活动准备：每个小组准备红黄绿三种颜色的举牌。

3. 活动过程

第一步　红绿灯出行

屏幕上呈现"大喇叭、哮天犬、金毛狮王、灭绝师太、小诸葛、小白鸽、萌萌哒、花仙子、猪头、坡脚张、神算子、勇将、四眼、绿茶……"注意不要将班内已出现的侮辱性绰号纳入其中。

指导语：绰号也有好绰号和坏绰号之分。请大家看屏幕，判断以下绰号是好绰号还是坏绰号，红色代表坏绰号，绿色代表好绰号，黄色代表暂时不清楚的中性绰号。请同学们组内商定决定举哪个颜色的举牌。

依次读出每个绰号，请各组举牌。

第二步　讨论

指导语：除了个别几个绰号大家不是很一致，基本上我们举红灯的绰号都相同，请大家思考为什么对坏绰号的判定标准很清晰？你们根据什么判断它们是坏绰号呢？

第三步　绰号判定标准

呈现判定标准四步骤：词性—感受—绰号创造者动机—绰号主人意愿。

（1）词性

指导语：我们可以根据这个词的词性去判断。积极词汇是好绰号，消极词汇是坏绰号。比如吕布管刘备叫"大耳贼"，周瑜叫诸葛亮为"诸葛村夫"，贼和村夫都是一些侮辱性消极词汇，所以是坏绰号。

（2）感受

指导语：根据感受去判断。如果从词性上没办法分辨，还可以根据带给当事人怎样的情绪感受区分，如果听到这个绰号是郁闷、生气、伤心或沮丧等负面感受，那就是坏绰号。比如孙悟空被叫作"弼马温"，当了解背后的原因时，气得大闹天宫又回到了花果山。再比如一个人说话声音大被叫作"大喇叭"，他听了觉得声音大总比不敢发声好，是自豪的感受，那就是绿灯——好绰号；但如果因为嘴巴大或者因为爱传话，被叫作"大喇叭"他觉得很难过、郁闷，那就是红灯——坏绰号。

（3）动机

指导语：我们可以根据起绰号人的动机去判断。如果给人起绰号是为了拉近关系、为了赞美和肯定对方，这类善意动机下创造出的绰号是好绰号，但如果是为了侮辱、贬低、嘲笑、讥讽对方，即便词性是积极的，这类恶意动机下创造出来的绰号也是坏绰号。比如用"小白鸽"嘲笑一个不经意发出"咕咕"声音的或者有咽炎的同学，比如用"勇将"嘲讽一个曾经不小心撞倒校长的同学，让人觉得很难堪、被嘲讽捉弄的这类绰号就都是坏绰号。

（4）意愿

指导语：到底是好绰号还是坏绰号一定要看绰号主人本人的意愿，这也是最重要的判定标准，需要根据当事人对绰号的情绪反应去判断。不管你是出于怎样的好意，只要当事人不喜欢这个绰号，我们都称之为坏绰号。

尽管和同学相处时开玩笑叫别人绰号是很常见的事情，但一定先要搞清楚这是不是能被对方所接受的绰号。对方能接受的绰号可以亮绿灯，不直呼其姓名而是叫彼此善意的、带给人美好感受的绰号会拉近你们的关系；对方不能接受的绰号要亮红灯，继续不顾及对方感受让周围人都会觉得你是个不知趣、情商低的人；如果你不能判断这个绰号带给对方的感受，请亮出黄灯，需要先告诉对方这个绰号的意义是什么，再询问对方意愿。

活动三　红灯不能行

1. 活动目标：（1）明确侮辱性绰号是校园欺凌行为；（2）明确给他人起坏绰号是违反校规班规应受到处罚的行为；（3）了解起坏绰号带给他人和自己的危害。

2. 活动准备：《钉子的故事》

故事内容：有个男孩儿脾气很坏，经常出口伤人，于是他的爸爸给了他一袋钉子。爸爸告诉他，每当他发脾气骂人时，就在院子里的木板上钉一根钉子。第一天男孩儿钉下了 37 根钉子，第二天钉下了 25 根钉子，慢慢地男孩儿钉下的钉子越来越少，终于有一天男孩不再发脾气骂人。爸爸也替他感到高兴，告诉他从现在开始，每当你想骂人但能控制住自己时就拔出一根钉子。一天天过去了，终于有一天男孩儿告诉父亲，他把所有的钉子都拔出来了。爸爸跟着他来到木板前说："孩子，我为你的进步感到骄傲，但是你看这块木板上被钉子扎出的洞再也不能恢复到从前，你对别人说的那些难听的话就像这些钉子一样留下了疤痕，不管你说多少次对不起，在他们心中的伤痕将永远存在。"

3. 活动过程

第一步　被叫坏绰号的情绪体验

指导语：请同学们回忆下，成长过程中是否有过被叫坏绰号的经历？如果没有就去想想你曾经被人嘲笑、被孤立、被讥讽的经历，当时你是怎样的心情？

第二步　了解起坏绰号给他人带来的危害

讲述《钉子的故事》。

指导语：俗话说，好言一句三冬暖，恶语伤人六月寒。坏脾气下伤害别人跟起坏绰号是一样的，无论是因为什么样的原因，叫别人不喜欢的侮辱性绰号都是伤害他人的一种行为。我们伤害过别人的行为就像那一个个钉孔，即便钉子不在了，那些钉孔仍会提醒我们，刻在别人心里的伤痕依旧。而且这种伤害可能会持续很长时间。网络贴吧上有一位已成年了的程序员留言说，小时候我嗓子发炎说不出话来，同学管我叫哑巴李，等我嗓子好了能发声，他们又叫我铁公鸡，说我终于能打鸣了，只要我说话他们就叫我绰号，渐渐地，我就不愿意和人交流，这也影响到我的职业选择，我只能选和人打交道少的工作。

第三步　了解给别人起坏绰号带给自己的危害

指导语：《钉子的故事》告诉我们，即便拔掉了钉子，那些钉孔不仅提醒我们刻在别人心里的伤痕依旧，同样也提醒我们曾经伤害过别人，要受到良心谴责。除此之外，叫别人绰号还有什么危害呢？我们来看看这个小故事。

请一位同学上台与班主任配合表演，剧本如下。

小剧本：一天，明明到办公室找到老师说"老师，他们给我起难听的绰号"，老师问"谁呀？"明明说"就是四眼、二货、大板牙他们几个"。

指导语：明明为什么会被别人叫绰号呢？因为他就是这样对待别人的，以其人之道还治其人之身，伤害别人更容易得到相同的伤害。此外，有些同学觉得给别人起绰号会让周围同学发笑并注意到自己，认为这是件很骄傲的事情，但殊不知即便当时有同学笑了，你被关注了，但在大家心目中你就变成了一个往别人心里钉钉子的爱欺负人的同学。更重要的是，这样的行为已经构成了校园欺凌。

第四步　明确欺凌行为

指导语：2017年教育部发布的《加强中小学欺凌综合治理方案》中对中小学生欺凌事件进行了明确的概念界定，中小学生欺凌是发生在校园内外、学生之间，一方单次或多次蓄意或恶意通过肢体、语言及网络等手段实施欺负、侮辱,造成另一方身体伤害、财产损失或精神损害等的事件。其中起侮辱性绰号这类语言伤害也被明确强调是校园欺凌行为之一。

第五步 重申校规班规

指导语:不仅学校把给同学起侮辱性绰号的行为纳入校规,我们的班规也明确规定禁止给别人起侮辱性绰号,如果违反了就会受到惩罚。因此,给别人起侮辱性绰号是要亮起绰号红灯,坚决不能行。

活动四 绰号指南针

1. 活动目标:(1)了解起绰号的策略;(2)了解被称呼侮辱性绰号的应对策略。

2. 活动准备:故事情境卡片。

3. 活动过程

第一步 正确起绰号(黄灯想一想)

看屏幕情境故事片段一:王娟很喜欢刚结识的朋友李琦,李琦身材微胖,就像冰墩墩一样,王娟想叫李琦"墩墩"表达"她很可爱",你觉得接下来王玲该怎么做?

第二步 小组讨论发表

第三步 小结

屏幕提示三要点:表达善意—询问意愿—注意隐私。

指导语:如果你想赞美对方、想拉近与对方的关系,或者觉得开个你们都会接受的玩笑,所有善意出发的起绰号行为都要先亮起绰号红绿灯中的黄灯,并注意以下三点。

第一,表达出你的善意,询问是否可以。例如:"李琦,我觉得你胖胖的样子真可爱,就和我喜欢的冰墩墩一样,以后我叫你墩墩怎么样?"

第二,要看对方的回应是否接受。有时回应是言语,有时也可能是表情动作,比如灵灵噘起嘴巴有点生气的样子,或者有点儿尴尬地换了话题,这些即便没有回应,也是她不接受这个绰号的信号,我们就要亮红灯。

第三，要注意询问时间和地点的隐私性。即便是善意地起绰号，也要在只有你们两个人的场合下询问，有时对方可能觉得这个绰号被传开是容易被误解和不开心的，只有你们自己私下里称呼是表达亲密的行为，那么我们就要尊重对方的意愿。

第四步　应对坏绰号

屏幕情境故事片段二：王娟当众叫李琦"墩墩"，惹得所有人都哈哈大笑，李琦很不开心，你觉得接下来李琦该怎么做？

第五步　小组讨论发表

第六步　小结

屏幕提示方法步骤：勇敢表达—判断意图—留下证据—置之不理/寻求帮助。

（1）勇敢表达

指导语：首先，要明确表达自己不接受这个绰号以及感受。比如"王娟，我不喜欢你叫我墩墩，听起来让我觉得不舒服/很生气/难过/郁闷，我也会担心别人听到会取笑我"。

（2）判断意图

指导语：接下来我们要判断对方是不是故意的并且是恶意的行为。在告知对方不接受绰号后观察对方的反应，如果对方觉得不好意思、懊悔、歉意，我们可以考虑他不是故意让你难堪，但如果对方仍毫不在意，则可以认定他在给你取坏绰号，不确定时也可以直接去询问"你是在取笑我是吗？"

（3）留下证据

指导语：如果你判断对方是恶意的，并且不顾你的反对执意反复叫你不喜欢绰号，我们就要记得留下证据。比如对方写下的纸条，网络上截图，如果是当众取笑，要指定在场的某个同学，比如告诉班委"班长，你听到了他违反了班规，我已经告诉他我不喜欢这个带有侮辱性的绰号，但是他仍然好多次当众这样称呼我"。

（4）置之不理/寻求帮助

指导语：第四步就是你的选择，一种是对这种哗众取宠的行为置之不理，通常取笑别人的人最想看到的是你在意的反应，不理会则让对方觉得就好像打在棉花上一样感受到自己的无趣；另一种是拿好证据寻求帮助，找到老师用班规、校规去惩罚他。

活动五　小飞机

1. 活动目标：（1）结束活动；（2）表达曾经起绰号的歉意和被起绰号的感受。

2. 活动道具：每人一张折纸。

3. 活动过程

（1）放飞小飞机

指导语：请每个人在纸上写下留言，你被起绰号的感受、你给别人起绰号的歉意，或者你对某个被叫绰号同学和被叫别人绰号同学的建议；写完后折成小飞机的样子交给你想交给的同学。

（2）总结

指导语：我们通过今天的活动了解了绰号有好坏之分，肯定、亲切的好绰号能拉近彼此关系；侮辱、讽刺的坏绰号不仅会伤害对方，还会让自己受道德指责，以及校规、班规的处罚，更会让周围人看到自己的恶意，影响到自身人际关系。所以，今后大家在人际交往中，遵循绰号红绿灯的规则。给他人起绰号时记得要亮起黄灯，注意三要点：表达善意、询问意愿和注意隐私。被别人叫了难听的坏绰号时应对红灯的措施是：勇敢表达、判断意图、留下证据、置之不理或寻求帮助。

（三）积极旁观者策略的主题班会

伴随校园欺凌研究的深入开展，人们逐渐认识到欺凌事件的发生、发展与终止过程不仅与欺凌和被欺凌者相关，还涉及其他角色。很多中小学发生的班级欺凌行为是因为欺凌者享受欺凌过程中旁观者的关注，甚至是崇拜式的簇拥。可以想象，如果实施欺凌现场没有人阻止，却有发出哄笑的积极关注，进一步提升欺凌者的优越感，欺凌行为自然会变本加厉，愈演愈烈。相反，如果能有一部分人及时站出来制止或者表达出嗤之以鼻的鄙视，欺凌行为就会被阻止。已有研究发现，积极旁观者站出来为被欺凌者进行辩护，对于终止欺凌事件发挥着重要作用。然而，班主任不能盲目寄希望于个别同学奋不顾身的拔刀相助，毫无策略地盲目鼓励"见义勇为"的行为很可能让见义勇为者被欺凌者打击报复，成为下一个欺凌目标。因此，班主任应通过探讨旁观者策略的主题班会，培养班级积极反欺凌力量，形成强大的"反欺凌联盟"。

《温暖的守护神》

一、班会目标

1. 了解校园欺凌中的"旁观者行为"对欺凌事件的影响；

2. 提高学生帮助被欺凌者意愿；

3. 探讨如何保护被欺凌者，做温暖的守护神。

二、班会过程

活动一　导入

1. 活动目标：（1）导入主题；（2）共情被欺凌者感受。

2. 活动准备：《悲伤逆流成河》视频片段

3. 活动过程

第一步　观看《悲伤逆流成河》视频片段

指导语：电影《悲伤逆流成河》讲述了主人公易瑶的悲剧故事。请大家观看其中的电影片段，同时思考如果你是易瑶，你有怎样的感受？

第二步　小组讨论与发表

活动二　旁观者角色大解析

1. 活动目标：（1）了解旁观者角色；（2）认识和理解校园欺凌中的"旁观者行为"对欺凌事件的影响。

2. 活动准备：《悲伤逆流成河》视频片段

3. 活动过程

第一步　介绍旁观者角色

指导语：我们看到了易瑶被校园欺凌的情境中有很多角色。易瑶是被欺负的对象（被欺凌者），还有那些泼她墨水，粘口香糖在她头发上，用球砸在她头上这些欺负她的人（欺凌者）。除此之外，还有哪些角色也决定了易瑶最终的悲剧？——旁观者，是指出现在欺凌现场的围观人群。根据校园欺凌的相关研究发现，旁观者目击欺凌时的态度和行为将决定着欺凌事件的发展趋势。根据旁观者态度和行为可以分为以下四类人群。

（1）协同者——与欺凌者共同参与欺凌行为导致欺凌事件事态加重的人。

（2）煽动者——并未直接参与欺凌事件，但有起哄或鼓动性的话语和行为的人。

（3）局外人——全程目睹欺凌事件的发生，但仍选择冷眼旁观，放任欺凌事态发展的人。

（4）保护者——在欺凌事件中积极保护被欺凌者的人。

第二步　分析不同旁观者角色行为特征及对欺凌事件的影响

（1）观看视频

指导语：请大家看这段视频时，有意识地去找都有哪些旁观者角色，他们有怎样的表现？对欺凌事件和被欺凌者的影响有哪些？

（2）小组讨论与发表

指导语：我们看到了协同者直接参与了欺凌过程，虽不是主要欺凌者或发起欺凌行为的人，但作为欺凌者的同伴，协同者的参与将欺凌事件由单一的个人行为转变为多人以强凌弱、以多对少的局面，增强了欺凌者的力量，从而导致发生更为严重的欺凌后果。煽动者尽管并未直接参与欺凌事件，但通过起哄、鼓动性的话语和行为使欺凌者认为自己的欺凌行为被支持和赞同，从而升级了欺凌行为。局外人看似并没有参与欺凌，也未像煽动者一样有哄笑似的围观，但局外人没有采取任何对被欺凌者的保护性干预措施，这种事不关己、高高挂起的态度也会让其他人认为是对欺凌行为的默许，导致欺凌者变本加厉，造成欺凌程度和发生频率的增加。以上三种角色被认为是消极的旁观者角色，他们通过协助、煽动或忽视的行为态度延长或加重了校园欺凌行为。而保护者在欺凌事件中能够直接用自身力量或者是求助于外部支持介入正在发生的欺凌事件中，努力阻止欺凌发展，减少对欺凌者的进一步伤害，从而起到积极的保护作用。保护者角色被认为是积极旁观者角色，他们能够体会到被欺凌者所处困境，能通过积极的干预行为帮助被欺凌者，不仅有利于当下欺凌事件对被欺凌者的伤害，对班级中潜在的欺凌者也有警示作用，从而降低校园欺凌行为发生的可能性。

（3）总结

指导语：我们从《悲伤逆流成河》视频片段中看到，很多人都会选择做消极的旁观者。其中绝大多数的消极旁观者是局外人的角色，觉得"被欺凌者的悲惨局面又不是我造成的，只要我不参与这件事情就和我无关"。正是这种态度才会让我们的班风变得冷漠利己，让那些欺凌者可以为所欲为，谁都不能保证下一个受害者不是自己，而那时是否会有人来帮助你？尽管我们知道应当做保护者角色，可是很多顾虑让我们明哲保身，不愿出手相助。接下来，我们一起去探讨都有哪些阻止我们做保护者的原因。

活动三　保护者的顾虑

1. 活动目标：（1）通过角色扮演体验局外人心理活动；（2）分析不同情境下想做保护者的顾虑。

2. 活动准备：情境卡片每组一张；海报纸每组一张。

情境一：王青是你最好的朋友，王青不止一次告诉你自己最讨厌后座的小叶。下午，小叶不小心碰掉了王青的笔盒，尽管小叶一直在道歉，但王青仍旧不依不饶，要求小叶下跪才可以原谅。你本想帮助小叶，但最终选择做了局外人，请思考为什么你会这样做？

情境二：下课时你去洗手间发现同班小霸王王青正和另外两名同学围堵着小叶，让他扇自己的脸还要骂自己白痴，否则就不放他过去。你本想帮助小叶，但最终选择做局外人，请思考为什么你会这样做？

情境三：小叶在运动会上表现不佳，拖了班级后腿，班长王青叫了几名同学围在小叶身边一起骂他拖拉机，还让他写检讨，打扫教室一周。你本想帮助小叶，但最终选择做局外人，请思考为什么你会这样做？

情境四：在同学组建的班级微信群里，王青发了一组自制小叶的动图，并配上了"我是猪""我是垃圾人"等侮辱性词语。你本想帮助小叶，但最终选择做局外人，请思考为什么你会这样做？

3. 活动过程

第一步　圆桌派讨论规则

指导语：接下来我们根据派发的情境卡展开圆桌讨论。请组长迅速指派同组一位同学为书写员。由组长组织组内讨论，讨论的问题为"你本想做保护者，但为什么最终选择做了局外人？你有怎样的顾虑？"从组长开始顺时针发言，书写员记下概要，并进行整理，写在海报上。圆桌派的首个环节是每个人逐一发言，想到什么就发表在组内，尽量不和前面同学重复，发言过程中不要打断，安静聆听，不做评判。第二个环节为补充性组内讨论，大家可以畅所欲言，讨论刚才的发言内容，书写员整理发表纲要。第三个环节是总结，组长参考书写员整理的纲要准备发表。

第二步　小组发表

指导语：请组长先读出情境卡内容，再进行小组发表。

第三步　总结

指导语：通过每位同学深入情境设身处地地思考，了解到校园欺凌事件中我们想做保护人却深有顾虑的几个方面：

（1）多一事不如少一事，我没参与我也没有责任；

（2）怕被报复，成为下一个被欺凌对象；

（3）怕被同学说自己打小报告；

（4）怕老师不相信自己的话；

（5）怕好朋友觉得自己背叛了他。

活动四　如何做保护者

1. 活动目标：（1）了解做局外人的危害性；（2）分析不同情境下

如何做好保护者。

2. 活动准备：海报纸每组一张。

3. 活动过程

第一步　介绍局外人危害性

指导语：做局外人有哪些危害呢？首先，班级中局外人越多，欺凌者就会变本加厉、肆意妄为，欺凌班风盛行下任何人都可能是受害者。欺凌芬兰学者克里斯提娜·萨尔米瓦利的调查研究发现：旁观者的态度类型与班级欺凌发生频率密切相关，持反对欺负态度的旁观者越多，班级中的欺负就越少；持协同欺负或沉默态度的旁观者越多，班级的欺负行为就越多。因为当班级中面对欺凌行为大多数人选择做局外人时，欺凌者就会有恃无恐，欺凌之风就会愈演愈烈，很多被欺凌者、消极旁观者也可能转变为欺凌者，任何一个人都可能成为下一个被欺凌对象。每个旁观者都会战战兢兢，害怕自己有一天陷入欺凌事件也没有人伸出援手，班级中充满冷漠，人人自危。

另外，局外人会受道德良心谴责。或许局外人觉得"我并不是始作俑者不必负任何责任"，而通过今天的视频中易瑶对旁观者说的话，我们应该了解到，所有冷漠的旁观者都是推易瑶走向绝路的人，即便没有触犯法律，内心也会因愧疚和自责备受煎熬。此外，我们无法预料欺凌事件的严重后果。如果被欺凌者发生了严重的身心伤害，也会在不可逆转的悲剧发生后让目击者备受煎熬。有的被欺凌者还会采用极端手段报复。美国校园枪击案的相关研究发现，大多数枪手都有校园欺凌受害经历，如美国1999年发生的"科伦拜恩校园枪击案"和2022年发生的"德州枪击案"中，枪手们都是校园欺凌受害者。总之，面对校园欺凌，每一个旁观者的态度不仅对欺凌事件发展起到关键作用，更对我们每个人都会有长远的影响。

第二步　圆桌派讨论

指导语：请各组在组长组织下继续讨论，针对刚才我们列出来的种种顾虑再一次头脑风暴找到每个顾虑后的解决办法。

第三步　小组发表

指导语：请组长先读出本组情境卡内容及其顾虑，再发表小组讨论出的策略。

第四步　总结

指导语：同学们集思广益，想到了很多应对顾虑的好方法，让我们整理下要点。

情境一：王青是你最好的朋友，王青不止一次告诉你自己最讨厌后座的小叶。下午，小叶不小心碰掉了王青的笔盒，尽管小叶一直在道歉，王青仍旧不依不饶，要求小叶下跪才可以原谅。你本想帮助小叶，如何做好保护者？

（1）主要顾虑："怕好朋友觉得自己背叛了他"。

（2）应对措施：以"我手表不见了，快陪我去找下手表"等理由拜托好友离开，或用其他事情来转移好友注意力。

（3）注意事项：尽量不要当面指责好友，可以在只有两个人相处时直言告知他的错误行为。

情境二：下课时你去洗手间时发现同班小霸王王青正和另外两名同学围堵着小叶，让他扇自己的脸还要骂自己白痴，否则就不放他过去。你本想帮助小叶，如何做好保护者？

（1）主要顾虑："怕被报复，成为下一个被欺凌对象"。

（2）应对措施：发生紧急性伤害身体的严重欺凌事件，就近告诉遇到的老师、保安，也可匿名拨打校园电话给班主任或其他老师；以"生物老师叫小叶搬教具""小叶作业没完成，老师要他去办公室"等理由叫走小叶。

（3）注意事项：遇到校霸尽量不要单枪匹马地孤胆逞英雄，判断权利力量均等性，如果可行，和班委、好友尽可能多的人一起阻止，如果担心被报复或看到有刀具等管制工具，要及时报告老师、保安去处理。

情境三：小叶在运动会上表现不佳，拖了班级后腿，班长王青叫了几名同学围在小叶身边一起骂他拖拉机，还让他写检讨，打扫教室一周。你本想帮助小叶，如何做好保护者？

(1) 主要顾虑:"怕被同学孤立"和"怕被同学们说自己打小报告"。

(2) 应对措施:以多种匿名方式举报班长的欺凌行为。如给班主任发邮件,投递班主任信箱/心理老师信箱/校长信箱,打匿名电话等。

(3) 注意事项:匿名举报需要说明欺凌事件发生的准确时间、地点、事件经过、参与人和现场目击者姓名,可能的话附上相关证明信息。方便老师通过学校摄像头和学生访谈核对事件发生状况。

情境四:在同学组建的班级微信群里,王青发了一组自制小叶的动图,并配上了"我是猪""我是垃圾人"等侮辱性词语。你本想帮助小叶,如何做好保护者?

(1) 主要顾虑:"怕老师不相信自己的话"

(2) 应对措施:通过录音视频、截图等方法留下证据。

(3) 注意事项:隐私信息的保护,将可泄露自己信息的部分虚拟化(班主任教给学生相关操作方法)。

活动五　总结卡

1. 活动目标:引导学生将所学知识加以整理总结,应用到生活中去。

2. 活动准备:每人分发一张总结卡。

总结卡	
当你被欺负时, 你希望他人能帮你做的事	当你看见有人被欺负时, 你可以为他/她做的事

3. 活动过程

第一步 填写总结卡

第二步 组内发表

第三步 总结

指导语：今天的班会课上，我看到了每个人都有对抗欺凌行为的勇气和智慧，你们一定都会是彼此温暖的守护神！我们也了解到只有充分运用集体的力量团结协作，我们的校园生活才会更加和谐温暖，这样在我们有困难时，一定不会是孤身一人。最后，与同学们共勉一句话：每个生命都该被温柔以待，愿我们始终保持着温暖和善良，不辜负这世间的温柔时光。

三 建立多种沟通与举报渠道

（一）直接沟通渠道

遭受校园欺凌后，如果被欺凌者能直接与班主任沟通，对班主任来说是获得班级欺凌信息最便利的方式。特别是当面告知班主任的这种直接沟通形式，班主任可以通过非言语信息进一步判断欺凌事件的真伪与严重程度。但事实上，只有部分学生被欺凌后会选择求助班主任，还有一部分学生会因各种原因拒绝与班主任直接沟通，可能选择告诉家长、朋友或默默忍受。这提示班主任要针对不同原因选择不同的应对方式，从而提升学生的直接求助意愿。

1. 性格内向，不敢与班主任接触的学生

这类学生因生性腼腆、不爱说话，平时无论是学习还是生活上的困难都回避与任何老师接触，从内心惧怕班主任，自然不会直接告知班主任自己被欺凌的遭遇。

班主任应对：主动沟通、拉近距离

班主任可以平时多与这类学生主动沟通，初期沟通内容多以对方感兴趣且愿意表达的非压力事情为主，如假期安排、喜欢玩的手机游戏种类等轻松话题。沟通时也要注重非言语信息，并善用幽默

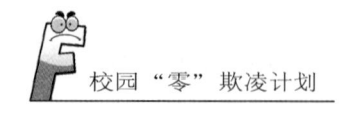

沟通技巧，尽可能表现得随和可亲，以改观这类学生对教师严厉、不可接近的刻板印象，拉近人际距离。

2. 学业成绩差，或经常被批评的学生

这类学生通常被班主任视为"学困生"或"问题学生"，也容易在班级中受到其他学生排斥，遭受关系欺凌。然而这类学生即便被欺凌也不愿意告知班主任，是因为他们会认为"老师不喜欢我"，所以"老师不会相信我所说的话"。

班主任应对：积极赋能、增强信任

班主任可以通过肯定这类学生身上的闪光点对他们积极赋能。即便是班级中问题重重的学生也可以找出其闪光点并进行鼓励和认可。班主任无差别性地为每位学生赋能，消除"唯分数论"的观念和班级中的隐形阶层，不仅可以减少因学业能力差异产生的班级孤立现象，也可以让这类学生因为被肯定而增加对班主任的亲近和信任感。

3. 不相信班主任能解决问题的学生

这类学生可能曾经与班主任沟通无果，或看到过班主任无效处理其他班级欺凌事件，比如用敷衍漠视或者高压粗暴的方式处理欺凌事件，因此质疑班主任欺凌事件的处理能力。

班主任应对：及时回应、高效处理

班主任需要及时且耐心地回应这类学生的诉求。不可否认，班主任治理校园欺凌力不从心的主要原因就是教学与班级管理任务过于繁重。当学生频繁求助班主任解决欺凌问题时，难免会因班主任无暇顾及而选择敷衍或"一刀切"的粗暴解决方式。长此以往学生观察到欺凌事件不能得到有效治理，不仅会耗竭这类学生对班主任的信任，不愿再提出诉求，也会助长欺凌者的欺凌行为。因此，班主任在处理欺凌事件时，至少应当注意用严肃认真且耐心的态度及时回应，事务繁忙不能立刻处理时，要在当时约定再次商谈时间。

4. 担心被班主任或同学贴标签的学生

有些班主任对校园欺凌仍持有传统认知，认为不过是打闹行为，上升不到欺凌，并高估学生自行处理的能力。因此，对前来求助的学生非但没有提供帮助，反而告知其自行解决，甚至会流露出无奈、厌烦的情绪，让学生望而生畏。另一方面，班级中"打小报告"者容易成为班级欺凌对象。这反映出师生关系之间的疏离与对峙，告知班主任班内发生的事情就相当于背叛同辈团体，结果可能被全班孤立，这对于急需发展同伴关系和寻求归属感的青少年来说，无疑是难以承受的打击。

班主任应对：正确辨识、保护隐私

如果班主任没有正确认识到校园欺凌的危害性以及缺乏欺凌防治工作经验，就会导致在面对实际问题时避重就轻，简单处理。这类问题需要班主任接受校园欺凌防治专业化培训和实践，比如明确校园欺凌定义中所强调的反复性、不平等性可以区别于同学之间偶尔相互争吵与玩笑，以及力量均等的两个人相互造成的伤害性行为，比如将不叫侮辱性绰号纳入班规等举措，都是欺凌防范工作的重要环节。对于担心被贴标签的这类学生，班主任在班级中处理欺凌事件时应当谨慎披露相关信息，尽可能借用"教职工或监控"等发现渠道，否则可能会让被欺凌及目睹欺凌事件帮助其求助的学生卷入新一轮的欺凌事件。

5. 找不到合适时机的学生

这类学生有主动与班主任直接沟通的意愿，但苦于找不到与班主任私下沟通的合适时机。有些班主任由于繁重的教学任务和行政任务，空暇时间就找到不被打扰的休息室放松，导致学生找不到私下沟通的时机，仅靠教室内的交流确实影响师生沟通效果，自然也会影响师生之间的信

任关系。

班主任应对：沟通时地、全班告知

班主任可以公布与自己面谈沟通的时间与地点，至少应将自己每周/每天固定办公的时间和地点告知学生。如果想与透露欺凌相关信息的学生进一步核实调查时，也应当尽量找其他理由创造学生单独来办公室的机会，如作业反馈、帮忙整理教具等。此外，班主任还可以告知自己的电话、QQ、微信、钉钉、邮箱等多种联络方式。

以上无论是哪类学生，都提示师生信任关系是班主任直接获取欺凌信息渠道的工作基础。良好的师生关系不仅能实现教学相长、民主平等，当学生遭遇欺凌行为时才更有意愿与班主任沟通和求助。

（二）非直接沟通方式

1. 设置班主任信箱

班级内设置班主任信箱，可取名"悄悄话"（低段学生）、"建议箱"、"群策群力箱"等，专门留言给班主任，可向全班介绍其用途为"想和班主任沟通的任何信息，如为班级建设献计献策，检举班级欺凌行为等"。

2. 设置班级流动日记

很多班主任在班级内设置流动日记，也称"班级日记小火车""循环日记"等，专门记录学生所观察到的班级故事和自己的心情与感受。流动日记的操作方法是每天一位同学写一篇近一周内与班级相关的日记，引导学生善于表达自己，观察、体悟身边的人和事，内容可以是心情日记、班级逸事、同学情谊、师生情谊、班级建设建议等。鼓励学生图文创新，如高段年龄学生可以诗画相配，低段年龄学生可用漫画、连环画形式完成。同时班主任应根据学生书写能力以及学业压力状况等，灵活安排班级流动日记的形式和内容。需要注意的是，事先做好规则说明，如文明书写，不以任何形式攻击他人；涉及隐私行为使用化名等。班主任可以通过班级流动日记发现学生潜在的求助信息，了解到平日"看不到"的班风动向，也能从中了解到学生的人际关系团体状况，及时发现被孤立排斥等欺凌萌芽行为发生的迹象。

3. 设置"心情晴雨表"

小学低段班级一角可以张贴"心情晴雨表"。学生根据自己的情绪变化选择不同的天气图标粘贴，如"太阳"代表开心，"闪电"代表生气，"雨"代表难过，"多云"代表抑郁，"冰雹"代表几乎抑制不住的暴怒、悲伤等极端情绪。对于低年龄阶段的学生，要举例说明让学生理解情绪的词义和天气符号所对应的情绪。实际上尽早对学生进行情绪教育可以帮助学生建立自己与自己的关系，帮助他们走进自己的内心世界，借此获得他们内心世界对外在世界的反应。心情晴雨表是引导学生主动将内心世界展示给他人看的活动，对于那些不愿直接接触班主任但又希望被关注到自己情绪变化的学生来说，是情绪表达和求助的有效通道。

4. 建设班风（反欺凌）微博微信平台

积极利用新媒体形式，在班级微博微信平台上展示班风建设内容，提出有关班级建设建议，同时也可以把平台作为班级欺凌投诉的举报渠道。学生可选择私信班主任，也可以在平台上直接实证举报欺凌者，这种曝光方式对欺凌者也会起到一定的震慑作用。需要注意的是，班主任对上述非直接沟通渠道要及时关注与处理，形同虚设的存在会导致学生对班主任产生信任危机。

5. 利用与班委的沟通渠道

善于解决同学矛盾的班委成员是班主任防范班级欺凌工作的"利器"。即便班主任课上课下全日陪伴与观察，但由于师生角色不同，班主任很难深入且全面地了解学生关系动态。班委成员每天和同学一起学习生活，彼此之间相互了解，更容易知晓班级中隐匿的欺凌行为。班主任可以在班委成员的帮助下及时发现班风异常走向以及学生的异常举动，将欺凌行为消灭于萌芽状态，为学生身心健康保驾护航。

四 提升自身综合素养

（一）提升道德素养

某小学一班级录制活动时的视频流传至网络，引发全网热议。因表演者朗诵声音较大，在座多名学生捂住耳朵，其中坐在第一排的一名学生动作幅度偏大，教师认为影响了录制进程，拍摄暂停后现场两名教师以不尊重表演者为由，轮流批评、命令该学生换座，言辞中多次出现"去滚，起来""讨厌"等字眼，并鼓动全班学生一起针对该学生，"（耽误大家时间）你让全班同学都讨厌你，是吗？"不少学生也因此表现出对该生的不满。专家以案释法：从法律角度看，这是一起教师在实施教育惩戒时因言语违规导致惩戒失当的典型案例。已属于教育惩戒不当。[1] 不难想象教师的言语暴力和其鼓动行为令该生在班级中被排斥、孤立的可能性极大。这则反面案例体现了教师在校园欺凌事件发生发展中的重要引导作用，更提示教师师德教育的重要性。

《中小学教师职业道德规范（2008年修订）》（简称《规范》）对教师的职业道德起指导作用，是调节教师与学生、教师与学校、教师与国家、教师与社会相互关系的基本行为准则。《规范》主要包括的内容为爱国守法、爱岗敬业、关爱学生、教书育人、为人师表、终身学习。其中，关爱学生是任何时代都必须倡导的教师的"元德"，特别是在当下存在学生经济条件差异明显、个体发展水平不均、人格自主性显著增强的情况下，更要倡导班主任发扬教育仁爱精神。教育仁爱要求教师做到，以教育之爱，关心每个学生，了解每个学生；以德性之爱，尊重每个学生的人格、个性和自尊心；以智慧之爱，对学生严慈相济，促进其全面发展；以仁慈之爱，关爱处于不利状况和条件下的学生；以生态大爱，师生共同珍爱生命，爱护环境，保护地球环境[2]。

---

[1] 徐可：《深入理解教育惩戒 提升教师依法执教能力》，《中国教育报》2022年4月27日第5版。

[2] 王正平：《新时代教师道德的伦理特征》，《教育伦理研究》2023年第0期。

（二）提升法律素养

党的十八大后，我国全面开启了依法治国的新征程，教育领域则呈现出依法治教的新形势与新常态。班主任了解相关法律法规，才能维护学生的合法权益，保障教育教学活动的顺利进行。比如学习《中华人民共和国未成年人保护法》《中华人民共和国教育法》《中小学教育惩戒规则（试行）》等法律法规，了解教师职责和义务，班级管理的规范和标准，不断提升自己的法律素养，增强意识、规范自己的管理行为。提升法律素养还可以帮助班主任更好地处理与家长之间的关系，避免发生不必要的法律纠纷和损失。此外，班主任也需要了解国家、地方教育部门和学校关于校园欺凌防治工作的相关规定与政策，以便更好地履行教师职责，明确欺凌行为的法律边界，在班级内倡导规则意识，营造知法、懂法、用法的良好班级氛围。

（三）提高工作技能素养

班主任是班级管理和指导的重要角色，提高工作技能素养能促使班主任制定有效的校园欺凌防治策略，提高班级内部的和谐和稳定，并可以增强班主任对校园欺凌的防治意识，提高对欺凌行为的敏感度。校园欺凌是一种复杂的社会问题，需要班主任具备较高的危机处理能力。提高工作技能素养能使班主任更好地应对校园欺凌事件，及时发现、及时处理、及时上报，减少班级欺凌行为的发生和扩散。此外，提高工作技能素养也能增强班主任自身的职业能力和竞争力，为职业发展打下坚实基础，还可以提高职业满意度和幸福度。

班主任的工作技能素养包括以下两方面：

一是知识储备方面。班主任需要具备丰富的知识储备，特别是教育学、心理学和家庭教育方面的知识。学习教育教学知识，应了解国家教育政策的最新动态，不断更新教育理念和教育方法；学习心理学，应深入了解学生的心理特点和行为规律，掌握沟通技巧，学会如何积极关注学生、引导学生，有效地解决学生的心理与行为问题；学习家庭教育，应了解家庭教育的基本原则和方法，以便更好地理解学生的家庭环境和背景，与家长沟通与合作，及时发现和帮助家长解决家庭教育中可能出现的问题和挑战，共同促进学生的成长和发展。

二是教育技能方面。班主任应积极参加各类教育教学技能培训，特别是校园欺凌防范工作相关培训，在增强防控责任意识，客观认识校园欺凌产生的原因、现象及危害的基础上，学习和掌握甄别校园欺凌的能力和技巧，提高有效预防和处理校园欺凌的能力，并学习合理运用教育惩戒手段，强化教育惩戒的威慑力。班主任在校园欺凌防治工作中还应提高创新思维和创新能力，根据班级学生的实际情况，灵活调整与选择教育技能和方法。

（四）提高信息技术素养

现今，青少年趋向于使用互联网进行学习、娱乐与社交，网络行为的隐蔽性、匿名性、虚拟性和开放性等特征为网络欺凌行为的滋生提供了土壤。班主任作为班级管理人在网络欺凌防治工作方面承担着不可推卸的责任。如班主任应对班级小团体组建的网络群有所要求，建立群主责任制，即谁建群谁就承担群内包含欺凌信息等不当言论的管理责任，对网络欺凌等不遵守规则者要留证、举报及除名等处理流程。这些工作需要班主任提升自身的信息技术素养。

1. 学习信息技术

信息化时代的到来，使信息技术已经成为现代教育的重要组成部分，班主任需要学习信息技术提升自身的信息素养和竞争力，并利用信息技术了解学生的网络行为，及时发现和处理不当行为，保障学生的安全与健康成长。班主任需要学习网络安全知识，了解网络攻击和网络欺凌的类型、特征、防范和应对方法。班主任还需要了解各种社交媒体平台的特点及使用方法，关注学生在社交媒体上的行为，及时发现网络欺凌事件。此外，班主任更要了解网络使用相关的法律法规，学会如何处理网络欺凌事件，保护学生的合法权益。

2. 熟悉虚拟空间交往模式和网络新兴用语

虚拟空间交往模式是指在网络环境下人们进行交流和互动的方式与规则。随着网络技术的发展和普及，虚拟空间成为人们生活和工作中不可或缺的一部分，虚拟空间中的交往模式也日益丰富和多样化，如文字、语音、视频,以及通过社交网络平台和虚拟现实技术进行的交流和互动。班主任需要了解这些虚拟空间的交往模式,熟悉各种交流方式的特点和规则,以便更好地理解学生的网络行为与各种交流方式下可能出现的网络欺凌行为。

网络新兴用语是指在网络交流中出现的新词、新语言和新表达方式,是网络文化和网络社交的重要组成部分。这些新兴用语通常以缩写、词语组合、网络流行语等形式出现,具有时效性、地域性和群体性等特点,常常反映出当下社会和文化的热点和趋势。比如"LOL"表示"大笑";"OMG"表示"震惊";"STFU"表示"闭嘴"等。班主任需要了解这些网络新兴用语的含义和使用方式,从而识别网络欺凌行为,推进网络安全教育和宣传工作。

3. 提升媒介素养

媒介素养是指人们认识、评判、运用传媒的态度与能力,即对于媒介传播的各种信息的觉察、选择、解读、质疑、评估能力以及思辨性回应能力。信息泛滥的全民互联网时代,充斥着大量的虚假信息和网络谣言。班主任需要提升自身媒介素养,在了解网络欺凌的心理学原理和影响因素的基础上,对学生的心理状态和网络行为进行分析和研判,制定相应的预防及处理措施,保障学生的网络安全。此外,班主任也要利用自身媒介素养正确引导学生,提高学生信息识别能力和有效运用现代传媒的能力。

五 促进家长参与反欺凌教育

已有研究表明,良好的亲子关系、父母支持,以及得当的家庭教育既可以保护孩子免受欺凌伤害,同时也可以防范孩子成为伤害他人的欺凌者,这提示促进家长参与学校反欺凌教育工作对减少校园欺凌事件的发生至关重要。班主任可以做如下工作促进家长参与反欺凌教育。

(一)引导家长参与班级欺凌防治工作

1. 家长参与反欺凌班规制定与欺凌防治相关会议

前文已述,反欺凌班规需要家委会讨论确定最终版本公示后,经全体学生和家长同意方可正式出台。班主任可以邀请具有教育学、心理学、法律专业背景的家长加入家委会，共同参与班级反欺凌班规及教育惩戒方法的制定。班主任还可以邀请家长参与欺凌防治相关会议，全面了解学校和班级近期的反欺凌工作进展及成效，并积极献策。这样做不仅可以让家长看到学校与班级对欺凌行为的零容忍态度，还可以提高他们在欺凌防治工作中的责任感，提出意见和建议，帮助班主任及时发现和解决问题，也能消除家长对反欺凌班规规范化的质疑，促使家长和学校在处置欺凌事件时保持一致。最重要的是促使学校和家长在欺凌防治工作中建立密切联系，实现家校合作。

2. 家长参与班级欺凌行为举报

班主任由于日常班级管理工作繁重，很难及时发现数十名学生之间的交往冲突和欺凌行为，而家长往往仅监护一名孩子，更容易感知孩子近期的异常行为表现，或从孩子交流中知晓其他孩子欺凌他人或被他人欺凌的情况。因此，班主任应在欺凌班规公示时同时公布提供给家长的欺凌行为举报渠道，如网络"家"群的投诉栏、班主任邮箱、微信等联系方式，并邀请所有家长做班级欺凌行为的监督人，当发现或怀疑自己的孩子或身边其他孩子欺凌他人或被他人欺凌时，应及时告知班主任或家委会中负责投诉意见的家长，同样处置过程需强调隐匿举报人的个人信息。

3. 家长参与班级欺凌事件处置

发生欺凌事件后，班主任可以邀请家委会成员、涉事学生家长共同参与欺凌事件的处置与跟踪监督。特别是对具有争议的欺凌事件，可邀请其他家长代表和学生参与商讨，以确保处置方案的公平与公正。

（二）开展家长反欺凌教育

1. 组织家长反欺凌教育专题培训

班主任引导家长积极参加学校组织的家长反欺凌教育专题培训，也可以自行组织家长培训。培训内容一方面聚焦于帮助家长认识校园欺凌，包括对校园欺凌行为的界定，校园欺凌与一般性冲突和打闹玩笑间的区别，校园欺凌的危害性及其防治工作的重要性，解读校园欺凌防治工作相关的政策文件和法律条规，以及介绍本校校园欺凌相关校规、本班班规、惩戒制度以及防治工作内容体系等内容。另一方面聚焦于指导家长干预欺凌行为，包括如何发现孩子欺凌他人或被他人欺凌，如何引导孩子不做欺凌者，如何引导孩子应对校园欺凌，孩子欺凌他人或遭受他人欺凌后父母应该怎样做，以及如何引导孩子保护自身安全前提下帮助被欺凌者等内容。

2. 开设家庭教育课堂

班主任通过开展家庭教育课堂，在家庭教育方面给予家长科学指导，使家长关注孩子的同伴关系，注重培养孩子的道德品质、同理心及社会交往能力，实施科学的家庭教育。活动内容一方面让家长认识家庭教育的重要性，如家庭关爱、陪伴以及父母教养方式如何影响校园欺凌行为，并提供给家长情绪管理及问题解决的相关技能。另一方面指导家长实施科学的家庭教育，如关注孩子同伴交往的重要性，如何引导新入学孩子适应新环境，如何引导孩子交朋友，如何培养孩子平等、尊重的同伴交往态度以及拒绝不合理要求的交往技巧等。

3. 开展时事案例交流

班主任可以通过线上或线下开展时事案例交流活动，通过实际案例对家长展开反欺凌教育。近年接连发生多起家长暴力介入孩子欺凌的恶性事件，如2022年11月"男子上门掌掴男童"事件[①]。班主任可与家长共同探讨这些网络热议实例，引导家长认识孩子受到欺负后同理孩子的委屈，呵护关爱孩子是必要的行为，但不理智地代替孩子解决问题，特别是暴力介入，不仅不能保护好自己的孩子，还会给涉事双方孩子及其家庭都造成不可修复的伤害。同时，与家长共同探讨如何文明、有效地介入事件，尤其是如何让遭受欺凌的孩子体会到父母的支持，增强信心和应对能力，从而最大程度地减少欺凌行为带给他们的身心伤害。

[①] 李超：《南京警方通报"男子上门掌掴男童"事件：打人者被刑拘》，《中国青年报》（客户端）2022年11月9日。

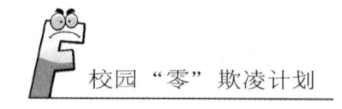

4. 多种形式推送反欺凌教育

班主任以多种形式向家长推送反欺凌教育，如提供纸质版或电子版的普及反欺凌知识的手册、相关的科普视频、讲座，方便家长在周末闲暇时间学习。向家长科普什么是欺凌和欺凌的危害，指导家长如何发现孩子卷入欺凌事件，如何科学教育孩子的欺凌行为，如何在孩子被欺凌后给予安抚、引导和参与欺凌处置，使家长在遇到欺凌事件时能够"有方可依"。也可以将未成年人检察工作办公室、检察院、共青团、青少年研究中心等官方公众号中推送的校园欺凌相关案例处置和文章推送给家长，增强家长的反欺凌意识，营造对欺凌行为的零容忍氛围。

六 优化工作安排

中小学班主任日常工作任务重、压力大，这是不可避免的事实。然而，如果不去开展班风治理和欺凌防治工作，一旦发生欺凌事件，不仅会导致学生身心健康受到伤害，欺凌事件所引发的舆论批判，也会给班主任带来巨大的心理压力和负面影响。因此，班主任需要优化工作安排，将欺凌防范工作融入日常管理工作日程中，建立长效管理机制，从而提高工作效率和工作质量。

（一）借力行政工作安排

班主任需善用行政工作，借力安排欺凌行为防范工作。如每年新学期开学初期，各地教育局要求学校班主任完成一对一家访、电访工作，以协助心理教师开展学生心理筛查和"一生一策"的心理档案建立工作。利用该项工作之便，班主任可以通过家访、家长问卷、学生问卷、家长电话访谈等形式获得学生信息，建立本班学生信息档案，获得易涉入校园欺凌事件人群的名单，也可以在学生问卷和家长问卷中，增加若干欺凌调查题目以了解班级欺凌行为现状；利用学期家长会、家校活动等对家长开展家长反欺凌教育活动；利用班委会组建工作同时培训"调解员"团队；利用教师团队活动听取其他学科教师、生活教师反馈，结合自身观察对疑似欺凌事件开展调查与处理等工作，将欺凌事件扼杀于萌芽期。

(二) 留心观察，积极回应

班主任利用教学和日常管理工作，多多留心观察学生异常行为状态和交往状态。比如班级中是否存在经常引发哄笑但其本人觉得难堪不开心的学生（区别于那些想博得关注成为焦点的学生），观察课上学生发言后其他同学对该生的反应，课间课后是否经常一个人独来独往，以及近段时间是否有异常变化（详见本节"收集班级日常舆情"）等。留心观察学生个人以及学生间的人际关系状态变化，对疑似被欺凌学生进行"一对一六问询"（详见本节"一对一六问询"），进一步了解情况，及时干预。同时，班主任对于举报欺凌的"告状"行为不能表现出敷衍和忽视，要有耐心倾听学生的诉求并积极回应。班主任还可以根据欺凌调查问卷结果，对班级欺凌事件高发时间和场所进行日常巡查和监督，加强对欺凌行为的监控管理，完善班规制度，进而减少欺凌行为的发生。

(三) 利用班会开展多种形式的反欺凌教育

班主任合理运用班会时间开展反欺凌教育工作。班会的目的就是建立良好班风、引导学生团结友爱，共同进步。班会是否有成效，不仅需要精心设计班会内容，也要考虑其形式的多样化。除了禁止侮辱性绰号等欺凌主题班会外，班主任也可以通过播放电影、情景模拟、辩论会等形式，让学生拥有法律意识，勇于对抗校园欺凌行为。还可以利用班会时间制定校园欺凌防范班规、设计宣传海报和黑板报，随处可见的精神文化对学生同样会起到潜移默化的警示作用。

第四节 欺凌萌芽行为的应对策略

目前，世界各地关于校园欺凌的研究成果倾向从三个层面开展欺凌防治工作。严重欺凌行为在法治层面上探讨如何完善法规制度，惩戒具有严重后果的欺凌者；一般欺凌行为在学校的专门教育和纪律约束层面上探讨如何有效处置尚未产生严重后果的欺凌者；而轻微的欺凌萌芽行为则在日常教育和行为规范层面上探讨如何规范同伴交往行为，预防欺凌行为的发生。不同层面以及不同类型的欺凌萌芽和欺凌行为的具体操作策略是欺凌研究的重难点问题。可以说，当前欺凌研究缺乏的并不是不同视角下欺凌应对策略的思辨论述或学术阐述，而是实践操作策略的探索以及顺应时代的相关制度的完善。特别是对于教育前线的班主任来说，了解如何应对可能演变为校园欺凌的欺凌萌芽行为，是校园欺凌防范工作的重中之重。

一　对待欺凌萌芽行为的基本态度

（一）警惕学生的恶作剧行为和孤立行为

"千里之堤，溃于蚁穴。"班主任对欺凌萌芽行为的认知越准确、感知越敏锐，越能实现其有效防治。如前文所述，班主任应对恶作剧行为和孤立行为保持警惕。班级是中小学生日常生活的主要场所，嬉戏玩闹是他们社交生活中的常态活动。然而，当嬉戏玩闹中出现越界，或是某个学生被作为嬉戏对象进行孤立时，面对这些"常态活动"，班主任则应警惕"欺凌种子"落地生根，发现萌芽现象应及时阻止，避免发展成为典型的欺凌行为。是否应该阻止欺凌萌芽行为判断标准是，嬉戏过程中被恶作剧或孤立的学生表现出明显的情绪变化，比如生气、伤心、失望、尴尬等消极情绪。

（二）允许并善待学生无伤害性的嬉戏行为

中小学这个阶段的学生活泼好动，他们在同伴间的嬉戏玩闹中不仅习得社会交往规则，更获得了放松愉悦的心境。对于学业压力繁重的中小学生来说，相比获得知识的长远目标，与同伴打打闹闹、说说笑笑是一种即时性的社交奖励，可以促进学生的情感表达与创造力发展。比如超级英雄和破坏者的角色扮演游戏，追逐竞技类游戏，同伴间吹牛等嬉戏行为，班主任对于这类无伤害性行为应允许、善待，甚至鼓励学生尝试新事物，尊重他们的创意性想法，也可以融入学生，相互间开玩笑，做良性互动的榜样和正面引导，必要时提醒他们在嬉戏中尊重他人的权益和保持适当的边界。

(三) 避免"欺凌"标签化效应

当班级学生发生人际冲突后，班主任及时介入，综合考虑主观恶意、势力差异、重复性发生和精神痛苦四方面因素，要和冲突涉事人员及目击者共同还原事件经过，了解是否存在前期激惹事件，从而判断欺凌事件属性。调查核实过程中，学生有机会了解欺凌者的主观恶意和单方向取乐给被欺凌者造成身心痛苦，整个过程本身就是对学生的欺凌防范教育。然而，"欺凌"具有标签化效应，低段学生的被欺凌者容易被视为弱小，高段学生则容易被视作"无能""窝囊"，这些负性标签某种程度上会对一些学生造成二次伤害。因此，在处置疑似欺凌事件或欺凌萌芽事件时，尽可能避免定性为"欺凌"，以及用班级欺凌惩戒措施对欺凌者实施处罚。欺凌萌芽行为的教育目标是能区分打闹与欺凌的区别，懂得恶作剧的分寸与底线，从而让学生自觉地避免陷入疑似欺凌行为的困扰。

二 班级欺凌萌芽行为的基本干预策略

(一) 教学生分辨玩笑与欺凌

在学校日间管理制度下，学生相互间的说说笑笑，打打闹闹，相互取乐也是他们应对学业压力有益于身心的日常活动。通常即便稍有过分之举，你来我往捉弄对方，彼此都不会太在意，这也是再正常不过的班级生活场景了。然而，班主任仍会接到很多学生的投诉，称自己吃亏被欺负了。能够主动求助的学生一般也会通过这种求助方式威慑对方，示意其玩笑开大了，以终止其行为；而容易演变为欺凌事件中的被捉弄者往往是那些单方面被捉弄或被很多人捉弄不敢反抗的学生。班主任应该在班级欺凌班规制定时简明扼要地告知学生如何分辨玩笑与欺凌，以及如何应对自己不喜欢的开玩笑行为。

不是玩笑的欺凌要素一：不开心

告知捉弄者开玩笑后要觉察对方的情绪变化。班主任提醒学生日常打闹过程中要留意观察对方是否有情绪变化。如果已经表露出难堪、生气、难过等不开心的负性情绪，就要立刻终止玩笑捉弄，并及时道歉。

同时说明，被捉弄同学的主观感受是判断构成欺凌行为的主要因素。

不是玩笑的欺凌要素二：单方向重复性

告知被捉弄者要明确拒绝自己不能接受的玩笑，避免重复发生。被捉弄的学生如果不希望这类玩笑再次发生，要明确告知对方"这不是玩笑，以后不要再做"。如果对方仍旧不顾劝阻多次实施则构成欺凌行为。如果对方事后辩称"我开玩笑呢"，也可以问问对方"你看我笑了吗？"从而提示对方"这是单方面地愉悦了你自己，而我不喜欢这类玩笑"。班主任要告知学生不是"两情相悦""你来我往"的玩笑、恶作剧等很容易触及欺凌警戒线。

不是玩笑的欺凌要素三：多人参与

告知学生若想和同学开玩笑，尽可能私下单独开玩笑，伙同其他同学一起看别人笑话容易使被开玩笑者更加不悦难堪，容易引发冲突。班主任还要提醒学生注意开玩笑的场合是否适宜，在师生共同在场、在全班同学在场或在很多异性在场时，即便一个人开的玩笑也与私下开玩笑有很大区别，当众让人难堪实际上就是拉拢众多旁观者共同参与取笑被捉弄者，这符合多人参与的条件从而构成欺凌行为。

（二）打破"小团体"界限

学生之间自愿结合，自发形成的人际团体，且各个小团体相对孤立的表现称为小团体现象。当班级中呈现出若干个小团体，说明班级整体的凝聚力不足，个别学生容易被边缘化，导致陷入关系欺凌的困境。班主任发现班级中有拉帮结派的现象后，就要有意识地弱化小团体之间的界限，使班级人际发展步入正轨。具体可以从以下几方面入手。

1. 弱化小团体领导者的力量

小团体的领导者往往具有一定号召力，从领导者入手能有效抑制小团体的发展。班主任可以根据学生特点，有针对性地实施教育，让学生认识到小团体对班级核心凝聚力的危害。小团体除领导者外，往往存在几个核心成员，班主任同时对核心成员进行教育，在班级座位及分组安排上做调整，将小团体核心成员分散到不同小组，从而弱化小团体领导者的力量。

2. 弱化小团体的凝聚力

班主任可在重新分组后举办各种竞技类活动，通过科学合理的竞争机制，使小团体成员之间产生竞争意识，导致小团体的组织力越来越松散，凝聚力减弱。

3. 设立网络建群规则

关系欺凌和网络欺凌常常发生在没有教师在内的私建小群里，一些班主任采用"一刀切"的办法限制学生私下网络建群，这对一些良性网络群，比如读书会等兴趣小组造成了很多不便。因此，既能防范欺凌又不妨碍学生社交自由的做法是设立网络建群规则。如前文所述，互联网群组建立者、管理者应履行群组管理责任，即"谁建群谁负责""谁管理谁负责"，规范群组网络行为和信息发布。班主任可结合国家法律法规以及班级欺凌防范规则，强调建群的群主合理设定群组规模，要求群成员实名入群，在群内文明互动、理性表达，而群主要负责监督群内言行是否违规，出现违规现象，有责任和义务取证并上报班主任。

4. 增加边缘化学生的价值感

打破小团体界限的目的是减少班级中那些朋友很少被边缘化的学生成为被欺凌者的可能性。然而，即便存在小团体人多势众的因素，不排除这类学生是因为有学业、性格、外貌、经济等方面的缺陷才会被孤立和边缘化。班主任需要通过发现和发扬他们的长处来增加其价值感，使他们在班级中有立足之地。

（1）了解被边缘化学生不受欢迎的原因

班主任可通过欺凌排查工作了解被边缘化学生不受欢迎、被排斥的原因，有针对性地解决可解决的实际问题。如因为不讲卫生被排斥，就从带纸巾等卫生行为入手；因为打招呼时习惯用很大声音或者很重地拍对方肩膀被嫌弃，就从改变行为习惯入手。如果是外貌、经济条件等无法改变的原因被排斥，则需要从发现和发扬学生的长处入手。

（2）了解被边缘化学生的兴趣和特长

多与被边缘化学生沟通，了解他们的志向，肯定他们所喜欢的事物和兴趣爱好。值得注意的是，班主任需要提升自己肯定学生的能力。威廉·詹姆斯（William James）说"人的本质中最殷切的需要是渴望被肯定"。事实上，学生任何一种非违规暴力行为都可以从动机、内容、过程或者结果上找到积极因素，任何一个人也都会有他阳光灿烂的一面，班主任要善于发现学生的优点并加以肯定。

（3）引导被边缘化学生通过立志而接纳自己

对于正处于自我意识萌芽和发展阶段的青少年来说，同龄伙伴的评价是自我概念形成的重要影响因素。不被班级这个所处时间最长、交流层次最多的团体所接纳，极容易降低自我概念从而不接纳自己。班主任需要引导被边缘化学生树立远大志向，激励他们不断磨炼自己，坚持不懈地追求梦想以实现自我价值。对于那些过于看重同伴评价感到孤独无助的学生要让他们懂得，只有接纳自己、喜欢自己、相信自己，拥有积极的心态，才能吸引志同道合的同类朋友，才能被团体所接纳。

（4）给被边缘化学生搭建优点展示的平台

班主任在发现被边缘化学生的优点后，要善于指路和创造机会让他们展现自己的优势，比如学生性格内向但有成熟思想，多鼓励和创造机会让其发言；学生擅长漫画，让其为班级出板报，与爱创作故事的同学搭伴制作连载漫画等。班主任不仅在班级中创造机会肯定他们，更要鼓励他们发挥自身长处展示自己，为自己的人生增色增值。

（三）实施同理心教育

欺凌防范工作的重点是防止欺凌事件的发生，其中欺凌事件处置过程的重点是避免欺凌事件的重复发生及升级，而欺凌萌芽事件的处置重点是停滞"欺凌种子"的生长，以提醒告诫为基本干预策略。特别是对疑似欺凌者的教育核心不能仅采用道德说教或单一使用惩戒，以避免疑似欺凌者对被欺凌学生萌生敌视和恶意，从而导致矛盾升级变成准欺凌事件。班主任在发现欺凌萌芽行为时可以多实施同理心教育，使欺凌者或疑似欺凌者聚焦于对弱势学生处境的关心，从而主动终止伤害性行为，并向对方道歉取得谅解。

同理心（Empathy）是指个体在人际交往过程中能够识别、判断、理解和尊重对方情绪，拥有站在对方立场思考和处理问题的能力。同理心教育不仅是一种重要的社交技能，使学生获得融洽、和谐的社交关系，还能促进学生的心理健康发展，实现"去自我中心化"。儿童的"自我中心"表现为，只能从自己的观点和立场去认识事物，不能客观判断他人的观点和立场。"去自我中心化"是个体健康成长和社会化发展的必经阶段，这一过程需要养育者和教师引导学生从仅关注自我世界转移为可以关注他人视角中的世界。更重要的是，同理心教育可以使学生感同身受弱势学生的身心痛苦，倾向表现更多助人的亲社会行为。众多欺凌者和旁观者特征的研究结果表明，欺凌者和消极旁观者往往表现出缺乏同理心，无法理解他人的情绪感受，以及对他人的弱势处境无动于衷，这类人群容易产生偏见、歧视、欺凌甚至暴力行为。因此，班主任培养学生同理心有利于发展他们的亲社会行为，建设和谐包容的班级氛围，从而减少欺凌萌芽行为和欺凌行为。同理心教育内容包括培养学生认真倾听的能力，识别和判断他人情绪的能力，通过换位思考理解和尊重他人情绪的能力，以及与他人交流沟通的能力等。当班主任发现班级中屡发欺凌萌芽行为时，就要有意识地通过"参照—引导—体验—迁移"的实施途径开展同理心教育。

1. 同理心参照——言传身教，身体力行

班主任对于中小学阶段的学生来说是重要的模仿对象，班主任在与学生互动时的交往态度和言行举止常常成为学生同理心的标尺，学生会敏锐地观察和无意识地模仿教师各种情绪状态下的行为表现。为此班主任一方面应该发挥"言传"作用，在日常生活中对学生无差别地尊重和关爱，以及通过情绪情感的表达，增强学生的感受力；另一方面发挥"身教"作用，通过认真倾听学生诉求的态度，公正、平等和善意的表达方式，耐心地寻求解决人际问题等各种方法让学生耳濡目染，潜移默化地成为学生同理心的参照榜样。

2. 同理心引导——教学引导，润物无声

大量研究已证实，个体认知因素影响同理心水平。特别是对处在"自我中心化"发展水平的儿童来说，不经引导很难觉察他人的情绪感受。班主任可以在教学中发掘和创造同理心教育素材，潜移默化地培养其同理心。比如班主任可以关注各学科教育中的情绪素材，引导学生以他人视角看问题，体会他人情绪，从而实现同理心的学科教育融合。如语文学科讲《茅屋为秋风所破歌》时，在为学生补充背景知识的基础上，引导学生身处作者杜甫的处境，体会"南村群童欺我老无力"的心酸、"归来倚杖自叹息"的无奈，从"长夜沾湿何由彻"的自家之苦到"吾庐独破受冻死亦足"的超越个人得失、忧国忧民的情感升华，唤起学生的情感共鸣。如物理学科讲《能源的开发和利用》时，让学生讨论自然资源过度消耗、环境污染、生态失调，不仅危害人类，也让众多地球上的其他物种无家可归，甚至濒临灭绝。通过讨论，增强学生的社会责任感，关爱环境，关爱地球，在个人力所能及的范围内对社会的可持续发展作出贡献。

3. 同理心体验——设计活动，沉浸体验

（1）情境体验

班主任可以通过开展情境体验类活动，引导学生沉浸式体验他人立场。如设计《我的世界》，分组让学生在半天时间内坐轮椅，或戴眼罩、耳塞，或不允许用声音交流等，体验残障人士的生活。可为每组设置一些在同学看护下去完成的小任务，如"盲人"组同学需要到另一间教室取物品，要求"看护同伴"只能提供声音提示。戴上眼罩的学生，在黑暗中摸索，几乎完全依赖身旁同伴的提示语，以前轻车熟路的教室变得异常遥远，轻而易举的事情变得异常困难。完成任务的过程中，需要分辨四周声音以及手脚并用的试探，小心翼翼地绕过一切障碍物，战战兢兢地扶墙慢步。半日活动结束后，班主任组织学生围绕以下问题展开小组讨论。

① 当你作为"盲人"时，看不见的这半日时间里有什么感觉？
② 当你作为"盲人"时，你对同伴的帮助是否满意，为什么？
③ 当你作为"看护伙伴"时，你是怎样想方设法地帮助他的？
④ 当你作为"看护伙伴"时，你是怎样理解你的"盲人"伙伴的？

⑤ 你对自己和他人有什么新发现？
⑥ 这半日的体验活动使你想到了什么？

通过模拟"残障人士生活"的沉浸式体验，学生会发自内心地感受到残障人士生活的不便与不易，发自内心地产生情感共鸣，才不会嘲笑、歧视身体不自由的人，而是学会尊重并尽可能地为他们提供帮助。班主任需要注意在活动前充分强调安全意识，强化看护学生的责任，尽量避免跨楼层或安全隐患场所。

（2）阅读体验

班主任可以选择"友谊""家庭""困难"和"互助"等具有人物冲突和情感发展主题的书籍，激发学生的情感共鸣和同理心。也可以阅读一些主人公视角叙事的经典书籍，从而引导学生加深对他人情感和需求的理解。如《呐喊》《猫城记》《春风沉醉的晚上》《呼兰河传》《小王子》《城南旧事》《红高粱家族》《活着》《杀死一只知更鸟》等，这些作品中的故事都以第一人称视角展现，学生更容易探索其内心世界，从而深入地了解主人公的情感和心理需求。

班主任可以组织读书会活动，让学生共同阅读一本书，鼓励学生在阅读后写下读后感，并进行讨论和分享。班主任提出一些问题，引导学生思考书中人物的感受、动机和行为，学生也可以在讨论中表达自己对书中情节和人物的理解和感受，同时倾听他人的观点和感受，潜移默化间培养同理心。班主任还可以选择一些书中的情节或场景，让学生进行角色扮演和情景演绎。通过扮演不同的角色，学生可以身临其境，感受各角色的情绪与心理需求，培养其同理心。

（3）小组体验

班主任可以在班级管理工作和教学工作中将学生分成若干小组，提供小组合作与交流的机会。小组成员定期轮换，增加学生与班级全员沟通的机会。定期开展小组总结交流会，反思怎样的沟通方式是尊重、和谐、顺畅和高效的。适时开展同理心教育，如示范如何通过身体姿势和表情表达专心倾听，不伤害对方的反馈意见和提出异议的技能等，同时在小组活动中进行实践练习。班主任需要观察小组内是否存在"小团体"现象和被边缘化学生,充分利用各种主题讨论形式,给予边缘化学生才能展示的机会和话语权,促使他们获得成就感和归属感。

(4) 戏剧体验

戏剧教育是一种通过戏剧表演和角色扮演来培养学生综合素质的教育方法。戏剧是虚构的真实世界,学生为表演好角色,需要走进角色内心,透过角色的眼睛看问题,站在他人立场看待事物,从而更容易理解他人的感受和处境,以及自身行为对他人的影响。在戏剧表演中,学生为了扮演好不同性别、不同年龄、不同身份的角色,就需要观察和分析不同角色的行为和情感。班主任也可以增加"角色互换"环节,通过扮演对手戏份,提升对角色认识的同时培养同理心。戏剧表演更是团队活动,学生需要与其他演员合作,共同完成一场戏剧演出。在合作的过程中,学生需要理解和尊重其他演员的观点和意见,培养团队合作精神。班主任发现班级中存在欺凌萌芽或疑似欺凌行为时,也可以编排类似剧情的欺凌主题戏剧,请疑似欺凌者扮演被欺凌对象,让其代入式体验欺凌行为对被欺凌者的伤害,以及其行为后果。

(5) 观影体验

班主任可以选择《少年的你》《悲伤逆流成河》《奇迹男孩》等以主人公遭遇的校园欺凌为主题的电影,引导学生站在主人公立场思考被欺凌时的感受和处境,提升同理心,从而反思欺凌行为的危害性。比如组织学生观影《少年的你》,可在观影前介绍电影的主题和背景,让学生对故事有初步的了解。观影过程中引导学生关注欺凌行为的影响和受害者的感受,可以在关键情节或者重要场景暂停,与学生进行讨论。观影结束后,班主任可以组织学生分组讨论,鼓励学生表达自己的观点和感受,还可以引导学生思考在日常生活中自己是否存在类似情况。鼓励学生分享自己的经历,以及如何运用同理心来帮助他人,并结合影片细节提供相关技巧探讨如何预防和应对欺凌行为。

4. 同理心迁移——情绪换位,教育实践

班主任在处理学生人际冲突时,适时加入情绪换位思考,引导学生关心和理解对方感受，为自己的行为后果负责。比如佳宜在为小贝遗失了自己的文具而感到生气，小贝认为"赔给你就是了，没什么大不了的"，引导小贝进入佳宜的角色体会事件经过，了解佳宜生气不仅仅是因为文具遗失，而是小贝没有珍惜自己物品的行为和满不在乎的态度所致。班主任还可以提供人际冲突解决句式，帮助学生提升同理心和解决人际冲突的能力。

人际冲突解决句式[①]

当你_____时，我感到_____。我不喜欢_____，因为_____，我希望你_____。

佳宜可以对小贝说："当你弄丢了我的笔时，我感到很生气。我不喜欢你满不在乎的态度，因为我觉得你不在意我的东西，就是不尊重我的表现，我希望你的道歉要有诚意，而且下次要珍惜别人借给你的东西。"

第五节　一般欺凌行为的应对策略

近日，教育部发布《教育部办公厅关于开展基础教育"规范管理年"行动的通知》[②]，详细列出12项基础教育规范管理负面清单，其中包括教师漠视、纵容学生欺凌行为。这提示学校教育者必须采取零容忍态度严肃处置校园欺凌事件。而欺凌事件的发生，从起因、实施到发酵等环节，都与学生的班级生活息息相关。欺凌事件的处置过程尽管有学校欺凌治委会的研判和指导，但主要工作仍需班主任参与进行。然而，明晰欺凌事件的起因、经过和结果，确定欺凌者、被欺凌者和旁观者角色，判断欺凌事件的性质和程度，安抚被欺凌者和惩戒欺凌者及其后续跟进工作，同时还要参与学校学生欺凌治委会对事件的整体研判，对于

[①] 黄宁宁：《如何培养小学生的同理心——来自美国教育的观察》，《福建教育》2023年第10期。

[②] 《教育部办公厅关于开展基础教育"规范管理年"行动的通知》，中华人民共和国教育部，2024年5月9日，http://www.moe.gov.cn/srcsite/A06/s7053/202405/t20240514_1130428.html。

班主任而言无疑是很大的挑战。《指导意见》更多从学校管理者角度提出指南建议，并没有专门为班主任赋权、定责，以及提供具体应对措施，使班主任在处置班级内部欺凌事件时，缺少了必要的制度保障和应对方法策略。本节根据校园欺凌事件的处置流程提出相关建议和策略。

一 调查核实欺凌事件

校园欺凌发生后，班主任可能无法获得欺凌事件相关的真实信息，其原因有很多种。比如欺凌者可能在班级有较高威信、被很多同伴拥护；被欺凌者担心欺凌者后续的打击报复；班级内事不关己的班风使目击者不愿出面澄清欺凌事件真相；被欺凌者没有证据证明自己遭受关系欺凌；被欺凌者不相信班主任可以帮助自己；等等。然而，当班主任已经了解到班级中确有欺凌行为或疑似欺凌行为，不了解事件原貌则无法进行判别和后续处置工作。因此，班主任获得真实、可靠且全面的信息是确保准确评估是否构成校园欺凌，研判欺凌性质和程度的重要保障。

（一）问询信息来源

班主任应秉承公正公平的态度询问多方人员事件发生的经过。通常从被欺凌者开始询问，接下来是欺凌者，最后是事件目击者或举报者。如果事件发生时没有目击者在，还要询问事件发生后第一时间发现被欺凌者遭受欺凌时的状态。有家长介入时，需询问家长从孩子那了解到的事件信息。

（二）问询形式和内容

1. 问询形式

采用一对一问询方式。如果欺凌者、被欺凌者、目击者（举报者）三方信息不一致，在征得被欺凌者和目击者（举报者）同意后，可采用同时问询对质的方法。若目击者（举报者）担心遭受欺凌者报复不敢面质的情况则取消面质，采用监控等其他方法核实，不能强制进行。

2. 问询内容

班主任可以参考以下对欺凌者和被欺凌者的问询句式，结合涉事者和事件特征灵活选择使用，获取有助于欺凌事件定性的信息。问询时需要注意语气、态度要平和，避免用先入为主的导向姿态去问询。

（1）事件发生时间

"这件事是什么时候发生的？"

（2）事件发生地点

"这件事是在哪里发生的？"

（3）事件发生经过

"和我讲讲当时的经过好吗？"

（4）事件发生原因及故意性——判断事件是否为主观故意性

——问欺凌者

"你为什么要这样做？"

"你是故意这样做的吗？"

——问被欺凌者

"你认为他/她/他们为什么要这样做？"

"你觉得他/她/他们是故意这样做的吗？"

（5）事件发生前因及重复性——判断事件是否有激惹性前因和重复性

——问欺凌者

"以前你们起过冲突吗？"

"以前你也这样做过吗？"

"那时候你为什么要那样做？"

"他/她有没有告诉过你不要这样做？"

——问被欺凌者

"以前你们起过冲突吗？"

"以前他/她/他们就这样做过吗？"

"你觉得那时候他/她/他们为什么要那样做？"

"你有没有告诉过他/她/他们不要那样做？"

（6）事件发生过程中的感受——判断欺凌者动机和被欺凌者精神痛苦程度

——问欺凌者

"当你这样做的时候你有什么样的感受？"

"当你这样做的时候你觉得他/她有什么样的感受？"

——问被欺凌者

"当他/她/他们这样做的时候你有什么样的感受？"

"当他/她/他们这样做的时候你觉得他/她/他们有什么样的感受？"

（7）事件发生后果（包括客观侵害后果：被欺凌者的身体损伤及钱财、物品、声誉损失；主观侵害后果：被欺凌者认为的后续可能性损失）——判别欺凌事件性质和类别

——问欺凌者

"事情发生后他/她哪里受伤了？什么东西损坏了？"

"你觉得这件事会对你造成哪些影响？"

"你觉得这件事对他/她造成了哪些影响？"

——问被欺凌者

"事情发生后你哪里受伤了？都损坏了你什么东西？"

"这件事对你造成了哪些影响？"

"你觉得这件事对他/她会造成哪些影响？"

（7）在场目击者（旁观者）——检视班级对待欺凌行为的态度

"当时还有谁在场？"

"有多少人在场？"

"他们都做了什么？"

（三）问询注意事项

1. 问询及时性

发生欺凌或疑似欺凌事件后，班主任应该迅速展开问询工作，因为事件发生时的情绪记忆和细节容易被忽略或遗忘。

2. 避免说教

问询目的是了解事件的真实情况，在没有完成所有人员问询了解事件全貌时，任何行为评价或教育都会让学生对事件发生时的真实想法及行为有所隐瞒。因此，在问询阶段不要急于训斥欺凌者，更不可跳过问询直接进行处置，让被欺凌学生接受道歉，"包办友谊"。

3. 问询情绪感受

问询过程中要特别关注问询对象的情绪感受，尤其是对那些不敢说出实情的被欺凌者和目击者。问询态度要有温度，问询句式要根据情况变通使用，多做共情式回应。问询前可做情绪安抚，并传递给学生"你不是一个人，老师会帮你解决问题"的态度，让他/她觉得自己被理解和支持，获得安慰的同时愿意说出更多的真相。同样，欺凌者的情绪感受也要询问并做出情绪反馈。比如，欺凌者觉得被欺凌者当众不服从自己表示很生气时，班主任可以对他的生气进行情绪反馈：

学生：谁让他不听我的话，还在那么多同学面前反驳我。

班主任：当时他没有听你的话，还当众反驳你，这让你觉得在大家面前很没面子，所以你才会很生气，是吗？

班主任不了解欺凌动机，对其干预很可能治标不治本，只有了解到欺凌者实施欺凌的真实原因和意义，才能发现解决问题的契机，有针对性地对其进行教育。

4. 保护个人信息或隐私信息

问询过程中，班主任一定要注意保护好目击者和举报者的个人信息。比如需要问询举报者时借由"改作业""辅助整理教具"等其他原因，从而避免被同学看作为"告密者"；网络欺凌截图中将成员头像虚拟化避免暴露提供截图的举报者；避免泄露举报时间、地点等容易被推测出举报者的相关信息。

5. 利用学校监控核实调查

问询信息不一致时，尽可能利用学校监控进行核实，班主任重视欺凌行为并善用客观取证的调查态度本身就能起到威慑作用，同时也能节省欺凌事件的调查时间。

二 欺凌者的教育惩戒

校园欺凌发生后，有些班主任担心教育惩戒学生，家长会采用极端方式表达不满，加之不良网络媒体的推波助澜，将教育惩戒视为落后和不文明的表现，甚至归于体罚或精神虐待，导致班主任在实际工作中不敢对欺凌者实施教育惩戒，只使用流于表面的口头批评教育，或请家长训诫等方法转移教育责任。实际上，这种明哲保身的敷衍态度和行为，会严重削弱被欺凌者的安全感，使他们变得更加沉默、隐忍，从而加剧强弱力量的对抗，使班级更呈现出具有欺凌氛围的班风。

2021年3月1日，教育部发布的《中小学教育惩戒规则（试行）》[1]（后文简称《规则》）正式实施，其中明确规定"打骂同学、老师，欺凌同学或者侵害他人合法权益的，学校及其教师应当予以制止并进行批评教育，确有必要的，可以实施教育惩戒"。《规则》首次以部门规章的形式对教育惩戒做出规定，所称教育惩戒，是指"学校、教师基于教育目的，对违规违纪学生进行管理、训导或者以规定方式予以矫治，促使学生引以为戒、认识和改正错误的教育行为"，明确教育惩戒不是惩罚，而是教育的一种方式。可见立法开启了我国教育惩戒发展的新阶段，将校园欺凌治理回归到教育本身，强调对校园欺凌实施教育惩戒。

班主任经过调查核实后认定为情节轻微的一般欺凌事件，则可以在班级中进行自行处置，即根据既定校规、班规，及时对欺凌者进行教育惩戒。欺凌行为的教育惩戒包含三个环节步骤：让欺凌者认识欺凌行为对人对己危害性的教育工作、实现教育目标的惩戒工作和包含道歉，并协商如何避免欺凌行为再次发生的调解工作。实施过程中必须注意其顺序性，至少教育工作先行，而不能倒行逆施，若在欺凌者没有认识到欺凌行为的危害前，就强制他们道歉，这种敷衍没有诚意的道歉只会让被欺凌者备受伤害；或者在教育工作前就对欺凌者实施了行为惩戒，同样会使欺凌者因没有认识到错误而心生怨恨，即便惩戒也不会引以为戒，甚至会升级欺凌行为来报复被欺凌者。此外，班主任还需注意第三个环节的调解工作应该在被欺凌者的安抚工作后实施。

---

[1] 《中小学教育惩戒规则（试行）》，中华人民共和国教育部，2020年12月23日，http://www.moe.gov.cn/jyb_xxgk/xxgk/zhengce/guizhang/202112/t20211206_584996.html。

(一) 教育

1. 明确欺凌原因和动机

尽管社会、家庭、学校、班级与互联网等社交环境是欺凌事件发生的重要外部因素，欺凌者自身因素，如社交压力、心理压力、不良嗜好以及气质类型等内部因素更直接促成了欺凌事件的发生。班主任对欺凌者进行批评教育工作前，若未查清欺凌原因直接予以惩戒，欺凌者不仅认识不到自身行为的错误，滋生逆反心理抗拒班主任的管理，还容易因怨恨产生报复被欺凌者和举报者的行为，加剧班级欺凌行为的严重程度。因此，班主任要在调查核实阶段，明确欺凌者的欺凌行为原因和动机，对症施教才能让其心服口服。

2. 采用同理心教育

如前所述，班主任可采用同理心教育，聚焦于对被欺凌者的处境，唤起欺凌者内心良知和同情心，从而心生歉意，主动终止伤害性行为。对于欺凌者的同理心教育方式不能仅使用灌输式道德说教，如用美德故事引导学生"将心比心""友爱他人"，这样的同理心教育通常很难持久长效。班主任要从"灌输式"转为"体验式"，为欺凌者设置类似情境并代入情境，加强对情绪情感体验的关注。欺凌者在人际互动中通过心理换位获得被伤害的情绪体验后，才会生成自发停止欺凌行为的意愿。

3. 多元化价值观教育和平等教育

所谓多元价值观是指人在社会生活中存在多种意义，实质是容纳不同的价值观念。班主任在教育过程中，经常会听到欺凌者说"我以为他/她不会在意""我觉得没伤害到他/她"等站在个人视角上的辩白。对此，班主任可传递出"人人平等，每个人都有自己独特的价值观念，可以不接受但不可以伤害"的多元化价值观教育理念。

学生：但是，我又没叫他肥猪那么侮辱人的外号。

班主任：每个人的成长环境不同、经历不同，看问题的角度就不同，关注点自然就不同。有的人在意自己的体形，自然觉得身材的评价是大忌；有的人在意性别举止，自然觉得"娘娘腔"的评价

是大忌，你不是他，你怎么知道你叫他的外号不是他所不能接受的侮辱性外号？

学生：谁让他诗词大赛总是拖班级后腿，大家都讨厌他。

班主任：老师知道你是为班级名次着急，大家都有班级荣誉感才能让我们班越来越优秀。但即便他拖了班级后腿，他也是班级的一员，和每个同学同样有快快乐乐接受学校教育的权利。而且，每个人都有自己的优势和短板，他不擅长诗词背诵，但运动会上他为班级争得了很多荣誉。当然你也有权利不喜欢他，但没权利伤害他。有一天你在不擅长的领域也被别人指责拖班级后腿，也被叫你觉得很难听的外号，你会有什么感受？

4. 肯定被欺凌者

通常欺凌者对被欺凌者持有鄙视、嫉妒、羡慕、自卑、不满、误解等负面态度和情绪导致他们实施欺凌行为，以此减轻自己的不满或提升自己的地位。因此，班主任在教育环节中应当引导欺凌者关注被欺凌者身上的优点、对班级的贡献以及对欺凌者自己的帮助三个方面。这样做可以帮助欺凌者意识到被欺凌者的价值和重要性，进而反思和内省他们的欺凌行为。这部分的工作成效也将会被充分利用在双方调解会上，即让欺凌者以客观事实的感激和赞美作为开场白，向被欺凌者主动示好，从而部分消除被欺凌者对他们的怨恨，营造调解协商的氛围。班主任可以先通过一些哲理、隐喻小故事强调发现和欣赏他人优点的重要性。

班主任：我给你讲个小故事。美国"餐馆大王"大卫·布鲁克旗下的加州酒店要招聘一名厨师长。通过现场制作菜肴层层选拔的方式，最后有五个人进入留用名单。这一天，大卫·布鲁克把这五个人都叫到了办公室，告诉他们接下来的一周，会把他们派到加州几家著名的酒店里，去观察和品尝那里厨师们的手艺，回来后，要他们讲讲自己的感受。一周后，五个人如约回来汇报。第一名厨师说："我参观的那家酒店的厨师拿手菜是阿拉斯加鳕鱼柳，虽然这道菜的颜色十分悦目，但是用料却不敢恭维。如果让我去做，我会做得比他更好。"接下来，后面四位也分别说出了自己这一周的感受。不同的是，前四位厨师都指出了自己品尝到的每一道菜的缺点。只有最后一名叫丹尼尔的厨师说："这一周，我吃到了一道'夏威夷沙律'，我可以肯定地说，那是一道我今生吃过的最美味的菜肴，它清爽可口，色泽鲜亮，很多优点我真的无法用语言去形容。"你猜猜，最后谁被录取了？

学生：最后一位吧？

班主任：是的，大卫解释说："我让你们去品尝菜肴，是要你们去发现别人的优点，而不是他们的不足。因为别人的缺点对你自己没有任何帮助，你不会得到进步。而只有记住别人的优点，才可以提醒自己还要努力，还需要进步。"

学生：我明白你的意思，你是让我去看王强的优点。

班主任："人无完人"是真理，"各有千秋"也是事实。看你愿意看到他的哪一面，看别人的优点不仅会促使我们进步，也会在我们发现他人优点并为之喝彩的时候，他人也会用欣赏的眼光看待我们。听说大文学家苏轼有一次与佛印禅师一起打坐，他对佛印开玩笑说"我在打坐时，用我的天眼看到大师是团牛粪"。佛印说"我在打坐时用我的法眼看到你是如来本体"。苏轼回家后得意扬扬地告诉妹妹苏小妹。苏小妹却说"你实在输得太惨了，修行的一切外在事物都是内心的投射，你的内心是一团牛粪，所以看到别人也是一团牛粪；人家内心是如来，所以看到的你也是如来。"所以说，人与人之间的关系往往是相互的，与人为善，也是与自己为善。所谓的"欲将取之，必先予之"就是这个道理。那你就来找找看王强都有哪些优点？他对班级有哪些贡献？他有没有曾经帮助过你？

（二）惩戒

1. 不同程度欺凌行为的惩戒形式

（1）一般欺凌行为

对有一般欺凌行为的学生，可依据《规则》第八条实施以下教育惩戒；点名批评；责令赔礼道歉、做口头或者书面检讨；适当增加额外的教学或者班级公益服务任务；一节课堂教学时间内的教室内站立；课后教导；学校校规校纪或者班规、班级公约规定的其他适当措施。班主任可以在学生认识到错误后当场实施，实施后，可以以适当方式告知学生家长。

（2）情节比较严重的欺凌行为

对情节比较严重的欺凌行为或经一般教育惩戒拒不改正的学生，可依据《规则》第九条实施以下教育惩戒：由学校德育工作负责人予以训导；承担校内公益服务任务；安排接受专门的校规校纪、行为规则教育；暂停或者限制学生参加游览、校外集体活动以及其他外出集体活动；学校校规校纪规定的其他适当措施。班主任应当注意此类惩戒应由学校治委会判定并告知学生本人，由班主任执行监督，并应当及时告知学生家长。

（3）情节严重的欺凌行为

对情节严重的欺凌行为或者影响恶劣的学生，可依据《规则》第十条实施以下教育惩戒：给予不超过一周的停课或者停学，要求家长在家进行教育、管教；由法治副校长或者法治辅导员予以训诫；安排专门的课程或者教育场所，由社会工作者或者其他专业人员进行心理辅导、行为干预。对违规违纪情节严重，或经过多次教育惩戒仍不改正的学生，学校可以给予警告、严重警告、记过或者留校察看的纪律处分。对高中阶段学生，还可以给予开除学籍的纪律处分。对有严重不良行为的学生，学校可以按照法定程序，配合家长、有关部门将其转入专门学校教育矫治。《规则》规定此类教育惩戒适用于小学高年级、初中和高中阶段的学生。同样应由学校治委会判定并告知学生本人，而且应当事先告知学生家长。

2. 班主任创新惩戒方式

依据《规则》班主任可自主实施惩戒的主要对象为有一般欺凌行为的学生，除常规的点名批评、检讨，课后训导和教室内站立外，可责令学生完成教学或班级公益服务、校规、班规、班级公约规定的其他适当任务。也就是说，政策法规已赋予了班主任采取其他适当措施的权利，既可以遵从学校制定的校规校纪，又可以根据班级学生的实际情况，灵活制定针对欺凌者的细化惩戒规则，并在接下来的管理实践过程中适时加以调整。

目前，中小学常见的惩戒方式有倒垃圾、扫教室、扫操场等劳动类惩戒；默写、抄写、检讨书等书写类惩戒；罚站、操场上跑圈、俯卧撑等身体或运动类惩戒等。然而，打扫教室卫生、倒垃圾等劳动类惩戒，全盘违背了劳动教育的价值体认核心，与劳动教育的目标背道而驰，劳动教育应该让学生懂得劳动的意义，懂得劳动创造幸福、创造世界的道理，树立劳动最光荣的理念[①]。劳动类惩戒暗示了学生劳动是犯错误时必须接受的惩罚，久而久之学生疏远劳动，鄙视劳动和劳动者，无疑违背了劳动教育的价值肯定。班主任在设计惩戒内容形式时要考虑其教育功能，单纯让学生做他不喜欢的事情予以惩罚其警醒效能不足，毕竟"惩"仅是手段方法，而"戒"才是预防欺凌行为再次发生的最终目的。

教育实践中，效果显著的惩戒方式应结合教育目标，多做"缺什么补什么"，少做"怕什么来什么"。根据欺凌者的欺凌动机有创造性地设计惩戒措施。如果欺凌者是因为缺少同理心、爱心而欺负同学，就让他做"献爱心"的公益活动，帮助低年级同学做力所能及的事情，体验助人的成就感；如果欺凌者毁坏了同学的书本，就让他/她修补班级图书角的书籍；如果欺凌者诽谤他人，故意散播谣言，就让他/她做人际关系相关的知识传播者，每日为同学朗读相关课外书本；如果欺凌者言语侮辱同学，就让他/她饲养班级的动植物，并每天对饲养的动植物说上一句暖心的话等。为提升惩戒的有效性，班主任也可以组织相关的主题班会，鼓励班级成员建言献策，根据欺凌者的个性特征因材施"惩"创新设计合理有效的惩戒方式，经由全班学生审议后在班级中公示，

---

① 周国华:《劳动怎能成为惩戒手段》,《中国教育报》（中国教育新闻网）2019年6月18日第2版, http://www.jyb.cn/rmtzgjyb/201906/t20190618_242306.html。

并落实于班级公约中。但无论采取何种方式，都要以不伤害学生身心健康为前提。

3. 惩戒形式的保密与告知

针对欺凌者的惩戒措施应当采取保密与公开相结合的方式，既要保护欺凌者的隐私权，又要让班级成员了解欺凌事件的处理结果，从而对全班学生起到警示作用。如对欺凌者接受惩戒的过程进行保密，实施完惩戒措施后，在班级中宣布欺凌事件的处理结果，对欺凌者进行深刻的批评，让其做出检讨，并向被欺凌者道歉以取得谅解。此外，对一般欺凌事件欺凌者的惩戒方式应酌情告知家长，而情节较严重和严重欺凌事件欺凌者的惩戒方式必须告知家长，并将班级内惩戒内容上报学校。

4. 惩戒规则"红线"

班主任需要注意惩戒规则的建立要在遵守相关教育法律法规的基础上，把握尺度，绝不能触碰《规则》中所规定的以下"红线"，越界或将面临处分：

> 教师在教育教学管理、实施教育惩戒过程中，不得有下列行为：
> （一）以击打、刺扎等方式直接造成身体痛苦的体罚；
> （二）超过正常限度的惩罚、反复抄写，强制做不适的动作或者姿势，以及刻意孤立等间接伤害身体、心理的变相体罚；
> （三）辱骂或者以歧视性、侮辱性的言行侵犯学生人格尊严；
> （四）因个人或者少数人违规违纪而惩罚全体学生；
> （五）因学业成绩而教育惩戒学生；
> （六）因个人情绪、好恶实施或者选择性实施教育惩戒；
> （七）指派学生对其他学生实施教育惩戒；
> （八）其他侵害学生权利的。[1]

---

[1] 《中小学教育惩戒规则（试行）》，中华人民共和国教育部，2020年12月23日，http://www.moe.gov.cn/jyb_xxgk/xxgk/zhengce/guizhang/202112/t20211206_584996.html。

三 被欺凌者的安抚工作

（一）倾听

对被欺凌者进行安抚时，班主任应该用信任的目光注视被欺凌者，适当保持沉默并耐心倾听。如果被欺凌者并非主动求助班主任，而是被目击者或家长告知，即便他们单独与班主任谈话，也可能因不信任班主任或害怕欺凌者报复而保持沉默。此时，班主任的主要工作应当是鼓励被欺凌者主动求助，告诉学生隐忍和退让只会让被欺凌者更加肆无忌惮，可能让自己陷入无休止的欺凌中。如果被欺凌者主动求助班主任，则先要肯定和感谢他们对自己的信任，没有消极退缩或采取极端方式与欺凌者对抗。班主任在倾听被欺凌者叙述事件原委时尽量不要打断，用信任且关切的眼神鼓励其自由叙述，因为倾诉本身就是情绪宣泄，在其情绪波动较大时如果对方不排斥，可用轻抚肩背等动作进行安抚。班主任与被欺凌者交流时，慎重选择谈话场所，办公室因经常被打扰隐私性较差，且对学生有压迫感，可选择校园内较安静的户外场所。倾听过程中班主任的"保持沉默"是指不对内容进行质疑，而是以支持者和保护者立场，适时告知对方"你不会一个人面对""我相信你所说的"，鼓励学生讲述事件过程并表达情绪。

（二）正确归因

很多欺凌者在实施欺凌时会强加给对方欺凌理由，"你太胖""你太蠢""你太土气"等，即便被欺凌者很优秀，欺凌者同样会找出各种欺凌的理由。遗憾的是，大多数被欺凌者认同这些理由，甚至会因无法改变自身特征而痛苦不堪。班主任要让被欺凌者明白"被欺凌不是被欺凌者的问题，而是欺凌者他们自身的问题"。班主任举例分析欺凌者列举的理由后，正确归因是谁的责任，从而让被欺凌者理解，任何人都可能成为欺凌者的欺凌目标，他们是为了发泄自己的愤怒或无聊的情绪，或是想显示自己在班级中的地位等。因此，被欺凌者不必为他们的问题负责，更不必前思后想被欺凌的自身原因。

学生：我要是不这么笨就好了。

班主任：你认为他们欺负你的原因是自己不聪明吗？

学生：是啊！他们就没有这样对王洋、李想这些聪明的、学习好的学生，我太笨了，才会被他们欺负。

班主任：前几天老师给你们播放了《隐秘的角落》中的片段，还记得朱朝阳吗？他成绩排名第一，那为什么也会被同学欺负呢？

学生：……可能是太聪明了，也会让那些欺负他的人不舒服，嫉妒他。

班主任：我觉得这次你说对了一部分，但并不是因为朱朝阳太聪明才会被欺负，朱朝阳的聪明不是他的错。你说对的那部分是，因为他们自己不舒服，觉得不如人，就想办法打压对方。同样，他们也会因为在某些方面更胜一筹而去嘲笑别人，这是他们的问题。

学生：你是说并不是因为我笨他们才欺负我？

班主任：应该说他们并不是因为你的原因才欺负你，这不是你的错。任何一个人都有可能成为他们欺负的对象，他们会把理由说成"你不好"或"你太不一样"，甚至找不到任何你的原因。而他们之所以会捉弄欺负同学，是他们自己想拿同学取乐，或者自己觉得不爽，又或者想引人注目，想让别人"臣服"于自己。所以说欺负你不是因为你有问题，而是欺负你的人自身有问题。

（三）自我肯定

通常越是对自己不满的学生，越容易相信欺凌者强加给自己的欺凌理由，从而更容易屈服于欺凌者。班主任在引导被欺凌学生认识到被欺凌不是自己的问题后，还要使用积极的对话让学生发现自身长处并肯定自己，重塑自尊与自信。班主任可以先询问学生一些关于他们过去的成功和积极经验，有助于学生重新认识自己的能力和价值。接下来引导学生对自己进行积极评价，从而认识到自己内在力量和优点。班主任还可以帮助学生设定一些完善自我的积极目标，并鼓励他们相信自己能够实现这些目标，从而促进学生建立自信和积极的自我形象。对于那些很难肯定自己的学生，班主任要用不容置疑、十分肯定的语气告诉对方他的优点和长处，并尽可能举例说明，这样的肯定有理有据，更容易让学生信服。

> 班主任：我看到上次周末放学时，所有同学都急急忙忙地收拾书包着急回家，只有你想到班级里的绿植要浇水，你是一个很富有爱心和责任感的孩子，老师很为你骄傲。

班主任需要帮助学生在学习和生活各方面寻找长处进行自我肯定。有些学生可能倾向"成果论"，比如认为自己成绩不好没有取得成就，从而认为是因为自己蠢才会被大家嫌弃。班主任需要帮助这类学生看到自己"想变得优秀"的动机以及在学业上的努力，拥有这些品质比暂时的成绩更为重要，并指出这是那些欺凌者意识不到的事情。在收集足够多的自我肯定素材后，班主任可以和学生练习自我肯定对话。

> 班主任：每个人都有曾经让自己感到自豪和骄傲的事情，你能跟老师分享下这些经历吗？
> 学生：我想不到。
> 班主任：老师还记得你上个期末得了"进步奖"，告诉老师你获奖时的感觉怎么样？
> 学生：当时我很开心，觉得自己做得很好，有点儿自信了。
> 班主任：你对自己说了什么话让你觉得更自信了？
> 学生：什么也没说。
> 班主任：那我们现在想一想，你可以对自己说些什么来肯定自己，让自己更自信呢？
> 学生：我可以告诉自己，只要我努力去做，我就可以做到。
> 班主任：老师真为你骄傲，也确实相信你，只要你努力就没有能难得倒你的事情。你还能不能想到一些除了学习外也感到自己很不错的经历？

学生：我记得我帮邻居王奶奶修好了她的小推车，她夸奖了我。

班主任：那个时候你感觉怎样？你可以怎么肯定自己呢？

学生：我觉得挺开心的，我和自己说，修小推车对我来说是个挑战，能修好说明我的动手能力还是不错的，而且能够帮助别人说明我人也挺不错的。

班主任：真是很积极的自我评价！老师也注意到你是个十分有爱心，动手能力很强的孩子！图书角里被撕坏了的书是你主动修补的。现在你有什么其他目标想要实现吗？你认为自己有能力实现这些目标吗？

学生：我想参加下个月的英语演讲比赛，我相信只要我付出努力，一定能够取得好成绩。

班主任：太棒了！相信自己、不懈努力，这是你实现目标的关键。想想看，你这样一个富有爱心、待人真诚、很努力也有能力的人，不应该被他们欺负，他们这样做是在用伤害别人的方式满足自己的各种需求。

（四）支持性方案

班主任在倾听被欺凌者有关欺凌事件原委后，帮助他们正确归因与自我肯定，待情绪平复后，协商如何避免和应对今后可能出现的欺凌状况，做出支持性方案。具体工作包括：找到支持者避免再次陷入欺凌事件，以及如何和欺凌者进行协商要求对方停止欺凌行为。

1. 寻找支持者

实际工作中，班主任会发现如何避免被欺凌者再次被欺凌的防范性工作会比欺凌事件发生前的防范性工作更难开展。这是因为被欺凌者倾向于独来独往，没有朋友帮助和支持很容易再次成为欺凌者的攻击目标。帮助被欺凌者找到支持他们的人际资源能在很大程度上降低遭受欺凌的风险。班主任可以和被欺凌者商讨如何找到学校里能结伴而行的朋友；也可以通过学校第二课堂、兴趣班等场所帮助被欺凌者结交志同道合的高年级朋友，通常低年级学生身边有高年级孩子的"保护"，遭受欺凌的风险会大大降低；班主任还可以通过改变班级座位，重编小组成员的方式给被欺凌者提供交友的支持性环境。如果被欺凌者存在人际交往困难的问题，可参考《交友秘籍》共同探讨交友技巧来帮助学生寻求人际支持。如果被欺凌者同时具有较为严重的自我贬低倾向，则推荐他们去学校心理辅导中心，接受心理教师的专业心理咨询和行为技能训练。

《交友秘籍》①

❖ 面带微笑，和善地跟人打招呼。毕竟，亲切的人比较容易接近。

❖ 采取主动。主动和其他人打交道，不要总是期待别人和自己问好或要求我们去做什么事。

❖ 学习成为一位好的聆听者。每个人都喜欢说话时受他人尊重，这点也是孩子们对友谊最重视的一点。当他人说话时，要看着对方，并且注意听他们讲话的内容。

❖ 不要期待他人跟自己一样。事实上，同有个人思想和见解的朋友交往，会比较有趣；如果每个人所想和所做的事都相同，这将是非常无聊的世界。

❖ 询问许多问题。让别人明白你对他们有兴趣的好方法是，询问他们喜欢什么，对某些事情的看法。

❖ 不要一天到晚悲叹不止。假如你一味地跟朋友谈论自己的问题，久而久之，他们会感到相当无趣。因此，在悲叹的同时，也别忘了说些快乐、有趣的事。

❖ 小心不良的朋友。有时，我们会因为没有朋友而跟这种人交往，要留意他们是否唆使我们去做一些我们不愿意去做或者是"不正当"的事。

❖ 不要总是专横霸道或自吹自擂。假如你总是希望主导一切或者一直炫耀自己的优点，长久下来，朋友会觉得跟你交往非常无聊。

❖ 试着想出有趣的事来做。跟具有创意的人相处，一定相当愉快。

---

① 李小宁、张大生：《校园欺凌与暴力防止实用手册》（上），红旗出版社2017年版。

- 不要缠着他人。假如他人不想跟你交朋友，就换个目标。要明白，你不可能跟所有人都建立友谊。
- 向他们表达友善和尊重。
- 支持和维护他们。
- 在你的朋友需要帮助和建议的时候，给他们支持。
- 讲真话，但是要以友善的方式。
- 如果你伤害了朋友，向他道歉。
- 如果你的朋友伤害了你，并且向你道歉，接受他的道歉。
- 如果你做出承诺，兑现你的承诺。
- 为你们的友谊做些努力，否则你的朋友可能会觉得你忽视了他。
- 不要试图改变你的朋友，接纳他们原来的样子。
- 用你希望被对待的方式来对待你的朋友。

2. 解决方案

班主任和被欺凌学生商讨今后如何与当下欺凌事件中的欺凌者相处，征询学生意见和避免再次被该欺凌者欺负的解决方案。班主任工作范畴的一般性欺凌事件中通常被欺凌者的诉求是欺凌者不要叫自己外号，不要散布谣言，不要联合其他同学孤立自己等。如果班主任仅以上述欺凌者诉求为目标，单方面要求欺凌者不要招惹被欺凌者，这对被欺凌者来说仅是物理性隔断关系，被欺凌经历就像伤疤一样提醒自己在同伴关系上所受到的伤害。因此，班主任在对那些情节轻微的欺凌事件进行处理时，应当以避免再次被欺凌为基础目标，以恢复被欺凌者同伴关系为长远目标促成双方和解。当然如果被欺凌者不同意与欺凌者建立同伴关系，班主任则要尊重被欺凌者意愿。调解工作的具体操作环节后做详述。班主任可以先征询被欺凌者意见，为后续调解顺利进行做好准备工作。

班主任：老师还想问问你今后打算如何和李青（欺凌者）相处？如果李青已经认识到了自己的错误，保证不会再这样对你，而且今后还想和你做朋友，你打算怎么做呢？当然他这样对你，你完全有权利选择再也不和他来往了。

学生：能不能做朋友我不知道，他能尊重我，别再招惹我就好了。还有宿舍同学都加入了折纸社团，我也想参加，但是李青也在社团里。

班主任：你是怕在社团里难免和李青接触，担心他还会欺负你？

学生：嗯，也觉得即便他不招惹我，两个人不说话也挺别扭的。

班主任：确实，你们是一个班级的同学，总要有接触。那我们想想，有没有和他相处时能让你觉得舒服些的方式，比如用你的优势去改善你们的关系，这样也会让对方更尊重你。之前我们讨论过，你动手能力强，球踢得也不错……

学生：李青倒是也喜欢踢球，如果他能尊重我，我可以教他带球和假传的技术。

班主任：成为他的足球"教练"是个好办法，不管怎么说他也要尊重自己的"老师"。

学生：但是，他要保证以后不叫我外号，也不可以联合其他同学一起孤立我。

班主任：好的，老师明白你的需求了。

3. 专业辅导

对于班主任沟通无效的被欺凌者，如有学习困难、人际交往困难或有心理问题、精神障碍，或者欺凌事件后留下心理创伤的学生，需要根据情况及时帮助他们转介医院，或学校心理辅导中心让心理教师进行个体辅导，教授学生应对校园欺凌的行为技能，以避免因干预不及时发生更加严重的后果。

四 欺凌者与被欺凌者的调解工作

目前，我国各省市在校园欺凌防治工作的机制建设和治理举措上都有所加强，如流程环节上如何对校园欺凌进行事前预防、事中阻止和事后处置，以及对欺凌者的惩戒教育和对被欺凌者的心理安抚等做出明确细致的安排。然而，在欺凌者与被欺凌者的关系调节——这个重要的欺凌防治工作环节上仍有待加强。欺凌者与被欺凌者在欺凌事件处置后如何相处、如何对话，班主任如果忽视此环节，难以确保被欺凌者的权益诉求和心理恢复实现对等补偿，以及难以审视对欺凌者教育惩戒的效果。

（一）共同关切法

1980年中期，瑞典心理学家阿纳托尔·皮卡斯（Anatol Pikas）借鉴卡特国际调解经验以及他的冲突解决哲学，发明了一种邀请欺凌者与被欺凌者共同参与和平解决欺凌问题的冲突调解的方法——共同关切法（Method of Shared Concern，MSC）。共同关切法一方面将目标聚焦于欺凌者的观念和情绪，用结构化的谈话脚本和启发式手法唤起欺凌者的良知和同情心，使他们对被欺凌者产生关切的情绪体验，再邀请他们一起来想办法解决被欺凌者的艰难处境。另一方面，共同关切法能使调解人斡旋于欺凌者与被欺凌者间，借鉴国际冲突解决的调解模式来促成双方和解，并形成不再伤害被欺凌者的新的社交互动关系。这套调解的程序分为以下四个阶段：

第一阶段：与欺凌嫌疑人个别谈话。在友好的气氛中，调解员鼓励欺凌嫌疑人对所发生事件说出自己的版本，从中觉察可加利用的主导性的群体动力及个人自主的驱动力；鼓励欺凌嫌疑人提出可能受害人也可以接受的调解方案。

第二阶段：与可能受害人个别谈话。调解员倾听可能受害人讲述自己的遭遇，询问其对问题解决方案的想法，并向其转达欺凌嫌疑人个人提出的良善建议。可以继续向整个欺凌团伙寻求方案，并将其转告可能受害人。

第三阶段：与欺凌者嫌疑人集体会谈。会谈在温馨舒适的气氛中举行，调解员可与他们一边吃喝一边商谈。他们一旦有好的提议，调解员就予以确认，进而与他们商量，准备好与受害人会面时积极而友善的开场白。

第四阶段：峰会。双方在温馨舒适的气氛中会面。欺凌嫌疑人按事先约定，先作积极而友善的开场白。调解员为一开场就可能争吵做好应对预案，在听任与指挥之间保持灵活的平衡。双方签订和解协议，进而商量如若对方没有遵守协议怎么办。调解员得到类似"不苛求而要宽容"的回答才宣告谈判结束。此外还设有回访程序。如果回访表明欺凌行为并未终止，那就要启动新一轮调解。

从以上有关调解程序阶段的简要说明中可以看出，共同关切法在校园欺凌防治工作中的应用要领是，不对欺凌者进行批评指责来刻意避免其内疚和自我辩护，从而努力唤起欺凌者的善意，邀请他们与被欺凌者共同和平地解决欺凌问题。不可否认，很多欺凌者在被班主任批评指责时，因对班主任和被欺凌者心生反感甚至敌意，将更多的认知放在自我辩护与对抗上。无责备谈话方式尽可能淡化处理欺凌者实施欺凌行为的动机，避免陷入"我没有错，要怪只能怪他/她自己……"无休止的道德推脱和自我辩解。使用共同关切法的调解员不在道德层面上问询、回应、追究，只需牢牢把话题锁定在关切被欺凌者处境和如何应对这种处境上。皮卡斯认为，欺凌者自我辩护的心理过程一旦中止，意味着他们主观恶意的萌生和蔓延就可以得到遏制[①]。

笔者认为，调解过程中确实可以通过共同关切法阻止欺凌者对被欺凌者恶意的萌生和蔓延，并强化欺凌者对曾经伤害过的同学的同情和善意。然而，班主任在处理班级中的欺凌事件时，不单单要承担调解员的工作，矛盾冲突解决的同时更要强化学生"欺凌零容忍"的观念，因此教育和惩戒环节必不可少。但在调解环节可参考皮卡斯的和解峰会操作流程，聚焦于未来相处策略和如何预防复发的协商上。

(二) 基于共同关切法的调解流程

第一步　示好开场白

共同关切法不赞同欺凌者与被欺凌者一见面就认错道歉，提出弥补

[①] 顾彬彬：《恶意是怎么消失的——"共同关切法"与"皮卡斯效应"》，《教育发展研究》2020年第22期。

过失，再等待对方接受歉意和修复建议。因为调解下的道歉对于被欺凌者来说，相当于认定了自己被欺凌的事实，要依靠班主任来帮助自己要求对方道歉而体验到无能感，也会触发自己对欺凌事件的情绪记忆，从而怨恨欺凌者，造成认知失调不愿接受任何形式的解决方案。另一方面，如果欺凌者能一见面就态度诚恳地认错道歉，还可以顺利进入调解过程，但对于很多持"被欺凌者过错论"的欺凌者来说，未解决问题前先道歉，容易激活他们自我辩护的心理机制，一旦辩解开场，被欺凌者会觉得对方不知悔改，发生继发心理创伤后更不愿意接受调解。

因此，共同关切法提供了别开生面的调解峰会开场白，即让欺凌者以客观事实的感激赞美开场，往往出乎被欺凌者意料，却因欺凌者的主动示好，消除部分被欺凌者对他们的怨恨，营造调解协商的氛围，为成功调解开了好头。通常开场白的内容在"教育环节"由班主任引导欺凌者总结，可以聚焦于被欺凌者优点、对班级贡献、对自己帮助的三个方面。虽然可能有避重就轻的嫌疑，但对被欺凌者来说，符合事实的赞美感激意味着在欺负自己的同伴心目中自己是被尊重和认可的，这无疑是在修复被欺凌者因欺凌事件而受损的自尊心，令其更有自信地参与后面的平等谈判。

李青（欺凌者）：王强（被欺凌者），你在体育运动方面很有天赋，每次运动会都为咱们班取得荣誉，而且上次踢球，你还和老师商量，为我争取到上场的机会，真的很感谢你！

第二步 道歉

通常在经过感激赞美的开场白后，如果是欺凌者发自内心的感激，想到对方的优点，特别是还曾帮助过自己，自己却伤害了对方，那么赔礼道歉就是"水到渠成"欺凌者自发进行的事情。

李青：王强，对不起，我不应该叫你外号，不应该和李军他们一起嘲笑你、孤立你，我郑重和你道歉。

班主任需要注意的是，如果欺凌者仍有自我辩护的可能性，那么班主任可以通过进入下一环节询问解决方案来转移话题，然后将道歉环节放在问题解决和协议商定后来进行。因为自我辩护会让被欺凌者觉得对方不知悔改，容易使调解陷入僵局。

李青：不过当时我们也是太着急了，看着咱班马上就要输了，所以……（自我辩护）。

班主任：我们先不去看发生过的事情了，关键问题是"现在该怎么办？"（转移话题）

李青：我只是想解释下当时为什么我们会那样做。

班主任：我明白你想和王强解释清楚你们当时为什么那样对他，但我也看到了，不管出于什么理由，你们的行为都已经伤害了王强，所以，我们更多要讨论的是，接下来你们打算怎么办？（再次转移话题）

第三步　问题解决

在进行和解峰会前，班主任应在安抚被欺凌者时，听取被欺凌者对解决冲突与预防复发的设想和意见，并在欺凌者教育环节时告知欺凌者，进一步商议如何能取得被欺凌者谅解，解决矛盾冲突以及终止欺凌行为。因此，在正式进入问题解决环节时，双方应已基本达成解决问题的共识，欺凌者需要正式做出停止欺凌行为的承诺，提出在相似情境下，如何做到不再欺凌的具体方案。通常，在调解班级内未对被欺凌者造成严重身心创伤的一般欺凌事件时，大多数被欺凌者会对合理方案表示接受。如果不接受，则在班主任协调下直至达成和解方案。

李青：今后我不会再叫你外号了，也不会在任何时候嘲笑你。因为每个人都会有失败的经历，如果是我，当然希望在受到挫折时能得到别人的安慰和帮助。如果你愿意的话，我可以帮助你总结古文背诵的要点，咱们一起努力，好吗？

王强：好的，那你也不要和其他同学联合起来针对我。

李青：明白。

王强：如果你能做到不嘲笑我和叫我外号，也不和其他同学联合起来针对我的话，阳光体育课时，我可以告诉你带球和假传球的技术。

李青：好啊！就这么说定了。

第四步　协议

双方在事先准备好的和解协议上签名，并继续讨论"如何能遵守协议？"实际上，皮卡斯在共同关切法中提出，不指望欺凌者做出"不遵守协议就接受处罚"之类的承诺，更不希望双方相互威胁，反而期望双方都能表示"即便不遵守协议我也不苛求而给予宽容"，这并不是暗示学生可以不履行诺言，而是让双方在达成和解、结束调解之际继续向对方释放善意和信心[1]。

班主任：好的，现在我们都已经在和解协议上签名了。李青，你觉得做些什么能保证自己遵守协议呢？

李青：一会儿我就和李军他们说不再针对你，如果我没遵守协议，那就罚我写检讨呗。

班主任：王强，你希望用这样的方式去约束李青不再叫你外号，不再嘲笑孤立你吗？好像没有这个处罚，就失去了约束，李青仍会重蹈覆辙？

王强：嗯，写检讨倒也不必，只要我们和平共处就好，我相信你不会那样对我了。

李青：不会啦！我知道自己错了，而且我再也不想接受咱班私人定制的班规处罚了。

---

[1] 顾彬彬：《恶意是怎么消失的——"共同关切法"与"皮卡斯效应"》，《教育发展研究》2020年第22期。

第五步 回访

最后由班主任持续评估欺凌事件处置的后续效果，对欺凌者是否遵守其协议停止欺凌行为进行回访，回访对象以被欺凌者为主，还要对班级同学、原目击者，包括欺凌者本人进行回访。

(三) 组建"调解团队"

班主任还可以在班级中通过培训组建一支由学生担任"调解员"的调解团队。对于一些学生间的矛盾冲突、疑似欺凌和情节轻微的欺凌事件可以交由调解团队出面调解。与班主任相比，学生承担调解员有着得天独厚的优势所在，涉事者愿意同有相同年龄、相同学习生活环境、相似心态和社交经验的同龄人交流心声，寻求支持。班主任可以通过自荐、学生与其他教师推荐推选出调解候选人，再通过调解模拟面试选出4—6名男女各半的调解员。调解员需要具备良好的品德和责任心，为人真诚，亲和力高，善于倾听，尊重他人和尊重他人隐私，并且在同学中有一定的号召力。

调解员的培训内容有三方面：一是要明确调解目的，即帮助同学解决人际矛盾、防止欺凌萌芽行为和欺凌行为的再次发生；二是要培养调解员的人际沟通能力和问题解决能力，如人际沟通相关的倾听、反馈技能训练、情绪管理和问题解决技能等，通过观摩、模拟调解如何策划双方都满意的调解方案；三是掌握调解流程。欺凌萌芽事件调解员可以从问询环节开始介入，通过问询调查获取相关信息后开展调解，已构成的欺凌事件，则在班主任完成问询、教育惩戒后从调解环节介入，其流程与班主任调解流程相似，以"如何避免再次发生"的问题解决思路寻求双方意见，提供建议，经沟通商议达成一致，双方签订协议书，握手言和，面谈调解结束后还需要调解员及时跟进回访，调解失败可继续重复调解流程或上报班主任请求支援。

被欺凌者有选择调解员的权利，选择调解团队中的一员做调解员，如果被欺凌者认为同龄学生无法调解自己涉事的欺凌事件，当然也可以选择班主任做调解员。调解团队的建立，有利于营造安全温馨的班级氛围，促进学生增强社会责任意识，培养和提升解决人际冲突的知识技能、创新精神及实践能力。但组建调解团队，不意味着班主任可以坐视不管，每个调解事件最终环节的"复核"都需要班主任亲自开展，评估欺凌事件处置的后续效果。此外，判断是否需要班主任本人做调解工作的关键点，是被欺凌者的意愿。如果被欺凌者希望由班主任出面干预，班主任则不能拒绝。特别是处理排斥孤立的关系欺凌事件时，即便被欺凌者没有对同学调解提出异议，也要考虑到调解过程可能存在的偏袒与不公。

五　旁观者的教育工作

班主任在处理有旁观者的欺凌事件时，还应当问询围观学生作为事件目击者的反应。如果学生对欺凌事件坐视不理、围观漠视，甚至煽风点火，则需要及时开展旁观者教育工作。"旁观者干预模型"为如何促进旁观者助人行为提供了借鉴[①]。依据该模型理论，在欺凌事件发生时，旁观者通常经历五个阶段，分别是：注意到事件—判断为欺凌事件—感到有责任去干预—思考成功干预的方法和技能—阻止欺凌者或帮助被欺凌者。由此可见，旁观者助人行为从起念到实施需要经历若干阶段，其复杂性并非仅仅用"见义勇为"的品德教育就能解决。如果学生没有相应的训练和经验，短时间内很难做出正确且理性的判断对被欺凌者施以援手。而从旁观者"注意到欺凌事件"到采取行动"阻止欺凌行为"，中间经历的三个阶段则是班主任开展旁观者教育工作的目标所在。

（一）提升欺凌行为敏感性

在欺凌事件发生时，旁观者如果注意到该事件，能否感知被欺凌者的无助和事件潜在的危险性，进而判断为欺凌事件是下一步决策选择的关键。因此，班主任应该采取多样化手段开展识别校园欺凌，认识不同欺凌类型的宣传教育和主题活动，使学生提升对校园欺凌行为的敏感性，并认识到欺凌的危害性。如播放校园欺凌主题的影视作品或视频，让学生自行总结欺凌行为的特征；或准备若干情境内容卡片，如让学生判断

---

① 陈捷：《校园欺凌防治的旁观者干预模型及其本土化建议——以芬兰KiVa计划为研究对象》，《教育探索》2022年第1期。

"玲玲告诉宿舍其他同学,当小敏在群里发言时谁都不要回应";"小雪不喜欢小雨,在书桌上标记界限不准许他越界"等行为是不是欺凌行为。也可以开展"欺凌行为分类大比拼"的竞赛类活动,让学生根据自身对欺凌行为的认识和观察将其分类。展开讨论后,班主任再根据校园欺凌行为判断标准进行解读(参考本章第一节),这样安排更易于学生提高学习和参与动机,在活动中正确认识校园欺凌的特征和类型,特别是对比较隐蔽的关系欺凌、言语欺凌等有更深刻的认知,从而提升对校园欺凌行为的敏感性,为下一步的责任判断和能力评估奠定基础。

(二)培养责任感与同理心

责任感是一种能够诱发助人行为的心理倾向。然而,在很多校园欺凌情境下,旁观者群体往往因"旁观者效应"产生责任分散,规避意识增强,从而选择沉默或远离欺凌场所,避免卷入欺凌事件。只有引导学生意识到集体与个人的存在是密不可分的,建设反欺凌班风人人有责,才会在判断为欺凌事件后,生成对事件话语权和干预权的责任意识"这种行为是校园欺凌行为,有人受到伤害,我应该帮助他/她"。班主任可以通过构建班级"家文化"等各项措施增强学生集体归属感和集体意识,培养他们对班级的责任感;也可以通过完善班级反欺凌规章制度,破除"法不责众"的围观心态;还可以通过校园欺凌主题的观影活动去引导学生理解"雪崩时没有一片雪花是无辜的",让学生认识到旁观者消极行为对欺凌事件推波助澜的作用以及欺凌班风的形成。此外,欺凌主题的角色扮演和戏剧表演活动有助于提高学生同理心,沉浸式体验被欺凌者的无助感,激发旁观者反欺凌的道德意识和责任感,从而给予被欺凌者道德关怀。

(三)提供助人行为与阻止欺凌行为的策略

在很多校园欺凌情境下,其实大多数旁观者学生愿意帮助被欺凌者,但由于他们惧怕自身卷入欺凌事件、担心被欺凌者报复,更多学生则不知道如何干预而选择对欺凌事件冷漠处之或置之不理。因此,班主任需要根据旁观者学生的不同顾虑,参考以下"校园欺凌事件中旁观者助人策略",培养他们帮助被欺凌者及阻止欺凌行为的有效策略和技能,并

通过模拟情境进行演练。

校园欺凌事件中旁观者助人策略

1. 旁观者底线：不帮凶、不煽风、不迎合

旁观者在帮助被欺凌者时，需要遵循"不帮凶、不煽风、不迎合"的底线原则。旁观者应该明确自己的立场，不参与欺凌行为，不做欺凌者的"帮凶"；不激化矛盾，避免在欺凌事件中起到推波助澜的作用；也不为取悦欺凌者而做出迎合行为，积极回应欺凌者在欺凌事件中的表现，比如哄笑行为，这类行为会满足欺凌者渴望自身行为受到群体关注的心理需求，从而使欺凌行为升级。

2. 干预过程策略

第一步　沉着冷静、判断处境

旁观者学生在觉察到有欺凌事件发生时需要保持沉着冷静，先要判断欺凌事件的危急程度，即评估欺凌事件的严重程度和可能存在的风险，根据情况决定是否直接干预或报告相关人员。同时，保护自身安全是首要考虑的因素。如一群学生持器械在围殴一位学生，虽然属于危急严重事件，但自己孤身一人去怒斥欺凌者，可能非但帮不到被欺凌者，反而自己被卷入欺凌事件，遭受人身威胁。类似情境需要旁观者保持一定距离，避免直接对抗或冲突，应当及时报告保安或教师介入阻止。

第二步　量力而为、施以援手

旁观者可以根据自身能力和条件，选择合适的助人方式，向被欺凌者提供相应帮助，如采取非暴力的干预方式来劝说欺凌者停止行为、帮助被欺凌者离开欺凌现场，以及寻求其他人的帮助等。如果旁观者势单力薄，也不要超出自己的能力范围直接与欺凌者对抗，在能够保护自身安全的前提下，可以考虑结伴多名同学一同上前阻止欺凌行为。

第三步　迂回救助、智慧支持

有时斥责欺凌者的直接干预行为可能会使他们恼羞成怒，将欺凌行为升级，从而造成更严重的后果。在这种情况下，旁观者可以采取多种迂回方式来帮助被欺凌者。如谎报通知"老师让李蕊（被欺凌者）去办公室"，给被欺凌者提供离开欺凌现场的机会；制造其他事件转移欺凌者注意力，"安阳（欺凌者），快来看看我给隔壁班下的战书"；使用求助行为转移欺凌者注意力，"安阳（欺凌者），我肚子痛，带我去校医那看看"；危急状况下按报警器；寻找教师、保安等成人介入。总之，在判断自己挺身而出斥责欺凌者的直接干预方式可能无效的情况下，尝试多种迂回救助方式帮助被欺凌者。

第四步　积极取证、协助报告

旁观者学生帮助被欺凌者积极收集欺凌事件的证据，如观察记录下时间、地点、发生过程和参与者、目击者等信息，或通过录摄视频、照片，网上截图等方式帮助被欺凌者为后续调查和处理做好取证，也可以协助被欺凌者向学校老师及相关人员报告欺凌行为，以确保欺凌事件得到妥善公正的处理。

第五步　温暖陪伴、商议应对

欺凌事件发生后，旁观者学生也可以通过各种方式给予被欺凌者支持和援助，比如倾听被欺凌者的感受和需求，提供温暖的陪伴，表达关心和鼓励，陪伴被欺凌者走出欺凌事件的阴影，成为他们坚定的支持者。这种支持可以让被欺凌者感到安慰，获得对抗欺凌者的勇气和力量。旁观者学生还可以为欺凌者提供应对欺凌行为的帮助，如与被欺凌者商议应对策略，或帮助他们寻求专业的支持和咨询。

班主任根据大多数旁观者的消极旁观原因，开展不同类型的旁观者教育班会。比如害怕被报复等原因，可以开展上述以旁观者助人策略为主题的班会；讨厌被欺凌者而漠然处之的旁观者行为，可以开展价值观教育为主题的班会；因是欺凌者同伴，孤立排斥或围观取笑被欺凌者，起到推波助澜作用的旁观者行为，可以开展同伴交往与同辈压力为主题的班会；等等。

六　家长沟通工作

随着互联网的发展，家校沟通方式越来越多样化，班主任与家长可以通过校讯通、微信或QQ等多种渠道高效联络。然而，处理校园欺凌事件涉及的家校沟通对互动因素要求更高，线上沟通难以满足欺凌者、被欺凌者和学校三方的协商需求。因此，建议班主任线下约谈欺凌者家长和被欺凌者家长。

（一）约谈前的准备

1. 了解学生家庭情况

班主任在约谈家长前，首先应当通过学生档案了解该生家庭的基本情况，如家庭结构、父母教育程度、职业类型、健康状况和经济状况等。还可以通过与学生的谈话大致了解家庭教养方式、亲子关系状况，以及近期的家庭生活事件。比如家庭氛围是否和谐，与父母、兄弟姐妹之间的关系是否融洽，是否存在家庭冲突或家庭暴力等问题，是否存在经济困难或重大生活事件问题，父母教养方式是否存在溺爱或专制等问题。班主任通过全面了解学生的生活背景和教育环境来分析学生欺凌或被欺凌的相关家庭因素，从而为沟通内容做好充分准备。

2. 准备家长想了解的信息

家长接受约谈，协商解决校园欺凌问题的同时，也会想了解近期学生的在校表现。班主任可以准备出学生近一段时间的学业成绩、生活习惯，以及家长关心的相关情况，特别需要留意学生学业与非学业方面的优点和长处，并能够列举事实进行说明，以便在约谈中做到因人制宜、有的放矢。

3. 准备约谈纲要

为避免因准备不足而使约谈陷入被动或耗时过长影响工作效率，班主任在约谈前可将约谈内容、步骤和相关建议，以及可能需要与家长协商的问题进行认真梳理，做到思路清晰、条理清楚，并充分考虑可能发生的各种情况，准备好应对策略。

4. 通知家长到校准备

班主任通常以电话通知家长到校。电话通知时应该以亲和、平静和放松的状态讲述孩子目前遇到的问题，邀请家长到校协商，一起来帮助孩子解决问题。特别是对欺凌者的家长而言，"孩子遇到了问题"的表达方式可以引导家长区分"人"和"问题"，其感受为"不是孩子有问题，而是孩子遇到了问题"，从而减轻父母到校的羞耻感和压力感。一些班主任在与家长沟通时，容易将学生欺凌他人的问题归罪于家长的不良教养方式或家庭环境，甚至家长也跟着被班主任训斥，所以接到这类班主任约谈通知时，家长紧张、排斥的心理状态可想而知。实际上，家长与学校对教育孩子之间的关系，应该是完全平等的伙伴关系。无论是电话通知还是在约谈过程中，班主任都应该具有平等合作的意识，充分尊重家长的人格与尊严，以真诚和协商而非居高临下的态度解决问题。这样会让家长感受到学校并不是要推脱责任，而是关心孩子，想与自己合作共同帮助孩子解决问题，才会让家长更加愿意配合学校。此外，班主任在与家长沟通时还应该注意控制好情绪。一些偏激的家长常常会对学校或班主任的教育措施产生误解而出现过激性的言辞，对此班主任要控制好自己的情绪，提供客观数据和有效信息，消除家长的疑虑后寻求解决方案。

（二）约谈过程

对于一般性质欺凌事件，班主任通常分别约谈欺凌者家长和被欺凌者家长，只有特殊需要协商解决方案时，才会让双方家长和学生共同会面。涉及严重欺凌事件的家校沟通则是在学校学生欺凌治委会的参与下进行约谈。

第一步　反馈近期学校表现

班主任可以先简单反馈孩子的在校表现，肯定孩子在某些方面的努力与成就。在与欺凌者家长约谈时，班主任应避免开场就谈到孩子欺凌他人事实，因为大多数家长通知被约谈时都会下意识觉得是孩子在校闯祸了，特别是那些经常被叫到学校的学生家长，在来学校的路上已经积蓄了对孩子的不满和怨气，见面就告知孩子欺凌他人，那些专制型家长就容易愈发简单粗暴地对待孩子，而溺爱型家长也容易建立防御心理，这些反应都会影响接下来的沟通与协商。

第二步　询问近期家中表现

在班主任与欺凌者家长沟通时，需要询问家长孩子近期在家中的情绪状况和表现，了解是否有异常行为。有时孩子在校的欺凌攻击行

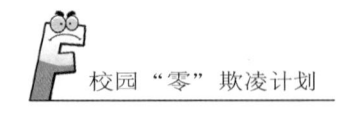

为与家中生活事件相关，如亲人离世、父母离异或者是宠物死亡等。同样，班主任与被欺凌者家长沟通时也可以先询问近期家中表现和反馈学校表现。特别要询问家长，孩子是否曾有过向家庭成员求助的行为。

第三步 描述当下欺凌事件

需要班主任注意的是，如果被欺凌者有较严重的欺凌受害经历时，则省略前两步骤，直接实施第三步，描述欺凌事件的发生始末，和孩子所遭受的身体损伤状况以及心理状态。因为孩子当下的身心状态是被欺凌者家长更关心的问题。

与欺凌者家长约谈时，班主任除了描述当下欺凌事件起因、过程和后果，如果有监控和截图等相关证据，还要在保护目击者、信息提供者隐私的情况下，出示给欺凌者家长。注意描述过程中仅用时间、地点、人物及事件的事实说明，同时尽量避免使用"欺凌""霸凌"等评判性词汇，只是先把将欺凌者行为对被欺凌者的影响说给家长听，再从欺凌行为危害欺凌者本人的视角引发家长关注。

> 班主任：昨天第二节晚自习后，您家孩子浩浩在教室门口绊倒了同班同学小远，现在小远的膝盖还有淤青。经过与多名同学核实，浩浩近段时间做了一些让小远很尴尬、很难过的事情。前天在体育课活动时，浩浩做了一首嘲笑小远的打油诗贴在小远背后，这是那首诗（出示给家长）。我们了解到浩浩近期对小远的行为给小远造成了一定的身心伤害，让他本人和他的家长都很难过，也很生气。而且浩浩的这个行为对他自己也很不利，不单单要受到班级相关处罚，也会影响到他的个性发展和人际关系。所以今天请您来一起商量应该怎样解决这个问题。

第四步 探讨家庭教育因素

班主任要与家长强调建立良好家庭氛围和亲子关系的重要性。家长要通过营造温馨、和谐的家庭氛围让孩子感受到家庭温暖和支持，鼓励孩子在家中表达自己的想法和感受，习得平等与尊重的待人方式。家长还要与孩子建立良好的亲子关系，让孩子能够无顾虑地向家长倾诉自己的问题和困扰。无论是欺凌者还是被欺凌者，高质量地亲子陪伴尤为重要，家长需要花时间与孩子沟通，了解他们的想法和感受，与他们一起探讨和解决同伴关系问题。

1. 与欺凌者家长探讨家庭教育因素

班主任与欺凌者家长共同探讨与欺凌行为相关的家庭教育因素。探讨过程中避免对号入座地使用说教或指责的方式，而是在了解对方家庭信息的基础上，有针对性地讨论可能存在的影响孩子同伴交往的家庭教育偏差。比如孩子因价值观偏差对外貌、家境、成绩或地域等存在歧视，导致对班级某位同学感到强烈的厌恶和不屑，认为他/她在班级中不值得被大家尊重，是无价值的和低人一等的。探讨家长是否在日常生活中觉察到孩子对"差异化"有偏执性看法，以及家长自身是否存在相关价值观偏差，提醒家长日常言行对孩子的影响，应当适时适地进行教育引导。

班主任可以与家长重点探讨家庭环境和教养方式对孩子欺凌行为的影响。和睦民主的家庭氛围中，孩子会感受到自由、爱，以及生活的美好，从而内心充满阳光，才能拥有良好的伙伴关系和积极向上的人生态度。然而，生活在父母关系不和、专制的家庭氛围中，孩子会感到痛苦、压抑、恐惧，对人生充满怀疑，难以信任他人，容易产生欺凌他人的行为。班主任还可以结合家长所谈及孩子的日常生活事例探讨，哪些不当教养方式导致孩子欺凌他人，以及如何建立良好的亲子关系。

（1）溺爱

被溺爱的孩子往往缺乏自我认知和自我控制能力，不知道自己的行为对他人的影响，导致他们无意中对他人施加压力或伤害；被溺爱的孩子往往缺乏同理心，无法理解他人的感受和需要，导致他们对他人的感受漠不关心；被溺爱的孩子往往缺乏自我约束和责任感，不知道自己的行为所承担的后果，导致他们对自己的行为不负责任；被溺爱的孩子往往对权力和地位有强烈的渴望，希望通过欺凌行为来获得社交地位和优越感，导致他们对他人施加压力或伤害；被溺爱的孩子往往从家长那里获得即时满足甚至提前满足，因为欠缺通过自己努力来满足需要的经历，往往缺乏恒心和毅力，一旦需求不能被满足，就会表现出攻击欺凌他人的行为。

(2) 打骂

被打骂的孩子倾向仿效家长的暴力行为，认为暴力是解决问题的有效手段，导致他们在与他人相处时也采取暴力行为；被打骂的孩子更容易感到自卑、无助、不被重视等心理感受，使他们倾向通过欺凌他人重新获得自信和权力；被打骂的孩子容易引发易怒、暴躁等情绪问题，甚至导致他们出现心理创伤，变得焦虑、沮丧、情绪不稳定，与他人相处时易激惹，表现出攻击性和敌对性。此外，班主任与有家暴倾向的家长进行沟通时，强调用打骂方式教育孩子不仅导致孩子对家校沟通产生恐惧心理，回避教师对他们问题的指导与帮助，也会让孩子认为自己做错的事情接受暴力惩罚即可，从而不思悔改，导致学校教育和家庭教育双双失利。

(3) 讥讽

讥讽是一种间接表达"你不好"和"你不行"的言语攻击方式。被讥讽的孩子更容易自卑，为了获得自我效能，他们倾向通过欺凌他人重获自信和权力感；孩子在父母对他们的讥讽中学习到通过攻击和批评他人的方式来解决问题，导致他们在与同伴相处时，同样采取攻击和批评的方式；被讥讽的孩子缺乏同理心，难以理解他人的情绪体验，容易忽视他人感受和需求，从而有意或无意间成为欺凌者。

(4) 比较

家长用"别人家的孩子"进行家庭教育时，孩子因活在"别人家孩子"的阴影下更容易自卑，进而产生嫉妒心理，导致他们通过打击他人的方式来缓解内心冲突，获得自我价值感；这类父母也可能有意无意地在孩子面前强调竞争和成功的重要性，导致孩子把他人视为竞争对手，从而在人际关系中产生攻击性和敌对性。爱比较的家长也会因"恨铁不成钢"的心理焦虑与孩子发生亲子冲突，在这种家庭环境中孩子缺乏关爱、理解、安全感和稳定性，从而使他们变得易怒、暴躁，容易欺凌他人。

2. 与被欺凌者家长探讨家庭教育因素

班主任以"帮助孩子走出被欺凌者角色"为目标与家长探讨家庭教育因素；同样可以结合家长所谈及孩子的日常生活事例，探讨哪些不当教育行为容易导致孩子被他人欺凌，引导家长认同不良的教养方式容易使孩子成为欺凌者的欺凌对象。

（1）打骂

有些被家长打骂的孩子，在行为上习惯于逆来顺受，自我保护意识的缺乏让他们不敢反抗欺凌行为，容易成为被欺凌对象；被家长打骂也会严重损伤孩子的自尊心，容易产生负性自我评价，认知上形成"活该被欺凌"的错误归因，其消极应对态度容易助长欺凌者升级欺凌行为；被打骂的孩子还会因做什么都会被责罚而陷入习得性无助，变得缩手缩脚、唯唯诺诺，影响他们的同伴交往，导致因缺乏支持者而被孤立欺凌。

（2）过度保护

对孩子过度保护的家长试图为孩子避免一切不愉快的经历，让孩子生活在一个舒适的环境中，包办代替孩子面对成长中的挑战和困难。这种教养方式会使孩子缺乏自信和自尊心，难以应对挫折和困难，结果是让他们在各方面都觉得不如同伴，导致其独来独往，容易成为被欺凌的对象；对孩子的过度保护也让他们形成较强的依赖性，失去独立思考和解决问题的能力，无法应对欺凌者的攻击，从而被欺凌者视为易于攻击的目标。

（3）质疑

家长常常质疑孩子会让他们感到不被信任和尊重，这样的孩子缺乏自信，很难在社交场合中获得同龄人的尊重和认可，容易成为欺凌者的攻击目标。因为孩子得不到父母信任、支持和鼓励，也会让他们减少向成人求助的可能性，导致他们常常感到孤独和无助，进而在受到同学欺凌时选择忍气吞声。

（4）唠叨

家长唠叨不仅让孩子感到烦躁和无助，更让孩子感到被指责和批评，从而对自己的能力和价值产生怀疑，降低他们的自尊心和自信心；家长唠叨也会让孩子慢慢地没有耐心听家长说话，使家长失去家庭教育话语权，而孩子不仅在家庭中得不到足够的支持和鼓励，也会习得性缺乏耐心，很难在社交场合中获得同龄人的尊重和认可，因此容易成为欺凌者的攻击目标。

第五步　协商家长应对策略

1. 欺凌者家长的应对策略

（1）了解孩子欺凌他人的原因

家长首先要了解孩子欺凌同伴的原因，有针对性地对其进行相关引导和教育。对于认为对方"怪异"或不喜欢对方的孩子，可以对其进行价值观方面的讨论和教育；对于强调对方有错应该受到自己的"教训"的孩子，可以对其进行同理心方面的讨论和教育；对于欺凌对方后受到群体关注或获得某种控制权的孩子，可以对其进行自信心方面的讨论和教育；对于被同伴鼓动或担心被同伴排斥而去欺凌他人的孩子，可以对其进行交友原则和人际交往策略的讨论和教育；对于遭受过欺凌而报复对方或通过欺凌他人避免成为被欺凌目标的孩子可以进行欺凌行为危害性方面的讨论和教育；等等。还有一些孩子因为自卑感和不安全感，试图通过欺凌他人来提高自己的地位和自信心从而获得虚假的优越感，家长要给予他们无条件的支持和肯定。班主任需要提醒家长，一定要让孩子认识到任何原因的欺凌行为都是错误的，都表现出自己身上存在待解决的问题。

（2）监督与同理心培养

欺凌者家长可以通过密切关注孩子的人际行为，及时发现孩子的问题和困扰，有针对性地进行干预指导。家长在家庭教育中也要以身作则，耐心倾听孩子的需求，让他们感受到自己被理解，从身边人那里习得同理心。鼓励孩子在人际互动中关注他人的感受，想象自己处于他人立场时会有怎样的需求。同时，家长也可以鼓励孩子参与公益活动，如志愿服务、慈善活动、为贫困地区捐款等，让孩子了解社会的需要和他人的困难，增强同理心，并从助人活动中获得愉悦与成就感。欺凌者家长发现孩子欺凌他人时，除了对其进行尊重他人、平等相处、友善待人等价值观教育，还可以在不伤害其身心健康的前提下适当使用"以彼之道还彼之身"的惩戒方式，让孩子体会自己的行为对他人的伤害。

2. 被欺凌者家长的应对策略

（1）培养孩子自信心

许多被欺凌者往往因为自卑、不自信，缺乏自我保护能力而成为欺凌者的攻击对象。因此，家庭教育中家长可以鼓励孩子接触新事物，如参加新的活动、尝试新的体验等，让孩子正确认识到自己的能力和成就来增强自信心；家长还应当对孩子的成长，特别是人际互动上的进步适时地有根据地进行表扬，让孩子感受到被认可和肯定，从而增强自信心；家长可以帮助孩子培养广泛的兴趣爱好，培养他们的自我认同和自我价值感，体会感受到自己的独特之处，并鼓励他们积极参加学校的各类活动，让孩子有机会展示自己的才华和能力；家长还可以帮助孩子制定目标，并鼓励他们为实现目标而努力，注重培养他们独立思考和解决问题的能力，让孩子知道自己具备决策能力，从而增强自信心。

（2）提供同伴支持

班主任与被欺凌家长共同探讨如何增加孩子防范欺凌的支持性资源，强调同伴关系的重要性，在尊重孩子意愿的前提下给予他们更多实际的支持和帮助。比如多为孩子提供与同龄人的交往机会，增强他们的社交能力。需要提醒家长注意的是，多留心观察孩子和同龄人相处时的情绪变化、互动状态以及孩子尝试交友的行为过程，发现问题后共同探讨协商解决。如果孩子在同伴互动中时常流露出不开心、沮丧或愤怒等情绪，家长应以聊天形式了解其原因，如果同伴经常威胁孩子做违背意愿的事情，把"我不和你玩儿了"挂在嘴边，或经常贬低孩子，让孩子无地自容，一味忍让、讨好这类同伴并不能成为孩子的支持性资源，反倒可能使孩子成为被欺凌目标。

（3）提供人际交往策略

班主任建议家长一旦发现问题不要简单粗暴地去干涉，毕竟孩子有

"和谁做朋友""怎样对待朋友"的权利，粗暴干涉反而容易激发孩子的逆反心理。提示家长尝试用不贴标签地以"我发现……"句式罗列客观事实，指出孩子在关系中的情绪和行为表现，不对孩子朋友进行评判。只描述互动过程的方式有利于孩子进行自我觉察，利于增加他们的改变动机。对于那些即便在关系中受了委屈也要维持"友谊"的孩子，要询问他们的交友诉求，通过满足孩子交友诉求背后的心理需求，来帮助他们解决人际交往问题。

家长：我发现好几次你和豆豆玩的时候，他好像对你做的很多事情都不满意，总是说你这也做不好那也做不好，但我知道你是个细心又有责任心的孩子，他和别人也是这么相处吗？

孩子：好像他只针对我。

家长：我注意到他这样对你，好像你也很不开心，那为什么你还愿意和他在一起玩儿呢？

孩子：如果我不听他的，他说他就不和我做朋友了，那我在班上就没有朋友了。

家长：那如果你能交到班上其他朋友，你还愿意和豆豆做朋友吗？

孩子：说不准，但至少我不会这么听他指挥了。

家长：那我们一起想想看怎么做可以在班上交到朋友，班上有没有和你一样喜欢玩五子棋的同学？

孩子：倒是有几个。

家长：你愿意和他们交朋友吗？哪一个同学你觉得最可能成为你的朋友？

孩子：我愿意和李浩然做朋友，但我不知道该怎么做。

家长：你把五子棋带到学校课间邀请他一起玩怎么样？（你去请教他如何解开那个棋局怎么样？/你邀请他周末到家里来玩怎么样？）

第六步　结合校园欺凌相关法规、校规和班规告知处置结果

班主任明示欺凌者家长，孩子对同学的行为属于欺凌行为，如果家长对欺凌行为解读存在偏差，还要进一步解释学生之间开玩笑、发生冲突与欺凌行为的不同。在一般欺凌事件的家长约谈中，班主任可以用"欺负同学"替换"校园欺凌"一词，尽量减少家长因媒体频繁报道欺凌事件，而对孩子行为产生过多的羞耻感或防御心理。但对于严重欺凌性质或屡教不改的欺凌者家长，班主任不仅要使用"校园欺凌"一词，还要介绍关于校园欺凌的相关法规，如教育部发布《治理方案》对校园欺凌行为的界定以及对学校和教师的要求，并表明学校和班级对欺凌行为零容忍的防治态度。接下来班主任对双方家长介绍学校和班级对校园欺凌行为的规章制度和惩戒制度，结合本次欺凌事件情节严重程度和性质，告知家长有关学校和班级的处置结果，并征询家长是否对处置结果存在异议或建议。如果在与双方家长的各自约谈中，家长提出了今后与对方孩子的相处方案，班主任在判断其合理性后也要与家长进行讨论协商，尽可能妥善安排。比如被欺凌者家长要求调换孩子的座位，要求重新安排宿舍等。

（三）约谈后的效果追踪

约谈结束后并不代表与家长的沟通工作已结束，班主任需要与双方家长保持联系，从而追踪家长约谈的实际效果。一方面，班主任可以通过微信等网络沟通或电话沟通方式，反馈学生在学校的表现和变化，让家长了解自己教育方式的改变给孩子带来怎样的行为变化，看到约谈的良好效果，进一步强化和促进家长对家庭教育的重视。另一方面，班主任也要通过沟通了解学生的居家情况，根据实际问题给予家长进一步的家庭教育建议，再根据家长提供的新信息，及时修正在班级中对学生的教育策略。最后，每次家长约谈做好约谈反思，梳理此次约谈的主要内容、获得的启示，以及积累的经验，为后续家长工作打下坚实的基础。

第六节　突发严重欺凌事件的应对策略

一　突发严重欺凌事件的危机处置流程

当班级发生突发的、紧急的严重欺凌事件时，班主任应及时对欺凌事件的紧急情况和严重后果做出反应，第一时间赶赴事件发生现场，以保证学生安全为首要目的及时采取行动。如涉及持管制工具的欺凌者、携带管制工具防身或报复的被欺凌者、欺凌事件中意图自杀或自伤行为的被欺凌者，或是多人群殴一名学生等正在进行的欺凌事件，班主任可采用如下策略应对，避免事态进一步升级。

（一）危机处置流程

第一步，阻止暴力行为

大多数施暴者看见班主任到场会立即停止暴力行为，但也存在即便见到老师也仍未停止施暴的情况。如果施暴者手持工具或非管制刀具，班主任应先判断自己是否有能力成功阻止，单人干预有风险时应尽快委派身边学生找到学校保安或多位教师到现场协助。阻止时应走到欺凌者和被欺凌者学生中间，用恰当的肢体接触卸除暴力工具，阻止其施暴行为。同时注意尽可能阻止双方的目光接触，避免情绪激化下事态升级。在学生不听劝阻，并且手持工具对周围人构成直接危险的极端情况下，应当立即报警处理。

第二步，紧急救治受伤学生

检查涉事学生身体伤害程度及部位，伤势严重时应当立即拨打120急救电话，同时通知校医采取急救措施救助。运用各种急救方法及时救治身体受伤的学生，控制伤势恶化。

第三步，报告学校负责人

班主任以不离现场的报告方式，如电话或拜托其他教师立即联系学校负责人，简明汇报现场，初判事件性质和危害程度，启动校园安全危机事件应急预案。

第四步，疏散围观学生

疏散围观学生，必要时要求学生返回班级，暂时不离开教室。一方面，很多暴力欺凌者需要围观者满足自己被关注的心理需求，并把围观者视为支持自己欺凌他人的伙伴，因此，疏散围观者可以切断其心理需求源头，消减其势力。另一方面，参与围观学生越多，越易引发校园恐慌，目击者不仅会留下心理阴影，还易形成校园欺凌氛围的认知，认为校园环境是不安全的，无法保障自身的基本权益，降低学生在校的安全感。

第五步，对涉事学生采取监管措施

离开现场后，应对欺凌者和被欺凌者分别采取监管措施。可以由不同教师将欺凌和被欺凌者带到不同的相对封闭的房间进行监管，分别安抚情绪。值得注意的是，在一些校园暴力欺凌事件中，情绪激动者往往是欺凌者，与欺凌者"被欺凌者有罪论"的认知偏差有关，也可能是欺凌者曾经被欺凌过，即"欺凌—被欺凌者"对同伴实施报复行为。

第六步，安抚被欺凌者

对被欺凌者进行安抚时，要明确表示学校不能接受任何理由的欺凌行为，用温暖坚定的语气向对方表明"这不是你的错，你不会一个人面对，老师会帮助你"。在发生严重欺凌事件后，班主任对被欺凌者的态度与安抚的及时性会直接决定被欺凌者心理创伤及心理复原的程度。很多被欺凌者是在学校的忽视敷衍态度下遭受二次创伤。因此，班主任在解除危机状况后应尽可能第一时间安抚被欺凌者。

(二) 危急状况下的接近方式

大多数施暴者看见班主任到场会立即停止暴力行为，但不排除情绪崩溃者即便老师、保安甚至警察到场也不能保持冷静和克制。比如持器械与教师、保安对峙的欺凌者；在被欺凌的过程中反占上风使用工具意图报复对方的被欺凌者，或在欺凌过程中意图自杀或自伤行为者。在危急状况下，班主任不可再用教师权威大声斥责对方，而是要采用谈判方式接近试图伤害别人或自己的学生。所谓谈判方式，指的是用不激怒对方的态度共情当下、表达关心、问其需求、安抚情绪、缓慢靠近。特别要注意说话的语气，使用严肃有分寸的语调，谨慎措辞，实事求是，避免对学生大喊大

叫，更不能羞辱对方或情绪化回应，使学生再度受到刺激。班主任应该以肯定对方情绪为开端，表达对他/她的关心，并对问题解决做出保证：

> 班主任：老师知道你现在非常生气（难过/失望等）……但老师不知道发生了什么让你这么生气（难过/失望等），我很担心你，很想听你给我讲事情的经过，请你相信老师，我一定帮你解决你遇到的困难……

班主任同时要注意语气和接近的距离，观察对方反应，缓慢靠近，避免局面失控。

二　突发严重欺凌事件的后续处置流程

（一）后续处置流程

第一步，调查核实与报告欺凌事件

班主任分别从欺凌者、被欺凌者、举报者以及围观学生处调查核实欺凌事件发生经过，事实清楚后初步判定事件性质、情节及危害程度，将事件发生的结果、经过及处理过程向上级主管部门书面报告。

第二步，通知双方监护人

突发严重欺凌事件必须尽快请欺凌者与被欺凌者双方监护人到校，因为这类事件很容易被传播发酵，而事件信息会随时间被放大、加工和扭曲。家长到场后需特别注意稳定家长情绪，特别是被欺凌学生家长的情绪。此外，需要注意避免让欺凌者单独见被欺凌者家长，欺凌者家长不能到校时要有学校主管校长或教师在场，因为被欺凌者家长可能在情绪失控状态下对欺凌者做出过激行为。

第三步，参与调解

严重欺凌事件发生后，学校应立即成立调解小组——班主任任其组员，并在调解过程中承担重要的沟通角色。班主任在与家长沟通时必须站在客观公平的立场，谨慎用词，不偏私地陈述事件的发生经过以及校方的初步认定结果，并出示客观证据。涉及举报人隐私则需要事前处理，如微信截图中将头像虚拟化等。班主任还应当为双方家长提供和谐的沟通环境，理性分析事件，营造积极解决问题的氛围。

第四步，转介心理辅导

严重欺凌事件发生后，班主任根据被欺凌者需求积极为其转介校内心理辅导，必要时转介医院或专业机构开展心理治疗或心理危机干预，从而帮助被欺凌者恢复自信、减轻心理创伤，并提供必要的支持和帮助。

第五步，参与后续学校处理工作

后续学校处理工作包括参加学校欺凌治委会会议，对欺凌事件的性质进行认定，并根据事实、情节、法律法规、政策性文件以及学校规章制度的规定形成处置意见。涉嫌违反治安管理规定的欺凌事件由学校上报所在地公安派出所后，积极配合警方或检方调查，通过法律途径解决。

（二）强制报告制度

1. 强制报告制度法规

在发现学生遭受性侵害或暴力侵害时，班主任肩负着重要的强制报告义务。前文已述，根据《强制报告》第二条规定，"国家机关、法律法规授权行使公权力的各类组织及法律规定的公职人员，密切接触未成年人行业的各类组织及其从业人员，在工作中发现未成年人遭受或者疑似遭受不法侵害以及面临不法侵害危险的，应当立即向公安机关报案或举报"[①]。值得关注的是，《强制报告》首先明确将依法对未成年人负有教育职责的中小学校、幼儿园、校外培训机构等从业人员纳入强制报告主体，并明确规定，不仅是发现"遭受"，还包括发现"疑似遭受"不法侵害以及面临不法侵害危险的，都应当立即向公安机关报案或举报。这就要求了教师，特别是与学生接触密切的班主任，有立即向有关机构报告任何有侵害迹象的法定义务。班主任因与学生日常接触较多，往往最先且最容易发现学生被性欺凌及暴力欺凌的证据，从而及时向警方或未成年人保护机构报告存在或怀疑存在未成年人被侵害的案件。

---

① 《关于建立侵害未成年人案件强制报告制度的意见（试行）》，中华人民共和国最高人民检察院，2020年5月29日，https://www.spp.gov.cn/spp/xwfbh/wsfbt/202005/t20200529_463482.shtml#1。

2. 何种情形需要报告

班主任在工作中发现学生遭受或者疑似遭受不法侵害以及面临不法侵害危险的情况包括以下九种情形。

（一）未成年人的生殖器官或隐私部位遭受或疑似遭受非正常损伤的；

（二）不满十四周岁的女性未成年人遭受或疑似遭受性侵害、怀孕、流产的；

（三）十四周岁以上女性未成年人遭受或疑似遭受性侵害所致怀孕、流产的；

（四）未成年人身体存在多处损伤、严重营养不良、意识不清，存在或疑似存在受到家庭暴力、欺凌、虐待、殴打或者被人麻醉等情形的；

（五）未成年人因自杀、自残、工伤、中毒、被人麻醉、殴打等非正常原因导致伤残、死亡情形的；

（六）未成年人被遗弃或长期处于无人照料状态的；

（七）发现未成年人来源不明、失踪或者被拐卖、收买的；

（八）发现未成年人被组织乞讨的；

（九）其他严重侵害未成年人身心健康的情形或未成年人正在面临不法侵害危险的。[①]

3. 如何报告

根据《试行意见》，班主任可以了解到在工作中发现学生遭受或者疑似遭受不法侵害以及面临不法侵害危险的情况后如何报告。

（1）及时报告、初步核实。

班主任如果发现学生正在发生的遭受或者疑似遭受侵害的情形，应

[①] 《关于建立侵害未成年人案件强制报告制度的意见（试行）》，中华人民共和国最高人民检察院，2020年5月29日，https：//www.spp.gov.cn/spp/xwfbh/wsfbt/202005/t20200529_463482.shtml#1。

当立即报告；发现已经发生的遭受或者疑似遭受侵害的情形，应当在 24 小时内进行报告。班主任可以对学生疑似遭受不法侵害的情况进行初步核实，向学校有关主管部门报告，学校在报案或举报时将相关材料一并提交公安机关。

（2）积极配合、履行义务。

学校管理者、班主任及相关教职工都应积极配合公安机关、检察机关开展案件调查，应当履行配合调查、接受询问、全面提供相应资料的义务。

（3）保护隐私、切忌外传。

学校管理者、班主任及相关教职工应当注意保护学生个人隐私，对于涉案学生身份、案情等信息资料妥善保存、专人保管、严格保密，严禁通过微信、QQ 等互联网或者其他方式进行传播。私自传播者将依法给予治安处罚或追究其刑事责任。

4. 不履行报告职责后果。

根据《强制报告》第十七条规定，"对于行使公权力的公职人员长期不重视强制报告工作，不按规定落实强制报告制度要求的，根据其情节、后果等情况，监察委员会应当依法对相关单位和失职失责人员进行问责，对涉嫌职务违法犯罪的依法调查处理。"

由此可见，班主任作为教育一线实践者，最有可能发现学生遭受不法侵害和面临不法侵害危险的情况，应当特别注意不履行报告职责的后果。

第四章

心理教师的校园欺凌防治工作

第一节 心理教师对被欺凌者与欺凌者的个体辅导

校园欺凌事件中的被欺凌者与欺凌者都会产生心理适应不良问题，不仅容易导致焦虑、抑郁、自杀意念等内化问题，也会导致欺凌者（包括欺凌—被欺凌者）日后产生违反道德和社会行为规范的外化行为问题。因此，学校有必要建立校园欺凌事件处置后的心理健康干预机制，对卷入校园欺凌事件的学生进行个体心理辅导，以防止日后出现严重的心理和行为问题。

一 被欺凌者的个体心理辅导

（一）建立双向信任关系——打消顾虑

学生被欺凌后很容易产生人际危机，特别是那些被欺凌后曾经尝试向同学、老师或家长求助无果的学生，他们会因此变得封闭，不愿意将自己的想法告诉别人，认为别人不会相信自己被欺凌的事实，也很难相信任何人可以提供有效的帮助。心理教师首先要做的就是与被欺凌者建立双向信任的关系，让他们感受到温暖和安全的辅导氛围，打消种种顾虑，从而有机会了解被欺凌者的真实想法，开启欺凌创伤疗愈的大门。

1. 无压接触，建立关系

心理教师初期与被欺凌者接触时，不要急于询问欺凌事件相关话题，不向其施加任何压力，可先询问学生兴趣爱好，或者事先通过班主任和同班同学了解学生喜好，以对方感兴趣的话题开始交流，从而减少其防备心理。如果对方仍保持沉默，或表现出明显戒备神情，也可以运用一些表达性治疗方法，比如沙盘、绘画治疗等技术让学生在轻松无压的氛围中创造作品，再通过作品去交流，建立关系。

2. 澄清问题，打消顾虑

被欺凌者往往会为自己成为被欺凌对象而感到羞耻、难过或恐惧，而这些情绪是缘于种种顾虑而产生，进而不敢与心理教师谈论欺凌事件本身。因此，心理教师要针对学生持有的担心源头逐一澄清，打消其顾虑。

（1）担心保密问题

很多学生不愿意去学校心理辅导中心是担心自己在心理辅导过程中提及的隐私谈话内容不能得到保护。比如被欺凌学生可能存在生理缺陷、家庭经济状况问题、家庭关系问题、同伴关系问题等，他们会担心这些隐私一旦泄露给心理教师，就会被告诉家长、学校，进而被批评教育、追责，心理辅导给自己带来的伤害甚至会比欺凌事件带来的问题和困扰更大。因此，心理教师要向这类学生澄清心理辅导的保密设置（包括保密例外），要让学生感受到，他们可以和心理教师谈论任何事情，无论他们说什么，老师都会站在他们的立场帮助他们一起应对困难。

（2）担心心理教师的其他身份

在部分学生看来，心理教师是受聘于学校的员工，接受校领导的管理，首先要对学校负责，以学校的利益为先，不会站在自己的立场上帮助自己解决问题。而且，一些学校的心理教师岗位管理并未实现专职专用，心理教师除了承担本职工作外，还兼任思政课的学科教学、学生管理，或者本身就是德育科主任等管理层学校领导，这确实也让心理教师很难保持价值观中立。心理教师的其他身份会让学生混淆心理辅导与教师谈话，因在意教师对自己的评价而无法谈论自己的真实感受。因此，心理教师应注意角色的转变，在心理辅导过程中多倾听多肯定，少评价少建议，多询问与认可情绪感受，多探讨和检验观念想法；也可以将辅导场所设定在心理辅导室，通过场所的转变提醒自己，同时也让学生关注到自己教师身份的转变。

（3）担心被报复

很多被欺凌学生出于担心遭受欺凌者报复而不愿与心理教师谈论欺凌事件。心理教师可以先肯定学生来咨询中心的求助行为，强调协商合作，并保证他们的安全。对于这类学生心理教师应根据他们的担心，反复并耐心地做出解释，强调老师和家长已经介入，他们现在已安全。同时也要让学生理解，心理教师与其他老师的工作重点有所不同，作为咨询师角色的心理教师应该站在求助者立场一起面对困难，并帮助他们找到自身资源应对问题。如果学生仍有担心或迟疑，心理教师可不触碰欺凌事件，只与其谈论当下他希望获得帮助的事情。

心理教师：我知道你一定经历了一些可怕的事情，如果你现在不愿意谈也没关系，等你准备好时我们再谈这件事情。当然你也可以选择一直沉默，但默默忍受会让那些欺负你的人更加肆无忌惮，或许会变本加厉地继续伤害你。现在学校已经开始调查处理这件事情，我也想让你知道，无论发生什么，我都会和你一起面对。我听班主任说，你最近一直都被噩梦惊醒，我们先来谈谈这个困扰，你觉得怎么样？

（4）担心被误解

有些学生并不排斥心理辅导和心理教师，但对谈论欺凌事件有所顾忌，这可能与他们被灌输了"告诉老师"的"告密行为"是可耻的、不成熟的认知有关。心理教师可以按照下列规则，和他们谈论关于"告密"和"告诉"之间的区别,以及如何区分二者①。心理教师可以让学生利用这个规则帮助自己辨别"告密"行为,判断什么情况下需要告诉老师。

告诉:如果告诉我能够帮助你或其他孩子摆脱困境,那么请告诉老师;

告密:如果告诉我会使你和其他孩子陷入困境,那么请不要告诉老师;

如果两者兼有,那么老师需要知道。

3. 引导宣泄,表达情绪

很多被欺凌者并不是主动求助,而是在班主任处理欺凌事件发现后建议他们来做心理辅导。第一次被老师关心和问询被欺凌的相关事由,受伤后的委屈、愤怒、恐惧等情绪可能如浪潮般翻涌,这时心理教师需要引导学生通过多种方式宣泄和表达情绪。特别是年龄小的学生言语交流受限,更适合肢体宣泄,可以带学生去宣泄室摔打抱枕、大声喊叫,或在咨询室里撕过期的报纸书籍、在大白纸上随意涂画线条、往墙面上投掷摔摔乐等,必要时心理教师也可示范并陪同学生一同宣泄,不阻止和评价其脏话和任何怪异行为。只要他们不伤害自己和他人,就尽可能地为其提供宣泄环境和道具。心理教师也可以在沙盘、绘画等作品讨论环节引导学生宣泄和表达情绪,被欺凌学生的沙盘作品中往往会呈现出人际孤立和冲突,可借由沙具与沙具之间的关系与学生交流,用借物抒意的形式引导学生敞开心扉表达他们此时此刻的感受。

心理教师:我看到所有的小动物都在游乐园里,只有小狐狸自己待在这个角落,发生了什么?

---

① [美]芭芭拉·科卢梭:《如何应对校园欺凌》,肖飒译,华东师范大学出版社2017年版,第168页。

心理教师：你觉得小狐狸是怎样的心情？

（二）了解欺凌经过，正确归因

与被欺凌学生建立信任关系后，心理教师就可以尝试了解欺凌事件经过，并通过问询被欺凌原因找到可能存在的不合理归因。心理教师可以问学生"你觉得他/她/他们为什么会这样对你？"，从被欺凌者自身视角解读被欺凌原因。很多被欺凌者容易从自身找原因，这个过程中心理教师仍应保持耐心倾听，多做共情式回应，不急于心理教育。待清楚欺凌事件原委，特别是了解被欺凌者对欺凌事件的态度和看法后，再一同探讨正确的欺凌归因。

心理教师：我们可以谈谈那件事情的发生经过吗？

学生：那天我本来是要去打水，路过丁洋宿舍门口时，我看见丁洋和他们宿舍另外两个同学也要出门打水，我就向相反方向的楼梯口走，想避免和他们同路。然后，他们就在后面叫住我，三个人围着我问我干什么去，我说要去打水。丁洋说"你喝了水也还是公鸭嗓，浪费资源"，还把我的水壶抢走扔到墙角，水壶摔碎了。可能是声音很大宿管阿姨赶过来问我怎么回事，我就说"是我不小心摔倒了把水壶摔碎了"。

心理教师：你那天想要去打水时被丁洋拦住，他不仅无缘无故地辱骂了你，还摔坏了你的水壶。当时你一定觉得很委屈，那为什么没有和宿管阿姨说出实情呢？

学生：我害怕他们如果挨批评的话，会变本加厉地欺负我，就想着忍一下或许他们可以念在我没告状，以后能少招惹我。

心理教师：那当你说是"自己不小心摔倒，把水壶摔碎了"的时候，有注意到丁洋他们是什么反应吗？

学生：老师问"怎么回事"时，他们都很紧张的样子，但当我说是"我自己不小心"时，他们就在一旁坏笑，还说我"嘴笨，手脚也笨"（低下头，眼圈红了）。

第四章 心理教师的校园欺凌防治工作

心理教师：本来你是担心他们会挨批，帮他们瞒下过错，没想到他们不仅没感激你，还继续嘲笑你，帮助了不知感恩反而伤害自己的人真是让人觉得寒心（轻拍学生肩膀，静默陪伴一段时间）。

心理教师：我想知道，你认为丁洋他们为什么会这样对你呢？

学生：因为我嗓子哑，有时还会口吃……我做过手术，手术后嗓子就一直哑着，有次上课老师让我朗读课文，我怕被大家笑话一紧张就结结巴巴的，他们就笑我，说我充电不足公鸭嗓、小结巴。如果我嗓子好了，他们就不会笑话我了。

心理老师：所以说，你觉得是因为你自己的原因才会被他们笑话，是吗？班上还有没有其他人也被丁洋他们捉弄、嘲笑？

学生：嗯……也有。丁洋还喜欢捉弄另外一个个子矮的同学，给人家起外号叫"土行孙"，还因为班长记下他名字就在体育课上故意用篮球砸，骂他是"狗腿子"。

心理老师：那你会因为那位同学个子矮也叫他"土行孙"吗？如果班长记了你的名字你叫班长"狗腿子"吗？

学生：我不会。个子矮又不是他的错，班长记名字也是他的职责。

心理老师：是的，我也赞同你的观点。那你为什么会认为是自己的原因呢？嗓子哑、紧张时口吃就应该被他们嘲笑捉弄吗？

学生：我的意思是如果我嗓子好了的话，他们就不会因为这个欺负我了。

心理老师：我从刚刚听你讲的这些事情上看，丁洋他们不仅会欺负你，实际上会欺负任何他们想要欺负的人，长得矮的、高的、黑的、胖的、口齿不清的、口齿伶俐的，都可能会被嘲笑，只要他们看不顺眼都会嘲笑。总之，他们想要嘲笑捉弄一个人，总会找到他与众不同的地方，拿出来当作他们欺负人的理由。等你嗓子好了后他们确实不会嘲笑你的嗓子，但只要他们觉得你是那种"忍辱负重"可以随意欺负的人，他们一样会找到其他理由欺负你。

学生：他们为什么要这样做啊？我没有招惹他们呀？

心理老师：可能因为欺负别人时，会让他们自己感觉良好，比如觉得自己很强大、不好惹，或者大家都看他们，觉得备受关注，他们感到自己很酷、了不起。

学生：可是别人看他们一点不会觉得那样是酷的表现，至少我不会这样觉得。

心理教师：是的，这就是他们可怜的地方。还有的人是因为自己心情不佳，找别人做"出气筒"发泄情绪。当然也有人只是因为无聊，闲得无事拿别人取乐，只要有人关注就觉得自己有存在感。但可以确定的是，问题是出在他们身上。我们生活在一个人人平等的法治社会，即便有缺点甚至是根本无法改变的缺陷，也不应该成为他们可以欺负自己的理由。所以，你要知道这不是你的错，不要因为丁洋他们的嘲笑捉弄反而去责怪自己，以他们的表现就可以推测，他们可以找任何理由认定一个好欺负的对象，这本来就是他们的错。

(三) 积极自我肯定，提升自信心

即便被欺凌者能理解被他人欺凌不是自己的错，但由于缺乏自信心，导致他们在遭受欺凌时仍不敢反抗欺凌者，因此需要心理教师帮助他们寻找自身优点进行积极的自我肯定。

1. 肯定存在的价值与意义

缺乏自信心的人通常怀疑自身存在的价值与意义，认为自己"没有用""不值得""活该如此"等。可见，这类认知从根本上阻碍着学生实现积极的自我肯定。心理教师可以通过肯定每个人与生俱来的价值与意义，对他们进行心理教育。

学生：老师，可是我确实很笨，无论怎么努力都没有用，我妈都说我很没用，我也觉得自己无论做什么都做不好。

心理教师：妈妈这样说你时，和你认同妈妈的说法也觉得自己很没用时，你会有什么感受？

学生：我很难过，也很沮丧。

心理教师：无论做什么都达不到自己期望的目标，换作是谁也都会觉得很难过、很沮丧，也很无助（静默陪伴一段时间）。

心理教师：现在请你想象如果眼前有一个刚出生的小婴儿，完全处于无助的状态，只能依赖着他的父母。你看着他出生的样子，觉得接生他的护士或者亲朋好友们会对他的父母说什么？

学生：可能会说"真是个可爱的孩子"？

心理教师：有可能。那有没有人会对他的父母说"这孩子将来很没用"或者"你的孩子将来一定不如其他孩子"这样的话？

学生：那应该不会，毕竟他还是个刚出生的孩子，他们怎么能知道他未来的样子。

心理教师：是啊！在我的这个年纪看你，就和你看刚出生的孩子一个样子，有着无限的可能性。即便是白发苍苍的老爷爷、老奶奶，仍会在每一天用自己的方式创造价值，比如他们用一句话让迷路的孩子感受到了温暖，他们给路边的流浪猫喂食，即便他们在家里什么都不做也会让家人觉得很安心。所以有句话请你记住：每个生命都是奇迹，都一样重要，都一样有价值，没有什么可以改变这一点。或许伴随着成长，你从哪里获得了一些评价，让你不再相信这句话，比如你算数没那么快，有人说你"太笨"；也许你的嗓子是沙哑的，有人说你"太难听"；也许你做了些错事，有人说你"很坏"；也许你做事没有达到别人的期望，被他们说"没用"。重要的是，你是你自己的生活舞台中的主角，你的剧本你做主，无论发生什么都不会改变你与生俱来的价值，没有什么可以改变你存在的意义。

心理教师还可以选择生命诞生相关的科普视频，小学低段学生可以观看《小威向前冲》，高段或初高中学生可以观看《子宫日记》中的视频片段，体会生命诞生的可贵与不平凡，理解每个人都是独一无二的个体，都有自身存在的价值与意义，都值得被尊敬。

心理教师：有人统计过，中彩票头等奖的概率大约是 1772 万分之一，而一个人的出生概率却只有 2.5 亿分之一。就像视频里提到的，爸爸妈妈在备孕的时候，每一个人都是和其他 2.5 亿颗精子角逐着，跨越千山万水，突破重重关卡，才好不容易来到这个世界的。我们每个人都是幸运、勇敢而又强大的，都是值得被尊敬的。

2. 选择评价信息

很多被欺凌者倾向选择并认同他人对自己的负性评价，内化成为负性自我评价。心理教师可以通过引导学生了解观念—情绪—行为的认知模型，强化他们选择评价信息的能力。

学生：但是，我总是忍不住想到"我很没用"，即便我认同自己应该和别人一样有价值。

心理教师：上一次你想到自己"很没用"是什么时候？

学生：上周丁洋他们摔碎我的水壶，欺负我时我没有反抗，我就觉得自己很没用。

心理教师：没能勇敢地对他们说"不"，让你懊恼自己不敢作为。那当时你想到自己"很没用"时，你有怎样的感受？

学生：很沮丧，甚至觉得自己活该。

心理教师：你责备了自己，感到很沮丧。这样的心情对你有没有什么影响？你接下来做了什么？

学生：本来那天老师组织大家班里看电影，我一个人躲在洗手间里平复了好长时间，担心被老师发现，最后才回班级。后来老师让写影评，因为我没有看完整，草草写了篇交上去还被批评了，我真的很没用。

心理教师：听起来就像是一个循环，被欺负后你觉得自己没用，感到很沮丧，于是一个人躲起来，错过了观影，导致影评没写好被批评，更觉得自己没用。就像你说的那样"做什么都做不好"，进入了困境。不过老师发现在这个循环中有个关键的"燃油剂"。我们再次回到你说的那个场景,这次我们想象着丁洋他们不是故意摔碎了你的水壶,而是班长的水壶,你觉得班长会怎么做?

学生:如果是班长,他会告诉老师实情吧。

心理教师:你觉得班长为什么会这样做?他当时会有怎样的想法和感受?

学生:他应该觉得是他们很过分,会很生气。

心理教师:因为班长觉得他们这样做很过分,对自己不公平,很生气,所以他会告诉老师实情。那你觉得接下来他会躲在洗手间错过看电影吗?

学生:应该不会,他又不会像我这样觉得自己没有用。

心理教师:如果有一种神奇的力量送你回到那个场景,可以让你把"我没有用"对自己的指责,换成"他们很过分"对丁洋他们的指责,你会觉得怎样?接下来会发生什么?

学生:我也会觉得生气吧,我可能也会告诉老师实情,像班长一样。

心理教师:那你还会躲在洗手间里错过观影吗?

学生:不会,如果我能认识到"那不是我的错","我不是一个没有用的人"的话,我就不会躲起来。你说的"燃油剂"指的就是"我没用"的想法是吗?

心理教师:是的,我们的情绪和行为都会受到想法、观念的影响,特别是那些你对自己负面评价的想法损害了你的自信心和自尊心,直接决定了你被欺负后的感受以及采取的行动。

3. 改变负性自我评价

心理教师可以运用认知行为疗法中的"苏格拉底式问话"技术帮助学生改变负性自我评价。

苏格拉底式问话

(1) 正反方技术:支持这个不好的想法的证据是什么?反对这个不

好的想法的证据是什么？

（2）替代解释技术：有没有别的解释或观点？

（3）去灾难化技术：最坏会发生什么？如果发生了我能怎样应对？最好的结果会是什么？最现实的结果会是什么？

（4）正反影响技术：我相信了这个不好的想法对我有什么影响？我改变了我的想法有什么影响？

（5）抽离技术：如果是我的朋友或者家人处于相同的情境，我会对他说什么？

（6）问题解决技术：接下来我会做什么？

比如心理教师运用替代解释技术改变学生"我很没用"的负性自我评价。

心理教师：请在这张纸上写下你一直以来对自己的负性评价或者身边的人给你的负性评价，特别是那些让你感觉很糟糕的，损害了你的自信心和自尊心的评价。

学生：（写在纸上"我是个没用的人、胆小的人、长得不好看的人、很笨的人"等）越写心情越不好。

心理教师：你已经发现了这些评价、想法会影响到你的感受，进而改变你的行为。

学生：是的，但是我不知道该怎么改变？它们都是在发生一些事情时自动冒出来的。

心理教师：是的，心理学把这些不受控制自己冒出来的想法叫作"自动化思维"，老师来教你一些方法去应对他们，我们一个个去看，先来看"我是个没用的人"吧！为什么你会认为"自己是个没用的人"？发生了哪些事情可以证明？

学生：比如今天老师让一些同学去帮忙，就没有让我去。

心理教师：你觉得老师没有让你去，可能因为什么？

学生：老师觉得我没用呗。

心理教师：当时你有什么样的感受？

学生：觉得很难过，果然老师也嫌弃我。

心理教师：如果你给"难过"从1分至10分进行评分，1分代表不怎么难过，10分代表极度难过，你会评几分？

学生：7分吧。

心理教师：当时你有多相信"老师也觉得你没用"的这个想法？如果用百分比的话。

学生：90%。

心理教师：看来你会"读心术"呀，这么肯定老师有这个想法。那剩下的10%，你不确定的那部分是因为什么？

学生：可能我想多了，老师也许是随机叫的。

心理教师：还可能有什么？当时是帮什么忙？

学生：搬东西，也可能老师觉得我不够强壮，那还是说明"我没用"。

心理教师：这样说身材瘦弱的人都是没有用的，有多少人被叫出去帮忙了？

学生：十几个同学。

心理教师：按你的说法，剩下的二十几个人都是没有用的？

学生：嗯，也不是，可能十几个人够了老师就没叫我和其他同学。

心理教师：这样说来，老师没有让你帮忙的这件事情上，除了"老师认为你没用"的原因外还可以总结出哪些原因？

学生：还可能是老师是随机叫的同学，也许优先安排有力气的人去搬东西，也可能十几个人足够就没有叫我去帮忙。

心理教师：现在，请你重新思考老师没叫你帮忙这件事的原因，给刚才你提到的所有原因分配百分比的话？

学生：老师随机叫的10%，让有力气的人去30%，十几个人足够了40%吧。

心理教师：那现在老师嫌弃你"没有用"没叫你帮忙的这个想法，你觉得还有多少？

　　学生：嗯，只剩20%了。

　　心理教师：现在请你再次对因"没有用"而觉得难过的感受进行评分，你会评多少分？

　　学生：4分吧。

　　心理教师：我们再看看还发生了什么事情可以证明"你没有用"？

4. 自我肯定技能

心理教师在做心理辅导的过程中，特别要留意学生值得肯定的特质，不断引导他们去发现，养成积极自我肯定的习惯。心理教师也可以通过以下方法进行引导。

（1）通过职业偏好进行自我肯定

心理教师通过与学生探讨未来规划和职业偏好来肯定他们的优势特质。

　　心理教师：你有想过将来做什么吗？从事哪方面的工作？

　　学生：没想过，我什么特长都没有，真不知道自己能做什么。

　　心理教师：那我们一起来做个小活动，看看你倾向从事哪方面的工作？（看活动清单）请根据这些活动对你的吸引程度从1到10进行评分，评分越高代表对你的吸引力越强。不用过度思考，根据直觉评分就好。你也可以在最后一行"其他"的地方写出其他吸引你的活动类型。（学生填写活动清单）

　　心理教师：接下来请对高于5分的活动进行思考，为什么这类活动吸引你，你觉得自己的哪方面特质适合做这类活动？

活动清单

评分	活动	特质	评分	活动	特质
	电脑工作			演讲	
	照顾他人			即兴表演/讲笑话	
	户外活动			规划城市	
	改善健康状况			收纳清洁	
	数字相关			改善环境	
	运动相关			教授儿童知识或技能	
	动物相关			与儿童一起玩	
	植物相关			室内设计	
	写作相关			情感交流	
	其他：			其他：	

心理教师可以根据评分由高至低与学生一一讨论，并尽力做出职业特质上的肯定，如果学生未能回答相关特质，列举从事该活动需要的种种特质供其选择，即便无从选择，也要从兴趣和态度上做出肯定。

心理教师：为什么从事动物相关的工作会吸引你（学生打8分）？

学生：不知道，可能我不擅长和人打交道，只能和动物打交道了。

心理教师：你养过什么宠物吗？

学生：养过一只狗。

心理教师：它叫什么名字？

学生：团子。

心理教师：你觉得团子和你的关系怎么样？

学生：我们关系很好，它很依赖我的。

心理教师：从事动物相关工作的人需要对动物很有耐心和爱心，你应该是那种让人觉得很温暖很友善的人，我相信团子一定是感受

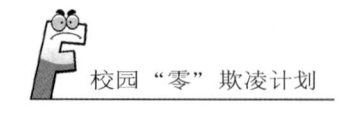

到了你对它无微不至的关心和照顾才会那样依赖你,是吗?

学生:嗯,团子应该能知道。

心理教师:那我们把这些特质写下来。(让学生在"动物相关"后填写"耐心、有爱心"等词语)

心理教师:那为什么从事写作相关的工作会吸引你(打7分)?

学生:不知道,其实我作文分很低,但是我喜欢写一些随笔。

心理教师:无论从事哪个行业,兴趣通常是第一导向,只有选择了自己想做、愿意做的事情才会乐在其中,才能长久地坚持下去。或许学校要求的作文体例并不是你擅长的,但我觉得随笔最大的功能特点就是用文字抒发情绪,说明你是一个情感细腻、思想深沉、观察敏锐,并善于内省的人。你觉得呢?

(2)通过词汇选择进行自我肯定

心理教师也可以事前在纸上列举出来优点词汇,比如耐心、真诚、干净、忠诚、努力、善良、负责、诚实、可靠、聪明、勇敢、灵活、幽默、有运动天赋、好的倾听者、在某方面有天赋、坚持不懈、善于钻研、擅长音乐、擅长写作、敏锐的观察力等,让学生圈出与自己相关的词汇,然后从中选出三个相关度最高的优点填在空白处。全部完成后让学生回忆自己优点的相关事件进行讨论。

(3)通过他人评价进行自我肯定

心理教师还可以让学生询问三个人(比如朋友、同学、父母或老师)关于自己的优势特点,并记下他们评价自己的依据(事件描述或结果呈现),在下一次心理辅导时共同探讨。也可以由心理教师事先询问班主任和班上学生关于该生的优势特点,记下他们描述的相关依据,心理辅导时与学生讨论,引导他们内化为自我肯定。

(四)欺凌应对行为训练

心理教师在咨询过程中和被欺凌者共同探讨他们的个性特征和资源,再根据欺凌者的欺凌意图,找到行之有效的应对校园欺凌的方法。在无暴力行为的一般性欺凌事件中,对于大多数欺凌者而言,不敢反抗忍气吞声的被欺凌者是他们选择的欺凌目标。心理教师可通过镜像行为训练帮助被欺凌者习得坚定反驳欺凌者的行为态度。

1. 行为技能训练的必要性

在行为训练前心理教师应当对被欺凌者说明反欺凌行为训练的必要性。

学生：丁洋很凶，我有些怕他。

心理教师：我能理解你怕他伤害你，才会对他一忍再忍。那些经常被他欺负的人是不是也都很怕他，挨了欺负是否也会忍气吞声？

学生：嗯……好像是这个样子的，被叫"土行孙"的那个同学也不敢反抗，还有他经常欺负的一个女同学性格特别内向，只会哭鼻子。不过，季青上次被他用篮球砸了后，当时就和体育老师说了，后来班主任老师让他家长过来，好像丁洋现在也没再对季青怎样。

心理教师：看来也不是所有人都会忍气吞声。

学生：是的，但是不管别人会不会，我是不敢反抗，我怕他会对我更凶。

心理教师：动物园老虎咬死误入虎园逃票者的那个新闻你听说过吗？据说咬死过人的老虎不会留在动物园，可能会被击毙或者是送回野生区，你觉得为什么这样做？

学生：可能因为吃过人的老虎不再适合放在动物园里了吧。

心理教师：是的，因为老虎一旦吃过人，就会认为人是可以吃的。同样的道理在我们人类身上也是一样的，如果一个人欺负了你没有被反抗，在他的逻辑里就会认为你是可以欺负的，一有机会时就会再次伤害你。

学生：你是说他们专门挑一些不敢反抗的同学作为欺负对象？

心理老师：是的，我们一直以来怕他伤害自己而选择忍气吞声不去反抗，不仅没有停止他对我们的伤害，反而成为丁洋他们选择的最佳欺负人选，看来我们需要坚定地表达出不接受他们的行为。只是这种行为对你来说因为没有使用过或者太少使用，需要专门做

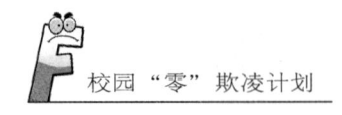

行为训练，你愿意和老师一起尝试这种反抗欺负行为的技能训练吗？

学生：我想试试。

2. 行为技能训练内容

（1）坚定反驳行为技能训练

心理老师准备好穿衣镜，告知被欺凌者坚定反驳行为技能训练的四方面内容及其要点。

① 表情管理：被欺凌者在面对欺凌者的欺负行为时，要做好表情管理。首先要表情严肃，特别是在被很多人关注下暴露自己的一些缺陷时。比如欺凌者嘲笑并模仿被欺凌者走路一高一低时，不能附和众人露出自嘲的表情，对于那些自己不能接受的欺负行为就要冷眼观看，表情严肃。其次要眼神坚定，直视对方的眼睛。通常在沉默的直视下就会对欺软怕硬的欺凌者有威慑作用。

② 身姿管理：低头、含胸驼背的身姿本身就会被解读为服从，被欺凌者如果认同欺凌者的欺凌理由，这种不正确的归因就容易让被欺凌者面对欺凌者时有低头、含胸的身姿。心理老师在明确被欺凌者已矫正欺凌归因后，为其解读不同身姿含义，强调应对欺凌者的身姿管理要点要昂首挺胸。

③ 语言管理：表情严肃、昂首挺胸直视对方片刻，接下来要根据欺凌者意图用简练的语言，恰当的语气驳斥对方。

——如果对方为了取乐自己叫侮辱性外号

学生：我非常不喜欢这个称呼，请你以后不要这样称呼我。

——如果对方为了博取关注当着很多同学的面嘲笑捉弄自己

学生：捉弄别人获得存在感只会让别人觉得你很好笑。

——如果对方因为心情不好被当作"出气筒"

学生：如果你需要我帮助可以和我商量，但我不接受你现在对我的这种方式。

——如果对方是挑衅，试图激怒自己

学生：走开！幼稚！（或者什么都不说，越少的回应越会让对方觉得无趣，目的落空）。

④ 声音管理：没有恰当的语气辅助反驳内容很可能导致反抗无效，比如用小小的、弱弱的声音去反驳，体现不出力量感，不会对欺凌者产生威慑力。因此，心理教师要从音量、语速、语调等方面训练被欺凌者恰当地表达出自己的反驳。具体来说，音量要比平常交谈时大，语速适当，并用坚定低沉式语调，不容对方置疑。

（2）"WIST"欺凌应对策略

除了坚定反驳行为技能训练外，心理教师还可以向被欺凌者传授"WIST"（转变）欺凌应对策略。WIST欺凌应对策略是一套旨在帮助被欺凌者保护自己、增强自信和寻求支持系统的欺凌应对策略。心理教师结合被欺凌者经历过的欺凌事件，告诉他们如何在遭受欺凌时做出应对，并通过角色扮演反复演练，直至他们可以熟练和自信地运用该策略。

第一步骤 W（Walk away）：走开。告诉被欺凌者当有同学取笑或欺负自己时，不去理会他，径直走开。"走开"的目的是保护自己的安全和减少欺凌者继续伤害自己的机会，避免进一步的冲突和伤害。

> 心理教师：如果下一次丁洋还取笑你，我们尝试着使用WIST策略去应对。想象这样一个场景，仍旧是在课间，丁洋来到你的座位前，还是叫你"奴才"。我们首先要做的就是尽量保持冷静，不要让他的行为过多影响到你的情绪，尝试策略里第一个步骤"走开"，离开他，找到一个安全的地方，比如和朋友在一起，或有很多同学，或有老师的地方，最好找到摄像头范围内的地方，一方面让欺负你的人觉得有压力终止欺凌行为；另一方面如果他继续欺负你，也方便有更多的目击者或摄像头做取证工作。

第二步骤 I（Ignore）：忽视。告诉被欺凌者可以尝试忽视欺凌行为，不给予欺凌者任何回应。"忽视"的目的是削弱欺凌者的动机，因为他们通常希望引起被欺凌者的注意和反应，尽量不要对欺凌者的言语或行为做出回应，保持沉默，不给予他们满足感。

心理教师：如果丁洋仍旧跟着你，并拉上另一位同学叫嚣着"哎呀！你想到哪里去呀？你这个奴才"，我们发现远离他并没有让他终止欺负你的行为，那么接下来就去尝试第二个步骤"忽视"，保持沉默，不对丁洋的行为做出任何回应。你要知道，丁洋这样做就是想通过欺负你获得别人的关注和高人一等的成就感，你的反应越激烈，他就会越得意、觉得自己有能力，越被关注。如果你哭了，生气了，发怒了，都会让他觉得自己成功了，会继续欺负你。如果你什么反应都没有，就让他觉得很无趣，无动于衷会让他自动终止欺凌行为。请你记得"走开"和"忽视"并不是妥协，并不是弱者的表现，而是从战术上不让丁洋和他的伙伴们觉得可以从你那获取到他们的需求。

第三步骤 S（Speak assertively）：自信表达。自信地表达自己的感受和需求，向欺凌者传达他们需要注意的界限和不被接受的行为。"自信表达"的目的是让被欺凌者展示自己的力量和自信，同时让欺凌者意识到他们的行为是不可接受的。

心理教师：我们假设如果丁洋在你"走开"和"忽视"这样的反应下仍旧取笑你，那么接下来就需要你用 WIST 的第三个策略去应对——"自信表达"。你要自信地、坚定地、义正词严地向对方说"你这样做很过分""我不喜欢你这样称呼我""我不喜欢你这样嘲笑和侮辱我"，并告诉他"我希望你不要这样做""我希望你停止这种行为"。总之，你要表达出自己的不满，要让对方觉得这样做是不可以接受的。需要注意的是，这个步骤的前提是你能判断自己是在可控的安全状态，比如周围有很多人、有你的朋友、有路过的老师等，他们不敢将欺凌行为升级，对你造成人身伤害。如果是你一个人面对很多人，并且是在一个隐蔽的角落，那么我们就要想办法离开或求助。

第四步骤 T（Tell someone）：告诉他人。告诉被欺凌者应该寻求支持，将被欺凌的事情告诉自己信任的人，如班主任、路过的老师、教导主任或家长，让他们知道自己正在经历欺凌，并寻求他们的帮助和支持。"告诉他人"的目的是让被欺凌者不再孤立，获得支持和保护。

心理教师：我们假设丁洋在你表达出"他们的行为是不可接受的"，仍旧不知悔改，还在追着你叫"奴才"，我们就要用 WIST 的第四个策略去应对——"告诉他人"。你可以告诉一个你信任的人，比如老师和家长。如果事态紧急，你要选择最近能求助到的成人，路过的老师、保安、保洁阿姨都可以，让他们知道你正在经历欺凌，并寻求他们的帮助和支持。

3. 行为技能训练的演练步骤

在实施坚定反驳行为技能训练和 WIST 欺凌应对策略的行为演练时，心理教师应遵循小步子原则，一点一点讲授、示范和演练。在示范和演练过程中，心理教师将穿衣镜摆在学生面前，一边让学生观看自己的表情和身姿，一边对照镜子演练。演练步骤如下：

第一步讲解。告知学生当下演练要点的内容和注意事项。注意一次演练只做一个要点的练习，如第一次是语言，第二次是语气，第三次是目光演练等。

第二步示范。由教师示范当下演练要点，可模拟学生被欺凌事件情境，运用具有威慑力的坚定反驳技能和 WIST 策略中各要点。

第三步模仿。让学生对照镜子边回想心理教师的示范，边看镜子中的自己进行模仿练习。

第四步反馈。由心理教师反馈刚才学生练习成果。注意反馈时首先肯定做得好的地方加以强化，再反馈不足，一次反馈尽量只涉及一个到两个需要改进的地方。

第五步重复。根据学生需要改进的地方重复进行讲解、示范、模仿和反馈，直至学生掌握全部内容。

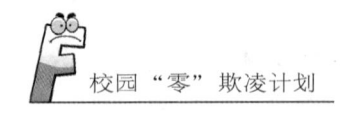

4. 情境演练

在对被欺凌者进行了欺凌应对行为技能训练后，心理教师需要检验训练效果，可以根据被欺凌者经历的欺凌事件设计若干情境，在心理咨询室与被欺凌者进行角色扮演，演练一旦发生了该如何应对。

第一步设计情境。心理教师根据被欺凌者心理辅导中呈现的问题设计若干非欺凌和欺凌事件情境，填写在《应对行为演练表》中。

应对行为演练表

排序	情境	情绪（评估分数）	欺凌判断（想法）	应对
	例：体育课同学故意撞倒我。	生气（8分）	是（他想看我出丑）	
	例：我向同桌借尺子被他拒绝。	难过（6分）	不是（他不喜欢我）	
	五个同学在楼梯拐角围住我让我交出保护费。			
	我在晨跑时摔倒，一群同学围着我笑。			
	宿舍欢声笑语，我一进门全宿舍都不说话了。			
	我向同桌借尺子被他拒绝。			
	课间时王同学当着全班人叫我侮辱性外号。			
	我和同学打招呼，他没有理睬我。			
	班级群里同学把我的照片做成动图发出来。			

第二步描述情境。心理教师简述每个情境，让被欺凌者尽可能根据自身情况想象该情境，补充详尽信息。比如"体育课同学故意撞你"，让欺凌者想象可能发生的事情经过："周二下午第二节课是体育课，老

师让我们做跑步前的热身活动，排在我后面的丁洋突然用力撞倒我，惹得同学哈哈大笑。"情境信息越详细，越容易唤醒被欺凌者的情绪感受以及其自动化思维。

第三步评估情绪。心理教师引导学生每描述一个情境后，让学生对感受到的情绪命名，如担心、焦虑、害怕、生气、愤怒、伤心等，然后对该情绪进行评分（0—10分，分数越高情绪越强烈），填写《应对行为演练表》。

第四步欺凌判断。心理教师在引导学生情绪命名后，让其描述呈现在脑海中的想法或观念，然后判断该情境事件是否属于校园欺凌。一方面可以通过其想法和观念去检验是否仍存在"我不好"的被害归因；另一方面也可以进一步强化学生对欺凌行为的认识，以及避免对非欺凌行为的过度解读。及时对偏差性认知观念进行讨论，必要时探讨其深层心理原因。非欺凌情境和偏差性认知观念经过探讨后可再次进行情绪评分，分值下降与否代表其干预效果。

第五步排序。引导学生依据情绪评分和自身资源对所有欺凌情境事件的应对难度进行排序。

第六步演练。从难度低的情境开始逐一进行角色扮演的情境演练，心理教师扮演欺凌者，观察学生在欺凌情境中的应对行为是否得当，根据行为技能演练步骤对不恰当的应对行为重复进行讲解、示范、模仿和反馈，直至学生熟练掌握。

第七步总结要点。每个欺凌情境演练结束后，让学生总结该欺凌情境的应对方法要点并填在表格中。

（五）自我保护技能

心理教师应该与被欺凌者讨论在欺凌发生前、发生时和发生后做哪些事情做好自我保护，传授自我保护相关技能。

1. 欺凌防范的自我保护

心理教师与被欺凌者探讨平时应该注意哪些问题以及做哪些事情不容易卷入欺凌事件。

（1）不携带较多的钱、手机或其他贵重的生活物品，不公开显露自

己的财物。

（2）前往厕所、楼道拐角等无监控区域或者学校附近巷子等校园欺凌多发地，以及上下学和活动时尽量结伴而行，不要走僻静人少的地方，按时回家。

（3）在学习和生活用具上做姓名标记，证明这些物品属于自己，预防财物欺凌。

（4）通过老师介绍或社团活动等结交同校高年级同学。

（5）与同学友好相处，一旦与同学发生冲突，不采用过激方式，力求理性、平和地解决冲突，不能解决时要及时找老师介入解决。

（6）平时加强身体素质训练，必要时可以参加武术、跆拳道、空手道等防身训练，提升自我防护能力。

（7）安全携带电子设备，设置高级别的终端设备密码。

（8）养成安全使用网络习惯，不访问任何钓鱼网站，不点击没有可信安全来源的图片、下载链接或二维码。

（9）增强个人隐私保护意识，不在网络上发送私人照片、视频、住址以及联系方式等个人信息。

2. 欺凌应对的自我保护

心理教师与被欺凌者探讨一旦遭受校园欺凌时如何做好自我保护。特别是当受到殴打、性侮辱、胁迫财物等情节严重的暴力欺凌行为时，首先要考虑的是如何保护好自己，同时尽可能留下证据，以及找到证人。心理教师可做出示范，引导学生模仿。

（1）保护生命安全

欺凌行为进行时最为重要的事情是保护自身生命安全。比如势单力薄被群殴时，要尽量双手护住头部，同时头靠近膝盖蜷缩住身体以保护头面部和脏器等重要部位。

（2）自卫行为

身陷欺凌情境时可以大声警告对方，他们的所作所为是违法违纪的，会为此付出代价。大声警告不仅对欺凌者起到震慑作用，更重要的目的是告诉周围的老师和同学关注欺凌者的行为。如果遭受身体欺凌，而对方在被警告后仍未停止欺凌行为，应当适当自卫，而不是默默忍受挨打。因为大多数欺凌者都欺软怕硬，被欺凌对象奋起反抗，多半会心虚停止攻击行为，如果被欺凌者默默忍受，反而会让他们更加得意忘形，从而继续欺凌甚至升级欺凌行为。心理教师需要让被欺凌者明确，自卫原则是起到反抗与威慑作用，以行动告诉对方我们不是软弱可欺的，但不可防卫过当。如果反抗后对方仍未停止攻击，应该在自卫的同时大声呼救求助，并且寻找机会逃走。

（3）求助行为

遭受欺凌行为时，如何能从欺凌困境中解脱出来，取决于求助方式、对象和时机。

① 求助方式。呼救求助时声音要足够大，态度要足够坚决。很多被欺凌者由于缺乏自信心从未体验过大声表达诉求，心理教师可以在咨询室内对其进行行为训练，行为训练前可以演示与对比不同呼救方式给欺凌者和围观者传递的信号以及对求助结果的影响。

② 求助对象。心理教师还应当提醒被欺凌者在很多人围观时要做指定人员的求助行为。根据心理学中的"旁观者效应"（责任分散效应），如果是要求单个个体单独完成任务，责任感会增强从而做出积极的反应；但如果是要求一个群体共同完成任务，群体中的每个个体的责任感就会减弱，面对困难或遇到责任事件时往往会退缩。因为前者独立承担责任，后者往往期望别人多承担责任。因此，大声地呼救容易让在场的所有人产生责任分担的"旁观者效应"，紧急状况下应该指定某个人，比如喊出围观者姓名大声求助，不知道围观者姓名时也要明示衣着特征进行求助，如"戴蓝色发夹的同学请帮我告诉老师"，如果这个同学没有实施援助，再指定另外一个人或一个小群体"站在水池边的三位同学请帮我告诉老师"。如果在校外遭遇欺凌，警察、陌生的成年人都是求助对象，比起呼喊"救命"，不如大声指定某个人进行求助更有效，如"戴灰色帽子的叔叔请帮我报警"。

③ 求助时机。遭受欺凌行为时，应当沉着冷静，审时度势判断最佳求助时机。比如势单力薄以一敌多的情况下，应采取迂回战术，尽可能

拖延时间；如果在封闭场所内遭受校园暴力欺凌，判断此时大声呼救或反抗也无人应答，反而会招来更加激烈的暴力行为时，就不要去激怒对方，而是尽可能地顺从和麻痹对方，从其言语中找出可插入的话题，缓解气氛，分散对方注意力，同时获取信任，为自己争取时间，寻找机会逃走；如果判断有人经过或公共场合遭受胁迫时，就应该采取指定对象的大声求助行为。

3. 欺凌发生后的求助行为

被欺凌者遭受校园欺凌后，要将被欺凌经历告诉并求助于值得自己信赖的人。心理教师可以在咨询室中帮助被欺凌者探讨其社会支持系统，从中选出遭受欺凌后可以求助的人选。

第一步　强调求助他人的必要性

很多被欺凌者在遭受传统欺凌或网络欺凌后，不告诉任何人，而选择默默忍受，心理教师要从欺凌行为的"倚强凌弱""以多欺少"的特点出发对被欺凌者进行求助他人必要性的心理教育，让其了解"独自承担很难打破欺凌者的恃强优势"，以及"默默忍受等同于默认自己是可以被欺负的对象"，而及时求助可信赖的人，可以帮助自己应对欺凌事件，走出困境。

第二步　讨论社会支持系统

社会支持系统是指个体能从与他人互动中获取人际支持，从而缓解心理压力，提高自身对环境的适应能力和对变化的应对能力的人际网络资源。对青少年来说，一个完备的支持系统既包括亲人、朋友、同学、邻里、老师等熟悉的人，还包括社会服务机构能提供身心支持与帮助的人。帮助学生寻找社会支持系统可以让他们了解到有求助的资源，从而唤醒和增强他们的求助意识。心理教师可以引导被欺凌者边思考以下问题，边逐层填写完成《我的社会支持系统》（从填写"家人"同心圆开始向外一层层填写）。

❖ 当你遇到烦恼时，你会找谁倾诉？

❖ 当你身体不舒服，你会找谁照顾？

- ❖ 当你遇到困难时,你会找谁帮忙?
- ❖ 当你遭遇不公时,你会找谁评判?
- ❖ 当你身心疲惫时,你会找谁支持?
- ❖ 当你困惑迷茫时,你会找谁指引?
- ❖ 当你悲观失望时,你会找谁陪伴?
- ❖ 当你愤慨难当时,你会找谁安抚?
- ❖ 当你喜悦得意时,你会找谁分享?

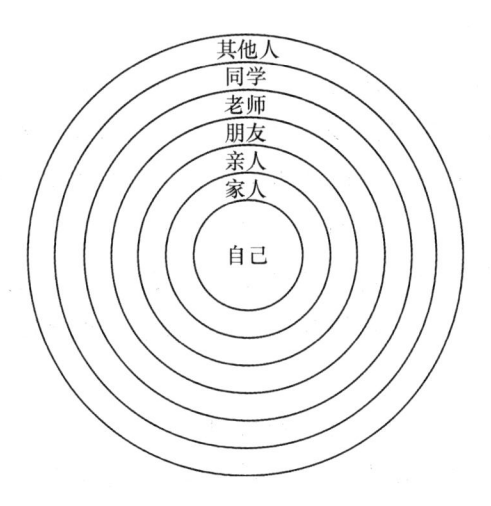

图 4 - 1　我的社会支持系统

第三步　选择求助人

完成《我的社会支持系统》填写后,引导欺凌者在名单中选择满足以下三个条件(社会支持系统的三维度)的人作为自己遭受欺凌后的求助人选。一是愿意倾听和理解自己的人(满足内在情感需求支持的人);二是愿意提供实际支持和帮助你的人(实际解决问题的人);三是自己愿意寻求他/她的帮助(对支持的利用度)。社会支持系统中,推荐学生选择父母、班主任和心理教师等成人,向学生解释:因为绝大多数父母会无条件支持与帮助自己的孩子,而班主任和心理教师有责任、义务和方法去治理校园欺凌事件。

第四步 求助演练

根据被欺凌者的求助困难，心理教师开展角色扮演的情景模拟训练，由被欺凌者先扮演自己想求助的人，想象情境下被求助人的反应，模拟出自己所担心和害怕的求助情境，心理教师则扮演被求助者，示范求助。结束后交换角色，反复演练直至被欺凌者完全有信心去求助。心理教师也要告知被欺凌者向父母和班主任求助失败时，可以从《我的社会支持系统》中选择其他求助对象，并强调心理教师永远是他们无条件的支持者和帮助者。

（六）交友行为训练

被欺凌者通常存在同伴交往的相关问题，有的学生是性格内向难以结交到朋友，有的学生是缺少社会交往技巧不知道怎样交朋友，有的学生是因欺凌本身导致情绪暴躁或者抑郁让周围同学难以接近，有的学生是被同学恶意孤立和排斥。如果心理教师能在同伴交往方面提供交友行为训练等帮助，使被欺凌者能在班级或学校里多结交朋友，获得同伴支持，不仅可以提高被欺凌者的自尊心、归属感，也会让欺凌者望而却步，减少欺凌行为。

1. 了解被欺凌学生同伴交往现状和特点

被欺凌者的同伴交往现状会受到个性特征、家庭教养方式、生活习惯、学业成绩、兴趣爱好等诸多方面的影响，从而表现出不同的同伴交往特点。心理教师在对其进行交友行为训练前首先要了解他们的同伴交往现状和特点。

心理教师：佳佳（学生昵称），你在班级里有没有经常一起玩的好朋友？

学生：没有，转班前有一个朋友，现在没有特别亲近的朋友，有几个处得一般。

心理教师：那平时你会和这些处得一般的同学一起做什么？

学生：就是偶尔说说话，聊聊天。

心理教师：你会把自己的烦恼和他们说吗？比如你被丁洋欺负

的事情。

学生：不会……我们也没那么好，我担心人家听了会烦，也担心我说了会让她们觉得我事情多，最后我们连普通朋友都没得做了。

心理教师：听起来你很在意这些朋友的感受，也很珍惜她们。那你会为交朋友这件事特意做些什么吗？

学生：也没有做什么，她们找我说话时我就说，如果没找我，我也不会主动做什么。

心理教师：也就是说，在交朋友这件事上你有些被动是吗？如果主动去和她们说话对你来说意味着什么？你会有什么担心吗？

学生：是有点被动。我担心如果我说了她们不感兴趣的事情，她们可能会不理我。

心理教师：就是说你在担心主动交往会被拒绝是吗？

学生：是的。

如果被欺凌学生不愿意在咨询过程中谈论自己的交友状况，心理教师可以通过班主任或同班同学、宿舍同学或心理委员了解其交友状况，也可以通过心理课课上活动和课下观察被欺凌学生的交友态度及言行。

2. 探讨交友问题症结

在了解被欺凌者交友现状和特点后，可根据信息与被欺凌者一同探讨交友问题的症结所在。不同症结需要心理教师做不同的心理辅导及行为训练。

场面一

心理教师：你觉得在交朋友这件事情上有什么困难，或者让自己困惑的地方吗？

A同学：我也想像别人那样很自然地交朋友，但是我没有任何可拿得出手的特长，学习也不怎么好，又不会聊天，总怕被对方嫌弃。

心理教师：你是担心自己不够优秀，如果主动和别人交往会被嫌弃拒绝对吗？

场面二

心理教师：你觉得在交朋友这件事情上有什么困难，或者让自己困惑的地方吗？

B同学：他们总是说我身上有味道，还给我起外号叫我"怪味豆"，主动去和他们交往不是自取其辱吗？

心理教师：被叫这样的外号确实很让人难堪。你觉得自己身上是有他们说的味道吗？如果有，可能和什么有关？

B同学：有时候会有吧，可能是和我长时间没洗头发有关。

场面三

心理教师：你觉得在交朋友这件事情上有什么困难，或者让自己困惑的地方吗？

C同学：有的时候，晓玲总让我做些我不愿意做的事情，比如让我去传话，那种说别人坏话的话，还指使我去打水，给她带限量版的本子，但我就是不敢拒绝她。

心理教师：如果你拒绝了她，会发生什么事情？

C同学：她就不和我做朋友了啊！那样的话，我就一个朋友都没有了，想想就可怕。

场面四

心理教师：你觉得在交朋友这件事情上有什么困难，或者让自己困惑的地方吗？

D同学：和同学在一起时，我不知道该说什么，我好像是那种聊天容易聊死的那类人，说一会儿大家都会觉得尴尬，这种尬聊还不如不聊。

场面五

心理教师：你觉得在交朋友这件事情上有什么困难，或者让自己困惑的地方吗？

E同学：当我和朋友去谈我的心事、烦恼时，他们很不认真，总是嘻嘻哈哈的，这让我很恼火。

心理教师：如果是我和朋友严肃地倾诉我的苦恼没有得到尊重的话，我也会很生气。那他们会和你聊他们的心事和烦恼吗？

E 同学：这么一说还真是，他们好像都不怎么说，好像是我单方面地找他们吐槽、诉苦。不过朋友不就是患难与共、解忧的吗？

心理教师：我完全认同"朋友应该患难与共"的观点，同时也感受到你和朋友们在交往时聊天的内容不是很一样。

场面六

心理教师：你觉得在交朋友这件事情上有什么困难，或者让自己困惑的地方吗？

F 同学：每个人都很自私，遇到事情都只会明哲保身。我不需要朋友，一个人挺好的。

心理教师：听起来你对曾经交往过的朋友都很失望。

上述每位学生的交友症结都各不相同，针对不同症结心理教师应思考心理辅导中应从何处入手。如 A 同学需要对"优秀才能交友""主动交往会被拒绝"等不合理信念进行工作，B 同学需要改变行为习惯，C 同学需要明晰"友谊"实质以及"没有朋友"的去灾难化工作，D 同学需要人际交往中"打开话题"的行为训练，E 同学需要"选择聊天话题"的心理教育和行为训练，F 同学需要对"所有人都是自私的"以偏概全的不合理信念进行工作，同时强调交友行为对反欺凌行为的重要作用。

3. 有针对性的心理辅导与行为训练

心理教师可以采用认知行为疗法先对其不合理信念进行工作，再有针对性地进行行为实验或行为训练。以下列举 A 同学和 D 同学的干预思路。

（1）针对 A 同学的交友行为训练

① 认知改变

心理教师：你认为什么样的人是"优秀"的人？

A 同学：学习好的同学，总被老师表扬的同学。

心理教师：那在你身边有没有"不优秀"的人？

A同学：有啊，比如王珊珊学习很差，总是最后一名。

心理教师：那她有没有朋友呢？

A同学：很少，好像也有一两个一起玩的朋友。不过她唱歌很好听。

心理教师：这么说你觉得优秀的人除了学习成绩外也可以是有特长的人是吗？我们来想想看班级里除了排名前五名的成绩好的同学，剩下的这三十几名同学里有没有什么特长都没有的呢？

A同学：我也没有问过大家，可能会有吧。

心理教师：每个人都会有自己擅长的地方，但每一项技能可以做到优秀从概率上讲应该只有百分之几的人吧，如果人人都做到优秀就不算稀奇了你说是吗？

A同学：是的，这样说大部分人都是一般人了。

心理教师：那你观察到的一般人都没有朋友吗？

A同学：大家好像都有朋友。但是我还是不敢主动开口和他们说话。

② 增加行为训练动机

心理教师：想想上一次你想要开口最终没开口说话的情境，当时发生了什么？

A同学：上周我上自习到很晚，班级里就剩下我和另外一名同学，我们都在收拾书包，我很想和她打声招呼一起离开，最后还是没说出来一个人走了。

心理教师：当时你想到了什么？让你有怎样的感受？

A同学：万一我被她拒绝了多尴尬啊，还是算了吧！一想到这个我就会恐慌。

心理教师：你觉得为什么她会拒绝你呢？

A同学：就是我们刚才谈论到的我可能觉得自己不够优秀，没资格交朋友。

　　心理教师：听起来这就像一个魔咒，让你一直原地踏步，除非别人主动和你打招呼，否则你就会陷入"我不优秀没资格交友"的魔咒。你看，我们刚才一起讨论了绝大部分的人都是普通人，即便没有特长也并没有妨碍我们交朋友。只是当你尝试交友时在这个魔咒下自然会觉得恐慌，人们在面对引发恐慌刺激时倾向选择回避，这就让你一次次丧失了交友的时机。你愿意尝试打破这个魔咒吗？

③ 行为实验

　　心理教师：接下来这一周我们去挑战"主动就会被拒绝"这个想法的真实性。我们先去定义下"被拒绝"是什么表现？

　　A 同学：就是不理我呗。

　　心理教师：好的，如果对方没有回应就是拒绝的表现。你去找五位以上的同学主动开口打招呼，看看他们是否都没有回应。当然我们还需要做一些准备，提高成功获得回应的概率。

④ 行为训练

　　心理教师可以通过角色扮演，对 A 同学的打招呼行为进行训练。如前所述，角色扮演也需要讲解、示范、模仿、反馈和重复的基础步骤。心理教师先要讲解和示范打招呼的要点，如要有目光接触、要专心听对方说话、要聊对方可能感兴趣的话题、要面带善意和微笑等。接下来心理教师可扮演 A 同学，示范如何打招呼。再交换角色扮演被打招呼的同学，给 A 同学模仿的机会，不断反馈和重复直至 A 同学有信心咨询后独自完成这个练习。最后，要和 A 同学确认可能完成的时间、地点，预判可能发生的困难和其解决方法，以及制作"打退堂鼓"时的"应对卡片"（应对不合理信念的卡片）。

　　交友行为训练中决定成败的一个重要因素是目标是否简单明确，且在能力范围的上限，这就要求心理教师在了解学生的交友行为现状和对

行为本身的认知和感受的基础上,帮助学生将"交友"的大目标分解成需要一步步的努力可达成的小目标,每个目标都遵循讲解、示范、模仿、反馈和重复的基础步骤,为完全掌握当前目标技能不断细化要点去练习。

(2) 针对 D 同学的"打开话题"行为技能训练

可以从话题内容、引发话题话术以及非言语信息的表达几个方面逐一进行行为训练。

① 选择话题内容

话题内容可选择三类事情。

——谈论有较高知晓概率的事情,谈论自己的感受,如最近大家都在关注的时事、都在玩的电子游戏、正在做的作业等,谈论双方都知晓的事情并做适当的自我表露,有助于对方了解自己从而拉近关系。

学生:道法老师这周留的作业太多了,亚历山大呀。

——询问对方兴趣爱好,谈论对方的感受。谈论对方喜欢的话题容易拉近彼此距离。

学生:周末写完作业后你都会做什么?(为什么去做?什么地方有趣?)

——求助对方擅长的事情,让对方帮助自己,从而建立关系。

学生:我挺喜欢篮球,但总是不得要领,看到上次你校赛时上篮的动作太帅了,总想问问你,你有什么练习技巧吗?

② 引发话题话术

引发话题的话术则要注意引导学生多使用非一般疑问句的开放式问题,即不能通过肯定和否定做简单回复的问句。比如"你在家一般会做家务吗?"这类封闭式问题,对方只能回答"会"与"不会",而如果去问"你在家里都会做什么家务?"这类开放式问题,对方会有所思考,"我来收拾我自己的房间,还有带狗去散步,倒垃圾也是爸妈要求我做的家务",这样的回答又可以延续出宠物狗的话题、父母要求做家务的话题等,有助于双方话题的展开。

二 欺凌者的个体心理辅导

(一)建立双向信任关系——消除敌对

欺凌他人是违反道德规范与社会期望的行为,欺凌者在学校常常不受欢迎。同时,欺凌者同被欺凌者一样,对心理教师的教师身份抱有戒心,加上他们来咨询中心前,已因欺凌他人受到班主任或德育主任的批评和惩戒,面对心理教师的接近,自然会生成"又来一个训导劝诫者"的想法。在这样的阻抗态度下,欺凌者和心理教师之间很难建立信任关系,难以开展心理辅导工作。因此,心理教师首先要明确对欺凌者的辅导目标,即通过探讨欺凌目的来了解他们未满足的心理需求,改变他们不合理信念和欺凌行为习惯,最终达成符合道德规范与社会期望下的自我接纳与自我完善。这样的辅导目标更突出了心理教师的"律师"身份,以欺凌者视角去看欺凌事件的发生始末,当事人为什么会欺凌他?这样做对当事人有什么好处?带给当事人怎样的困境?接下来当事人该怎么办?所有的工作都像"律师"一般,围绕当事人福祉,帮助他度过当下困境,谋得最大的益处。这与评判行为对错和实施行为惩戒的班主任、德育主任等其他老师的"法官"角色有本质区别。

1. 说明"我"与他们不同

心理教师通过说明自身角色与其他角色的不同,消除他们的敌对意识,初步建立信任关系。说明过程中心理教师需要放空自己对欺凌者先入为主的"问题学生"印象,否则仅在言语上表达出关切,态度上却流露出批判、质疑,会让欺凌者轻易觉察,很难再建立信任关系。只有心理教师认识到欺凌者实施欺凌行为的背后通常隐藏着诸多个人、家庭和社会因素的影响,才能言行一致地表现出尊重、接纳与真诚,从而降低

他们的防备。

　　心理教师：欢迎你来到咨询中心，你希望我怎样称呼你？叫你启明（欺凌者姓名）可以吗？

　　学生：随便。

　　心理教师：看得出你不愿意来这里是吗？

　　学生：是啊！但不来不行啊，班主任让我必须来（握紧拳头）。

　　心理教师：这种被强迫着来的感觉一定让你觉得很不舒服。那我更要感谢你，即便那么反感也来到这里让我有了解你的机会。启明，你能告诉我，你觉得班主任为什么会让你来这里吗？

　　学生：就是想让我认罪呗！

　　心理教师：所以你觉得，我是另一个逼迫你承认错误的人是吗？

　　学生：难道不是吗？

　　心理教师：启明，我把你邀请到这里，就是想让你明白我要做的工作和你想的并不一样。你已经接受了学校和班级对你的批评惩戒，不管你是否认同，我都不会逼迫你在这件事情上做任何表态。因为在心理辅导室里，我的工作不再是课堂上传道解惑的授课教师，也不是评判你是非对错的德育教师，我只是想来帮助你走出目前的困境。据我所知，自从你受到处分后情绪一直很低落，似乎你对那件事也有着不被其他人理解的个人想法。我愿意听你的想法，也会用我的专业技能和你一同寻找解决当下困境的方法。

2. 强调"你"的版本很重要

　　无论他人怎样描述与定性欺凌事件，心理教师都要将欺凌事件与欺凌者当下困境相联系，引导学生叙述欺凌事件的前因后果和发生过程，强调"你"的版本很重要。需要注意的是，欺凌者版本的事件叙述通常会因自身不合理信念或为回避道德评判而发表一些归咎于被欺凌者的观点。心理教师不要打断对方，更不要针对其不合理信念加以价值观评判，因为欺凌者一旦觉察到心理教师有评价意味，便验证了既存"所有老师的接近都是想教育我"的想法，前期建立的信任关系将不复存在，使今后工作难度倍增。因此，这个过程中应用倾听和共情式反馈技术接近欺凌者，同时观察其在叙述时情绪的起伏变化，后期对情绪强烈的对应内容进行讨论。

心理教师：你那样做一定也有你的理由，我很想听听你是怎么看那件事的？那天到底发生了什么？

3. 寻找"积极"动机

在欺凌者叙述事件过程中，心理教师不仅不打断、不评判，还要在欺凌者身上积极寻找闪光点，特别是在反映内心需求的行为动机上。这并不意味着心理教师认同他们的欺凌行为，而是认同每个人都会有向上、完善自己的人本理念。这样做也可以进一步让欺凌者打开心扉，增加信任感，对他们有更全面的了解，获取真实的欺凌动机和其背后的心理需求。

学生：谁让他上周骂我兄弟来着，是他自找的。
心理教师：你是为朋友打抱不平是吗？你一定是一个很讲义气够朋友的人。

学生：谁让他一天天脏兮兮的，看着就烦。
心理教师：看得出你喜欢干净整洁。

学生：谁让她口齿不清，害得辩论赛我们班没有得上名次。
心理教师：你很有集体荣誉感，希望每个人都可以拿出最好的状态为班级争光。

学生：我就是讨厌她那副清高的样子，觉得成绩好就了不起。
心理教师：你应该是那种谦虚、不张扬的孩子是吧！

（二）引发对目标达成与否的思考

在关系建立后，心理教师确认欺凌者的情绪是否得以安抚（情绪失调下很难进行认知加工工作），接下来和欺凌者讨论目前他们的处境，引导其思考"这个现状是你想要的吗？""这样做值得吗？""这样做是否达成你的初衷？"心理教师需要注意不能代替欺凌者做出选择，不能用说教方式逼迫他们承认，而是通过一个个问题引导他们"看见"欺凌行为并没有达成他们的目标，反而付出了很多代价。

> 心理教师：现在还那么生气吗？/现在觉得好点了吗？
> 学生：嗯，还好。
> 心理教师：我从班主任和教导主任那听到了你和茂林同学的事情，也了解到好像因为这件事对你的处分，你情绪一直很低落，最近又和其他同学发生争执，上课也没有以前专心了。所以，老师有点担心你。你是因为处分才情绪低落的吗？
> 学生：也不全是，总之最近不太好过。
> 心理教师：怎么不好过？
> 学生：我爸知道我受处分了，周末游戏时间没了。和同学的关系也变得奇奇怪怪的。
> 心理教师：奇奇怪怪是什么意思？
> 学生：我觉得教训茂林这件事应该是为朋友出气的义举，大家应该挺我才对，但现在好像都在有意避开我……
> 心理教师：看来这和你设想的结果不太一样。本来你是为朋友打抱不平出出气的，你的朋友觉得出气了吗？
> 学生：不知道，可能吧！
> 心理教师：你们俩的关系是否因为你替他出气变得更好了？有什么样的变化？
> 学生：不知道，但我看到他居然和茂林有说有笑……
> 心理教师：看来他并没有你想得那样和茂林关系很糟糕，你怎样看？

学生：白替他出头了！

心理教师：假如他没有和茂林有说有笑，你还会愿意为他那样对茂林吗？

学生：可能也不会了，因为一来没觉得这么做让我俩关系更好，二来没想到会有这么多麻烦。

心理教师：从这件事的结果上看，你帮朋友出头教训茂林，看起来没有进一步加深你和朋友的感情，也没有让周围同学领悟到这是你讲义气的表现，还让你在班级里和同学们疏远了，学校里受了处分，家里玩不成游戏等。

学生：这样一看，代价确实太大了。

（三）引发如何达成目标的思考

心理教师引导欺凌者看到自己在欺凌事件中的行为动机和内在需求后，请他"回到"欺凌事件场景，引导他们认识到欺凌行为不仅未能满足他们的需求，反而付出了更多的代价，接下来共同探讨怎样做才能达成本想通过欺凌行为实现的原有目标。

1. 以宣泄情绪为目的的欺凌者

欺凌者把被欺凌者视为"出气筒"来发泄情绪。心理教师的应对策略是通过与欺凌者探讨将身边人作为发泄对象来宣泄情绪所产生的"踢猫效应"，引导欺凌者学习合理的情绪宣泄方法。

学生：我就是看他不顺眼，谁让他在我心烦的时候跟我嘚嘚瑟瑟的。

心理教师：那天发生了什么让你觉得心烦？

学生：语文成绩发下来，我退步了很多，本来就昏昏沉沉的，语文老师又说体育老师生病了占用体育课，那么强壮的体育健将怎么总生病，其他主科老师怎么总那么精神替他上课，烦死了。那个李莽这时候在我面前炫耀着他的成绩，所以是他自己撞到枪口上的。

心理教师：难怪这么心烦！成绩不如意，好不容易挨到体育课想着外面能放松下，还要在教室里继续上课，心情就更烦躁了。偏偏李荞还要在这个时候提自己正头疼的成绩，所以你就撕了他的试卷。

学生：让他嘚瑟，活该！

心理教师：我们去回想那一天你在心烦之下撕扯了李荞的试卷，后来都发生了什么？

学生：李荞很生气，告诉了老师，老师用了半节课训我，我气不过和她争辩占用体育课的事情。

心理教师：后来呢？

学生：她就把我妈叫过来，回家我妈和我爸一说，我爸很生气地告诉我周末不能玩手机了。

心理教师：听起来你为心烦下的举动付出了很多代价。我给你讲个故事。有一位父亲上班时受到了老板的批评，回到家看见儿子在沙发上跳来跳去，本来心情很差就借机把孩子臭骂了一顿。儿子心里窝火，狠狠去踹身边正在打滚的猫。猫受到惊吓逃到街上，正好一辆卡车开过来，司机赶紧避让，却把从家里追猫出来的儿子给撞伤了。这个爸爸看到了受伤孩子心疼死了。你知道吗？这就是心理学上著名的"踢猫效应"，描绘的是一种典型的坏情绪传染所导致的恶性循环。

学生：你是说我是因为心情不好让自己倒霉的？

心理教师：你的事情和这个故事很像，很多人都被感染了坏情绪，或许你在撕毁李荞试卷的瞬间部分情绪被宣泄了，但你有没有发现，那么几分钟的痛快和后续发生的事情所带给你的后果是不对等的。李荞生气了告诉语文老师，语文老师生气了，用半节课去训你，又告诉了家长；爸爸妈妈生气了，用一晚上去训你；周末本来可以玩手机的时间也被剥夺了。追其根源，就是你因为体育课被占用和成绩的事而把生气的情绪发泄在一个身边不相干的人的身上。

学生：是啊！当时很气啊，我就没控制住自己的脾气。

心理教师：我有很多方法可以教给你，在你觉得心情不好特别想找别人发脾气的时候用这些方法去替代,这样我们就不会引发这种踢猫效应的后果了(技能辅导参考"情绪调节的团体心理辅导")。

2. 将现实性目的归责于对方的欺凌者

有些欺凌者将欺凌原因归咎于对方,其中一类是对被欺凌者的真实抱怨,将欺凌行为认定为正义的处罚行为;另一类是通过归咎被欺凌者为自己开脱。对于后者,心理教师不必摆出事实来证明他们逃避责任,可以看破不说破,顺应其归因。心理教师这种伪装事出有因的信任态度也容易让欺凌者改变立场,接受新观念。无论是哪一类,心理教师的应对策略都是邀请欺凌者共同商讨,如何达成原本想通过"处罚"对方想达成的目标。为欺凌者积极赋能,创造性地帮助被欺凌者。

学生:要怪只能怪他自己,谁让他那么笨的,就那么一段古文都背不下来,大家都把要背的内容背熟了,只有他天天只知道打篮球,害得我们组这个月古诗文比赛又是最后一名,不给他点教训他就记不住。

心理教师:我明白了,淼淼只顾着自己喜欢的事情,对团队比赛不上心,害得你们组总是最后一名。难怪你这么生气,你这是恨铁不成钢是吧?

学生:是啊!他要是能把打篮球的五分之一时间用在背古诗词上就不会让我们这么丢脸。

心理教师:那淼淼自己觉得丢脸吗?你有注意到当老师宣布你们组又是最后一名时,他是什么表情的?

学生:耷拉个脑袋不说话,一下课就抱着篮球往外跑,他也觉得丢人呗。

心理教师:这么说起来,他好像也不希望拖团队后腿。看来这件事必须得解决一下。

学生:是啊!所以我们就把他的篮球扎破了,让他不要再玩物丧志。

心理教师：那篮球破了后，他有没有把时间都利用在背古诗词上呢？

学生：没有。这家伙居然又买了个新的，现在我们谁都不理他。

心理教师：这么说"扎破篮球"的方法并没奏效，你们的新方法是"大家都不理他"是吗？

学生：是的。

心理教师：你觉得继续孤立他这个方法让他回归团队的胜算有几成？

学生：好像没有胜算，他一副死猪不怕开水烫的样子。唉！下个月的比赛我们组又得垫底了。

心理教师：老师特别欣赏你的团队精神。我们一起来想想办法。从目前你们用过的办法上看都没有很好地解决，我们先要想想失败的原因。心理课上我们曾经谈过行动的"燃料"是内驱力，就是说我们做什么取决于我们想要什么。你想想看，为什么你会在意古诗词比赛的排名？

学生：因为我想要我们组赢啊！

心理教师：是的，因为你有团队精神，想要通过努力为团队争光。可是我们想要什么总是被情绪所左右，让我们开心就更想要，就更愿意付诸行动去获得。你感受到的团队凝聚力越强越让你激情澎湃，越愿意付出努力。你觉得淼淼对你们这个小组有怎样的感受？

学生：没什么感受吧！大家都不愿意理他。

心理教师：淼淼被大家嫌弃，还发现他最喜欢的篮球也被扎坏了，更让他觉得自己不属于这个团队，就不存在要为团队争光的内驱力了。所以，我们得换个思路，让他觉得自己属于这个团队，激发他的团队精神，再去找到针对他有效的方法帮助他达成目标。

学生：我明白了，我们越是这样针对他，越把他推得更远，他就更不会为小组着想。

心理教师：是的。还有就是人们倾向于回避做自己不擅长的事情，淼淼不擅长背诵古诗词也是一个重要原因。老师相信，你一定有很多背诵古诗词的好方法，怎么可以帮到他呢？

学生：理解古诗词的含义很重要，我都是把每首诗词想成一个故事，我倒是可以给他讲讲故事帮助他记忆……及时复习也很重要，小组成员轮流早晚考考他……

心理教师：真不错，都是些实实在在的好方法。那如果他没忍住又一直待在篮球场上怎么办？

学生：现在他都是一个人在玩，肯定没意思，我们和他谈条件，背下来五首就和他一起玩一场……我们还可以在他的篮球袋子上贴上一张提醒他"今天的任务量完成了后再打篮球更痛快"的纸条……

此外，有些欺凌者是出于对被欺凌者的嫉妒而实施的欺凌行为。对这类欺凌者，心理教师可以与他们探讨嫉妒背后的心理需求，引导他们认识到欺凌行为不仅未能满足需求，反而让自己得不偿失、备受谴责，从而增加用建设性方法达成目标的行为动机。

学生：我就是不明白大家为什么都喜欢和她在一起。就像上次我邀请另外几个好朋友一起去逛街，她们都拒绝了我，说是要给美玲的校园歌手大赛去捧场。

心理教师：你对朋友们拒绝你的邀请觉得有点儿失落，听到拒绝的原因是为了美玲，这让你对美玲有了更多质疑和不满，是吗？

学生：是啊！以前我们几个总是一起去逛街，就是这个美玲转到我们班后，她们就和我疏远了，总是围着她转。我气不过，所以才在班级里编"美玲在酒吧驻唱陪酒过夜"的话。

心理教师：你是想，朋友们认为美玲是个坏女孩，那样就会恢复到从前你们的关系。看来你很在乎朋友们之间的友谊。你说了美玲驻唱陪酒的话后，朋友们对她的态度发生变化了吗？

学生：他们开始不相信，后来传的人多了，大家就都疏远了她。

可是现在老师让我当众承认错误，美玲又变成了班里的中心人物，我倒成了被孤立的对象，每天一个人独来独往，越来越讨厌学校了。

心理教师：看起来用说美玲坏话的方式非但没有让你和朋友们恢复成以前的关系，反而身边一个朋友都没有了。

学生：但是，我就是很生气，凭什么大家都喜欢她，凭什么她来了以后就抢走了我的朋友。

心理教师：那我们一起探讨下这个问题。你觉得你的好朋友们为什么喜欢美玲？她们都是怎样评价她的？

学生：说她唱歌好听，善解人意什么的。我除了唱歌没有她好外，我也不比她差呀？

心理教师：那朋友们是怎么评价你的？以前你们经常在一起，你觉得她们为什么会喜欢和你在一起？

学生：她们说我是开心果，总是能逗她们开心，我学习成绩也很好，也经常给她们讲题……

心理教师：你幽默、好学、助人，这些都是很容易吸引朋友的特点。美玲唱歌好，善解人意，也是她吸引朋友的原因。你们都会因为自己身上的这些特点被朋友所接纳和喜欢。让你生气的是朋友们在你和她之间没有选择你，那请你想想看，去逛街和去参加歌手大赛这两件事除去你和美玲的个人因素，还有什么会影响朋友们的决定？

学生：逛街其他时间都可以，但歌手大赛只有那天有……她们喜欢流行乐，听说还有现场抽奖环节。

心理教师：这样看来朋友们拒绝你逛街也不一定单单是美玲的个人原因是吧？

学生：不仅仅是这一件事，有时候看见她就觉得烦，我承认可能有嫉妒的原因，但我控制不住。

心理教师：当我们很在意某个方面，而别人在这个方面比我们条件更优越时，嫉妒就容易产生，或许在这件事上你的嫉妒情绪在告诉你，你很在意朋友对你的评价，你希望他们最喜欢你，美玲的出现让你产生了一种人际上的不安全感，降低自信心。

学生：这样听起来，我是害怕失去朋友、失去朋友的喜爱。

心理教师：你能明白情绪带给你的讯息很重要，这是我们进行情绪调节的第一步——理解情绪。同时我们也要知道嫉妒带给我们的焦虑感也具有两面性，一方面控制不住地想去打压对方；另一方面想去提升自己，重获自信和优越性。前者很容易在冲动之下伤害到对方，被周围人和自己批判，受到道德与良心谴责；后者才是我们应对嫉妒心理的正确途径，也就是让自己变得更优秀。另外，当别人超过自己而处于优越地位时，还可以选择扬长避短，做自己喜欢和擅长的事情。花开蝶自来，有"失之东隅，收之桑榆"之心，对朋友们选择和谁玩的想法自然就不会那么影响自己了。

学生：也是，可现在明白这些晚了吧？无论我擅长什么大家都不理我了。

心理教师：关于怎样挽回友谊，我们接下来一起想办法。但这件事的发生，至少让你能明白用谣言伤害别人来达成目的，只会让自己在其他人心目中留有糟糕的印象。我们成长中点点滴滴的经验和教训都在告诉我们，怎样做才能真正赢得别人的尊重和喜爱。

（四）同理心教育

一些欺凌者表现出"我无所谓""他活该""不过是开个玩笑""他就是欠揍"等毫无同理心的态度，这是因为他们被家长、老师和同学归类于行为偏差的问题学生，经常被指责和批评教育，用无同理心态度伪装成坚强，他们厚厚的心理防御下更需要获得他人的关注和认可。心理教师应该对这类学生保持积极关注的态度，在真诚接纳的基础上，引导他们站在被欺凌者立场开展同理心教育。

1. "他活该"

欺凌者认为被欺凌者自作自受，自己的行为是正常反应。心理教师可以对这类欺凌者先做助人下的积极情绪同理心，再做欺凌伤害下的消极情绪同理心。

学生：我才不管李莽怎么想、他什么感受，谁让他炫耀成绩，那我就把他的卷子撕掉，活该！

心理教师：你是说李莽这次成绩还不错，但是你看不惯他炫耀成绩的样子是吗？具体说说原因好吗？

学生：是啊！不就是第一次得个满分嘛！至于前后左右地给人家看试卷吗？看着他那得意忘形的样子就来气，我这边还担心回家挨骂呢。

心理教师：我明白了，在别人正担心难过的时候非但没有安慰还炫耀自己的成就，是让人感到很恼火。如果是你的话，看到旁边同学不及格，但自己考得很好，你会怎么做？

学生：我肯定会安慰他呀，什么都不说也好，至少不会像李莽那么气人。

心理教师：那你会怎么安慰他？

学生：我会说"不过是期中考试，没什么大不了的"或者"现在能知道错在哪里总比中考时犯错更好"。

心理教师：这样说真的很暖心，假如李莽这样做了结果就不同了。

学生：所以我说他是活该。

心理教师：那如果这次你考了个满分，满心期待周围人的肯定，你希望旁边的同学说什么？

学生：能夸夸我呗！什么都不说也无所谓，我更想让我爸妈给我手机游戏奖励。

心理教师：那你一定很想把这份试卷拿回家给爸妈看，如果这时突然被旁边同学把试卷给撕烂了，你会觉得怎么样呢？

学生：……

心理教师：老师能理解你认为他在这件事里是负有责任的。我们每个人都习惯于站在自己的立场上看问题，了解我们自己的感受。我们试着想象下，如果你从来没有得过满分，第一次拿到满分成绩会是什么样的心情？

学生：很开心吧。

心理教师：在你看来他是得意忘形的炫耀，但在他看来自己只是在欣喜若狂地表达。当人们沉浸在自己的情绪感受中时，你觉得会对周围人的反应有多关注？

学生：可能光顾着自己开心，很难注意到别人的反应。

心理教师：是的，不管开心也好伤心也好，人们沉浸在自己的情绪感受中时，很难觉察到周围人的情绪变化。你生气是因为站在你的立场上看，他应该觉察到你没考好、不开心，然后来宽慰你，然而他并没有这样做，相反他的"得意忘形"就好像故意要气你一样。一想到他是故意的，难怪你会生气。

学生：是的，当时我就觉得他是故意的，所以才撕了他的试卷。

2. "没什么大不了的"

欺凌者否认欺凌行为是错误的，认为自己不应该受到惩罚。心理教师的应对策略应通过同理心教育，将重点放在被欺凌者受到伤害的事实以及规则引导上。

学生：没什么大不了的事，居然被他们如此兴师动众地宣扬，又是找家长，又是给处分，同学还指指点点的，跟我犯了多大错误似的。

心理教师：你觉得学校因为这件事对你的处理太严重了，感觉很委屈是吗？不过听起来最近困扰你的事情很多，而且源头都是因为这件事。你愿意谈谈这件事吗？

学生：就是那天我看见茂林在值日，我让他打扫干净一点，他没回应我，我就悄悄走过去把他外裤拽下来，发现他居然穿条红色的内裤。就因为这件事情学校给了我处分。

心理教师：当时教室里除了你们俩还有谁？

学生：刚刚放学，还有一半同学在。

心理教师：有二十几位同学在，那茂林被拽下裤子时是什么

反应?

学生：没想到他就哭了起来，一个大男人哭哭啼啼得像什么样子。

心理教师：听起来对茂林来讲这是件大事情，毕竟在二十几位同学面前被暴露了隐私，让人很没面子，所以才会哭起来。

学生：那倒是，男孩子居然穿红色内裤。

心理教师：即便不是红色内裤，单单是班级同学面前被人脱掉外裤也会很难堪吧！如果是你的话，你会有什么样的感受？

学生：……我不会让别人这样做的。

心理教师：嗯嗯，我当然相信你，你会保护好自己。刚才你提到最近班里同学对你指指点点让你觉得很委屈，假如他们看到了你在毫无防备下被突然拽下外裤后再指指点点，你会不会觉得受到伤害更大，更委屈了？

学生：会吧。

心理教师：我也相信你在做这件事的时候并没有考虑那么多。但如果学校对这样的行为不闻不问，默许之下就有很多人效仿，可能不只是脱掉外裤，任何一种让你难堪的事情都会发生，到时候我们每个人都有可能受到伤害。

3. "不过是开个玩笑"

欺凌者将欺凌行为解读为开玩笑、同学间的打打闹闹。心理教师的应对策略是引导学生通过换位思考进行区别玩笑与欺凌行为的心理教育。

学生：我不过是想和他开个玩笑而已，他却说我欺负他。

心理老师：确实有时同学之间开玩笑和欺负人的行为很容易混淆。开玩笑能让其他人觉得开心还能促进友谊，欺负人就不一样了，只会让欺负人的人开心，被欺负的人一点儿都不开心。你觉得你在同学祝朋的水杯里放入墨汁，当他喝完后满嘴黑黑地和同学说话，都谁在开心，谁没有开心？

学生：他那个样子好笑极了，周围看到的人都笑了。

心理老师：那你看到祝朋笑了吗？

学生：他倒是没笑。

心理老师：如果你是他的话，喝了一肚子墨水，牙齿都是黑黑的，又看见周围同学都围观着笑话自己，你会有什么样的感觉？

学生：我也会生气吧，我当时没想那么多。

心理老师：老师也喜欢和其他老师之间有轻松愉快的工作氛围，有时候我们也会开玩笑。但是在开玩笑之前，先要考虑玩笑的后果会不会让对方开心，如果结果只是自己开心、周围人开心，但对方不开心甚至是难堪，那就叫作拿对方取乐，从对方的角度来说就是欺负人的行为。

4. "他就是欠揍"

欺凌者把暴力行为视为解决问题唯一有效的方法。通常这类欺凌者是家庭暴力行为的受害者或目击者，在家庭暴力环境中学习并认同了用暴力去解决问题的方法。心理教师的应对策略包括两个方面：一是了解欺凌者的家庭背景和监护人教养方式，是否存在本人或其他家庭成员遭受家庭暴力的事实，引导学生谈论暴力解决问题的相关经验以及带给自己的负面影响。二是在对其遭遇给予共情式回应基础上，引导学生换位思考，探讨暴力行为对同伴交往的影响，增加选择其他替代性方案解决问题的动机。

学生：他就是欠揍，揍几次就老实了。

心理教师：你认为昊生同学不该答应替你值日后又反悔，用拳头可以很好地解决这个问题？

学生：是啊！揍完他，他就乖乖地去替我值日了。

心理教师：你有没有被别人揍过的经历？

学生：没有。互殴常有，只是单方面挨揍没有。

心理教师：在学校不会像昊生那样挨打了不还手是吧。那在家里有吗？

学生：在家里经常被我爸揍。有时他打我打得特别狠，有一次用鞋拔子抽我，居然鞋拔子都给打断了，我对同学已经手下留情了。

心理教师：我不敢想象那得有多疼，有多委屈……那时候你有没有求助过谁？

学生：没用，我妈怕我爸，她自己也会挨打，和我爷爷说过，回家后他打我更凶了。

心理教师：关于求助的问题，过后我们再去专门讨论。老师想问问你，你觉得爸爸都会因为什么事情打你呢？

学生：学校不听老师话揍，考试没考好揍，回家玩手机揍，吃饭时吧唧嘴揍，和他说话声音大了觉得我没把他当老子看也揍，总之他看我不顺眼时就揍。

心理教师：听起来从小到大，只要你没有达成爸爸的期待就会挨打，他可能会认为你挨打了才能听话服从。你也是这么认为的吗？

学生：当时一定是服了，不服被打得更狠。但我心里可不服，恨死他了，自己没文化没方法只会动拳头，有一天我能养活自己了就带着我妈离他远远的。

心理教师：所以你是不赞同爸爸的教育方式的，不仅对你身体造成伤害，也会让你觉得和他的关系越来越糟糕，对他很怨恨，想要逃离他。那我们回到昊生的这件事上，你是怎么看用拳头帮助你解决问题的？

学生：我知道你的意思，你是说我和我爸一样喜欢用暴力解决问题是吧？这样确实很省事，不用废话，像我爸打我我就听话了一样，昊生挨打后他也听话了。

心理教师：看起来好像当时值日的问题解决了，那有没有带给你一些不好的影响？

学生：唉！有同学告诉老师，老师找我家长，我又挨了顿打呗，反正我也习惯了。

心理教师：那你觉得老师和同学们会怎么看你？

学生：老师嫌我麻烦，同学们怕我呗。我就是要这种效果，让他们觉得我不好惹。

心理教师：那会不会也是表面上害怕，而内心只想离你远远的，就像你对爸爸的感受一样，想要逃离他？

学生：我知道他们内心瞧不起我……

心理教师：用武力解决问题好像带给你更多的问题，老师批评，家长管教，还有同学异样的眼光都不是你想要面对的。而且用武力建立起的威信也没有让同学真正尊重你，表面上的服从只是害怕你、回避你，甚至是背后贬低你。

学生：我也不想总挥拳头，但是我不这样做他们就不会听我的。

心理教师：你想想看交换值日是那么常见的一件事情，其他同学都是打服对方才交换值日的吗？

学生：那倒不是，但用嘴巴说来说去很麻烦。

心理教师：确实打服对方看起来"高效"些，但服从不代表认同，他们对你就像你对爸爸的态度一样，表面服从内心怨恨，而且后续的麻烦会更多。更何况你清楚挨打时身上的疼痛和心里的委屈，习惯了挥舞拳头不仅让现在身边的人不幸，还可能把这种不幸带给你将来的家庭，让你的孩子也怨恨着和你生活。你愿意吗？

学生：……

心理教师：老师可以帮助你一起寻找拳头以外解决问题的方法，你愿意尝试吗？

遭受家庭暴力的欺凌者在辅导中还应探讨学生所遭受的家暴情况和求助渠道，需要注意遵守未成年人的强制报告法规，必要时向学校有关主管部门报告，同时取证身体伤害照片，报案或举报时将相关材料一并提交公安机关。同时，协助学校积极帮助学生寻求防治家庭暴力的妇联、社区等求助渠道，还可以拨打"妇女维权热线"（12338）和"反对家庭

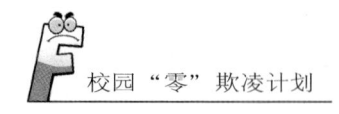

暴力白丝带"热线求助电话（4000110391）等①。

（五）强化欺凌危害性认知

欺凌者普遍会存在"欺负别人才是强者，强者不会受伤"的错误认知，而对欺凌行为的危害性并不自知。面对这类欺凌者，心理教师除了强调校规、班规对其惩处的影响外，还应通过科普欺凌法治教育，告知欺凌行为对当下学习生活影响及未来风险等，强化他们对欺凌行为危害性的认知。

1. "强者"教育

学生：他们都怕我就是我的目的，这样才能证明我是强者。

心理教师：人人都希望成为强者，毕竟强者有意气风发，指点江山的气概，有掌控权力和资源的自豪感。我猜你想通过身边同学服从你的态度来证明自己是强者，所以你的最终目的应该是让大家都承认你是强者是吗？

学生：是啊！不服你怎么证明你是强者？

心理教师：弱者服从强者确实是常态。那请你想一想服从是不是代表认同对方是强者？比如我沉默着听从了你指使我做我不愿意做的事情，但我在心里很怨恨你，你说我会认同你是强者吗？

学生：即便这样，他听话了，不认同也无所谓。

心理教师：非但不认同，甚至会认为你是个弱者。韩国电视剧《黑暗荣耀》尹素禧对欺负她的妍珍说"我已经不再怕你了，因为你一点都不可怕，我原来怕的是你家的权势，仔细想想，你真的很可怜，所以我决定要原谅你，因为我是一个比你更好的人"。你当然也可以用拳头揍服对方，让其他同学孤立对方，用权力限制对方。但对方即便是听话了，也只是表面服从，内心却认为你是个只会使用手段伤害别人的人，是个很可怜的人，这和你想要的"强者"大相径庭吧。而有资源、手段和能力让对方服从自己，有条件选择欺

---

① 方刚主编：《让欺凌归"零"：终止校园欺凌工具包》，中国社会科学出版社2018年版。

凌却不会这样做，而是能让对方心悦诚服的人才是真正的强者。

2. 风险教育

学生：就算我欺负别人，难过的是别人，对我又没什么影响。

心理教师：先说对你现在的影响。你这样对待吴生时，身边的同学担心哪一天自己也会被如此对待，大家会选择对你避而远之，这会影响到你正常的人际交往。另外，只要涉入了"欺凌"怪圈，很容易在欺凌和被欺凌角色之间转换。这也很好理解，想想看，如果你莫名其妙被一群人揍了一顿，当时势单力薄无法反击，你会怎样？

学生：好汉不吃眼前亏，过后我再一个个收拾他们。

心理教师：或许吴生是那种不敢还击的类型，但难以保证你所"收拾"的每个人都不会反击，碰到哪个和你一样有仇必报的人，你就会成为被欺负的那个人。

学生：将来毕业了就都结束了，也不会对我有怎样的影响。

心理教师：这可不一定。当你习惯采用简单粗暴不考虑对方感受的方式解决问题时，会形成你个性化的人际交往方式，这使你进入职场后也很难建立深入持久的人际关系。另外你的这种人际交往方式还会吸引和你一样的人群。已经有大量研究证实，欺凌者长大后，参与吸烟、酗酒、吸毒或其他物质滥用的风险更高，参与暴力事件甚至犯罪行为的风险更高，也更容易患上各种精神障碍，影响身心健康。

3. 科普欺凌法治教育

学生：我还是未成年人，即便揍扁了他，警察也不会抓我的。

心理教师：那可能是你对我国新修订的一些法案还不了解。即便是未成年人，根据欺凌的严重程度，由轻至重可能涉及的法律后果有民事责任、行政责任和刑事责任。如果你造成对方财产或人身损害，产生的民事赔偿责任是要由你的父母来承担；如果你违反了我国治安管理处罚法的规定，公安机关可以对你处以警告、罚款、行政拘留等治安管理处罚；而根据新修订的《刑法修正案》也将刑事责任年龄局部下调至12周岁。如果触犯刑法，后果可能会有管制、拘役、有期徒刑甚至无期徒刑等。并且，在我国任何人犯罪都会有犯罪记录，即便是未成年人也可能会留有案底。所以说年龄不是未成年人欺凌他人的"免责金牌"。

（六）探讨深层心理原因及个性化心理辅导

如果心理教师对欺凌者的个体心理辅导工作仅强调欺凌行为的危害性以及对被欺凌者的同理心，可能只会对实施欺凌萌芽行为的学生起到教育引导作用，而对长期有欺凌行为的学生效果甚微，很难消除或减少其欺凌行为。生物—心理—社会的新医学模式提出，维持健康或者引发疾病都是源于生物学、心理学和社会学的相互作用。同样，影响青少年心理健康的欺凌行为也会受到生物、心理和社会三因素的影响。除去孤独症、多动症，以及父母攻击行为等遗传生物因素外，所有欺凌行为背后都有其特有的思维模式，而思维模式的形成都有其心理—社会因素的缩影，比如"要让所有人都怕我""让大家都看到我""凭什么你比我强""心情不好别惹我"这些思维模式下发生的欺凌行为都有未满足的内在需求。因此，心理教师可以引导欺凌者思考"自己用欺负/攻击他人的方法想获得什么（满足怎样的需求）？""为什么习惯用欺负/攻击他人的方法，而忽略用其他方法来达成目标（满足需求）？"共同探讨欺凌行为的深层心理需求。接下来心理教师根据欺凌者的需求提供个性化心理辅导，比如有过被欺凌史的欺凌—被欺凌者需要处理创伤事件，受家庭因素影响的欺凌者需要父母介入的家庭辅导，人际交往障碍的欺凌者需要提供人际技能训练的辅导等。

最后，无论欺凌者还是被欺凌者的个体心理辅导，都需要跟踪辅导效果，及时定期地与班主任和学生监护人联系，寻求合作与反馈。特别要注意，如果学生已出现严重的精神症状，如抑郁、焦虑、自闭、自伤行为或自杀意念及自杀尝试行为，或通过心理辅导没有效果反而呈现出更多的心理或行为问题时，应建议监护人及时陪同就医，接受精神科或心理科的诊断和治疗。

第二节　心理教师防范欺凌行为的团体辅导

心理教师的校园欺凌防治工作中，除了在欺凌事件发生后对欺凌者与被欺凌者实施个体辅导外，针对全体学生防患于未然，采用团体心理辅导的形式来预防欺凌事件的发生也是心理教师的重要工作内容。如自我肯定的团体心理辅导可以帮助学生积极肯定自己，接纳不完美的自己，避免因缺乏自信心在遭受欺凌时不敢反抗；应对同伴压力和人际拒绝的团体心理辅导可以帮助学生理解同伴交往中不应该给他人施加人际压力，从而减少欺凌者施压于旁观者的欺凌行为，同时提升学生对同伴不合理要求的辨识能力以及人际拒绝能力，从而增加旁观者和被欺凌者的反欺凌意识与应对策略；情绪调节的团体心理辅导可以帮助学生在理解情绪是内在需求表现以及冲动行为危害性的基础上学习情绪调节策略，提高情绪管理能力，从而降低欺凌者冲动行事攻击他人的欺凌行为和被欺凌者遭受欺凌后伤害自己的冲动性行为。网络欺凌防治的团体心理辅导通过剧本杀形式引导学生认识网络欺凌的危害性与表现形式，学习如何防范与应对网络欺凌行为，以及如何帮助遭受网络欺凌的同伴。

一　自我肯定团体心理辅导

《那就是我》

【活动目标】

◆ 认知目标：引导学生认识自我肯定是自信的前提条件，不仅要肯定自己的优点，同时也要接纳自己的缺点与不足。

◆ 能力目标：引导学生学习自我肯定的方法与技能。

◇ 情感目标：体验自我肯定和自我接纳的积极情绪。

【活动过程】

活动一　了不起的食材

1. 活动目标

（1）放松，团体升温，为主体活动做准备。

（2）通过游戏思考自身优点衔接"自我肯定"主题，为活动二做铺垫。

2. 活动准备：小组围圈座位摆放，一组8—10人。

3. 活动规则

（1）小组围圈坐，每位同学用一种食材做小组内自我介绍，比如"我是小辣椒""我是胡椒粉""我是鲈鱼"等。

（2）从组长开始做厨师，同时撤掉一把椅子，围绕小组成员挑选食材，被叫到食材名字的同学要离开座位，依次跟在厨师后面绕圈。

（3）厨师每挑选一个"食材"，这名同学就要介绍自己一个优点，如"我是不认输的小辣椒""我是讲卫生的胡椒粉""我是热心肠的鲈鱼"等。

（4）厨师将所有"食材"叫到后，说"下锅了"，所有同学找到一把椅子坐下，来不及找到椅子坐下的同学做下一轮厨师。

（5）重复2—3次，每次介绍自己的优点不能重复。

4. 导入指导语：真开心今天有机会让老师认识到这么多了不起的食材。当你在介绍自己优点时有什么样的感觉？有没有找不到、不好意思说、觉得难为情的同学？有时我们把自我肯定与"自大""自满"画上了等号，时刻提醒着自己要谦虚，觉得谦虚低调既不给对方增添人际压力，又能鞭策自己变得更优秀，甚至有些同学不知不觉中习惯于自我否定。今天我们一起来了解什么是"自我肯定"，它有怎样的好处，以及如何进行"自我肯定"。

活动二　那就是我

1. 活动目标：

（1）理解自我肯定是自信的前提条件。

(2) 了解不敢或不愿自我肯定的原因和弊端。

(3) 通过比较"炫耀"和"自信"的区别，了解自我肯定是向内比较。

(4) 通过小组练习演练自我肯定，习得自我肯定小技巧。

2. 活动过程

第一步　小组讨论与发表

问题1：自我肯定和自信有怎样的区别？

小结指导语：很多同学对自我肯定有误解，觉得自我肯定就是对自信的那部分优点进行肯定，甚至认为自我肯定等同于自信。实际上，两者的区别很大，自信是对自己能力和价值的信任与肯定，让我们相信自己具有某种能力优势，使我们在处理问题时心情更加放松，往往能超常发挥；而自我肯定无关乎自身优劣，是对自己的接受与积极评价。自信的形成需要自我肯定作为基础，只有对自身的积极评价和接纳，才能建立起对自己价值与能力的信心。一个人有自信，与取得了好的成绩，即他/她的成功经验密不可分，但如果他/她无法肯定、认同自己的话，就没办法自信。比如当别人夸赞你在某方面很优秀的时候，你觉得这根本不值得一提，那么就不会在这方面觉得自信。因此，我们对自己的肯定是自信的前提条件，只有坦然并欣喜地接受自己的优秀才会为自己骄傲，充分展示我们的能力。

问题2：为什么一些人不敢/不愿肯定自己的优点？

小结指导语："满招损，谦受益"确实蕴含人生哲理，提示我们应该保持谦虚谨慎、戒骄戒躁的态度。但是有些同学为了完善自己，不去看长处，而是用放大镜审视自己的短处，这样做即便能达到鞭策自己不断进步的目的，也会因焦虑不安，容易陷入自我怀疑的怪圈里。还有些同学是担心肯定了自己的优点会让别人不舒服，认为大家不喜欢张扬的人，实际上华而不实的"张扬"和自信的"自我肯定"有着本质上的区别，人们讨厌炫耀自己的人，但是喜欢自信的人。其中最大的奥妙就在于"比较"的对象，张扬的人总是向外比较，通过"我比你强"目的打压对方；而自信的人是向内比较，通过"我比过去的自己强"而建立自信心，认为自己可以做得更好。中国女子自由式滑雪运动员谷爱凌说："我一直认为最大的竞争对手，无论是生活，还是在赛场上，都是自己。我从来没有和其他人比赛，做自己就行。每天比前一天做得好一点就行了。"所以，如果同学们看到了自己的进步，就要及时地肯定自己，这样做的好处是，让我们在面对挑战时会更积极、更果断地行动。

第二步　小组练习

指导语：自我肯定的方法有很多，比如积极发现自己的进步。请大家思考一个经过自己不断努力变得完善的优点或能力，在小组里分享，请注意，这个优点不一定非要和学习相关，也不一定是和别人比较而来的成就。比如"我是一个自律的人，这学期开始我每天跑步锻炼身体"，"我是一个画画进步了的人，最开始我只能照着摹本画简笔画，而现在我已经可以自己创作漫画了"等。小组成员在听完他/她的分享后点头鼓掌表示赞同。

小结指导语：我们每天都要去做一些自己喜欢的事情，比如听听音乐、和朋友聊聊天，或者是发呆，我们需要通过做喜欢的事情去滋养放松自己，才能在享受生活的同时，让自己有能量，更加努力。当然最好是在努力完善自己达成一定目标后，比如在繁重的学习生活中去放松。此外，在别人夸奖自己时，尽量不要脱口而出"不是不是""没有没有"，尝试欣然接受，感谢他的夸奖，多思考被发现的"闪光点"是怎样努力而来的，告诉闪闪发光的自己"那就是我"。

活动三　那也是我

1. 活动目标：

（1）了解自我肯定不仅是肯定自己的优点，同时也要接纳自己的缺点与不足。

（2）了解"缺点"特质的两面性。

2. 活动准备：

（1）视频：《烂泥一样的人生》

第四章　心理教师的校园欺凌防治工作

(2) 红色纸飞机（小组数量）

(3) 活动卡《自我肯定填句单》

活动卡：自我肯定填句单

➢ 我是一个_____、_____、_____的人；

➢ 我喜欢自己的_____、_____、_____；

➢ 原来让我觉得不自信的是自己的_____、_____、_____；

➢ 现在我发现它们还可以让我_____、_____、_____。

---

3. 活动过程：

第一步　观看视频《烂泥一样的人生》

指导语：这是一部奥斯卡获奖动画短片，讲述了一个泥人的故事。请大家把自己代入到泥人的角色里，思考如果这些事情发生在自己身上，你会怎么做？

第二步　小组讨论与发表

问题：两个房间里的泥人是怎么看待自己身上的泥巴的？他们的感受、行为又有怎样的不同？

小结指导语：第一个房间里的泥人为自己身上的泥巴而苦恼，总想擦拭掉泥巴的痕迹,但结果越来越糟糕。在他努力的过程中,墙壁上突现的工具箱像是在提醒他"你要努力改掉或隐藏你的缺点",最后他崩溃地伤害了自己,并砸破了墙壁;第二个房间里的泥人用自己身上的泥巴作画,他还利用了工具箱提供的水桶等工具来画画,整个过程他都是开心的、满足的、自得其乐的。都说"烂泥扶不上墙",原来烂泥一样的世界也可以如此精彩。这个故事提示我们自我肯定的另一个重要方面,它不仅仅指的是要肯定我们的优点,同时还要我们接纳那些无法改变的自身劣势,辩证地去看"缺点"带给自己的益处。这个过程中最为重要的是,要认同自己是有价值的。所以,自我肯定和能力无关,和看自己的视角密切相关。

第三步 红色大轰炸

指导语:请各小组围坐成一圈,组长先抛出纸飞机,"轰炸"到谁,就由这位同学说出一个让自己不自信或者努力很久都无法改变的特点(注意不能是与伤害他人或违法乱纪相关的特点),其他组员集思广益为他思考这个特点有哪些好处。比如"纠结的人更加辩证;胆小的人更加谨慎;固执的人更加有韧性;优柔寡断的人更加心思细腻;心直口快的人更加果断高效;个子矮的人更加长寿;成绩不好的人提升空间更大"等。

小结指导语:人们看待事物,总是习惯于将视角停留在大多数人所看之处,往往只能看到事物的一个方面,而忽略其他方面。当我们认为它是缺点让自己难堪,不肯去接受时,就会像第一个泥人一样痛不欲生。但如果我们把视角放在缺点的延长线上,看到它的其他可能性,就不会轻易落入自卑彷徨,或者盲目自责当中。特别是那些无法改变的事实,就需要我们创造性地去寻找它们带给自己的益处。我们以为自信的人能力一定很强,但实际上自信的人最可取的地方就是分得清什么是自己能改变的,什么是自己改变不了的。自信的人会去关注并肯定自己可以改变的部分,接受自己改变不了的部分。这和自大的人不同,自大的人会认为自己很完美,不需要改变,一直在原地踏步。然而,不懂得自我肯定的人往往将目光投放在不能改变的事情上,比如已经发生的过去、自己的出身、自己的身高外貌等，从而和自大的人一样只能原地踏步。所以，如果当你再次为自己的缺点苦恼时，不妨提醒自己"那也是我"。先去思考它带给自己哪些好处，客观多面地去看待自己，再把关注点放在那些可以改变的相关事物上，养成这种思维习惯就能更容易做自我肯定。比如，"长得太着急、不漂亮"不容易改变，带给自己的好处是"成熟"的外观，不容易受到同性排斥等；而另一方面能够认识到虽然容貌不容易改变，但积极锻炼身体塑身是可以通过努力改变的，一样可以提高自己的外貌值。

第四步　填写活动卡《自我肯定填句单》

指导语：每人填写自我肯定填句单，做四个填句。首先快速地用三个形容词去描述自己（我是一个怎样的人）；接下来去思考自己的三个优点（我喜欢自己的什么特点）；再去思考让自己不自信的三个几乎不能改变的"缺点"（原来让自己不自信的是什么方面）；对这三个"缺点"逐一思考它们带给自己的益处是什么（现在我发现它们可以让自己怎样）。如果这个填句有难度的话，请向小组同学求助，大家集思广益协助小组成员完成填句任务。最后请大家默念所有内容，告诉自己"这就是我，我喜欢这样的自己"。

活动四　自我肯定大锦囊

1. 活动目标：
（1）学习自我肯定的方法——表达性写作。
（2）了解其他自我肯定的方法。
2. 活动准备：表达性写作内容样例。
3. 活动过程：

第一步　介绍表达性写作及其作用机制

指导语：表达性写作是一种通过书写方式来表露自己情绪的写作方法。这种方法是基于心理学家詹姆斯·彭尼贝克（James W. Pennebaker）等人在1986年实施的"写作治疗"实验。他们把学生随机分配到四个小组，第一组写下"你生命中最令人不安或痛苦经历"的过程、感受和想法；第二组只写下他们的感受，而不用写痛苦经历的任何细节；第三组只写痛苦经历的过程，而不用写他们的感受；第四组是控制组，写和主题无关的事情。结果显示，相比于其他组，第一组虽然在写作后的血压和消极情绪显著增加，但是在后面六个月里去医疗场所的求助次数显著减少。后继研究表明，表达消极情绪经历的写作方法，可显著增加人们体内免疫细胞数量、加快伤口愈合、改善睡眠质量。现在，表达性写作已被证实是一种能促进身心健康，提升自我肯定的干预方式。

通常我们受到挫折后容易产生伤心、懊恼、生气、恐惧等消极情绪，这些消极情绪的积累有损我们的身心健康，更让我们对自己产生怀疑，产生更多的自我否定。表达性写作可以帮助我们管理情绪，通过写作既可以宣泄掉我们的消极情绪，又因让自己反复暴露于记忆中的挫折情境，使原有的压力和情绪反应不再引起强烈的消极情绪体验，这会让我们在同类事件再次发生时降低情绪激惹程度。另外，通过表达性写作中的觉知、认识、反思，能让我们更加全面系统地理解自己的挫折经历，进一步了解自己，以及自己的真实需求。

第二步　介绍表达性写作操作方法

指导语：每天至少10分钟，每周至少4次，选择一个无人打扰的地方书写，并妥善保管好自己的写作本，尽量固定写作时间段和写作地点。具体有两种方式，一种是书写内容没有限制，想到什么，感受到什么，不假思索地写下内心深处的想法与感觉。你可以写和别人的关系，包括父母、老师、朋友或同学；可以写你的过去、你的现在或你的未来；也可以写每天的议题或经验。所有你写的内容都是写给自己的，不用担心错别字、文法或语句结构。唯一的规则是只要你开始写，就持续到时间结束。另一种方式是参考如下书写样例（举例说明）。

表达性写作样例

➤ **今天发生了一件事情（时间、地点、人物和事件经过）：**
今天早上，我走进教室，和李老师问好，她没有理我。

➤ **当时我想到：**
果然李老师不喜欢我，可能我的成绩太差了，也可能我就是个不重要的"透明人"，大家都看不到我。

➤ **当时我感受到（情绪感受和身体上的生理感受）：**
我觉得很难过、沮丧，好像脸热热的，双手凉凉的。

➤ **然后我做了：**
我坐在自己的座位上什么也没做直到开始早读，可能是心情缘故，单词总是记不住。

➤ **现在对这件事新的解读、应对方法和感受：**
也许李老师没听到我的问好，明天我大声问好试试看；也许她就是不喜欢我，但没有人能让所有人都喜欢自己，就像我也有不想理睬的人一样。虽然还有点沮丧，不至于影响到做不下去事情的地步。

➤ **这件事情上我的可取之处：**
我是个有礼貌的人；"明天尝试大声问好"说明我是个积极寻求解决问题方法的人；我发现了想法可以影响情绪和行为，换个思路或角度想同一个问题就会减少自己的消极情绪。

第三步 介绍其他自我肯定的方法

指导语：还有一些日常生活中容易形成自我肯定的方法。

"养成好习惯"是自我肯定的好方法之一。把关注点放在目前正在努力养成的习惯上，以 21 天为目标，哪怕三天中断了，再次开始时只要坚持超过三天就可以肯定自己。

　　"锻炼身体"也是自我肯定的好方法。因为我们能否接受自己，部分取决于我们对自己身体的满意程度。比如通过体育锻炼和合理饮食达到符合自己新陈代谢的身体状态，健康塑形下会让我们不仅在外貌上更有自信，身体强壮也会让我们获得身心愉悦感。

　　"自我安慰"也是自我肯定的有效方法。如果你的朋友失败了，你会怎么安慰他？"每个人都会失败，我们从这次失败中总结出些经验教训就好""人又不是神，怎么可能没有失败呢"等，总之不会去打击朋友"你能力不够""你太差劲了"。然而，我们在失败后往往会用"能力不足、很差劲"这样的话去评价和苛责自己。一项心理学研究将两组因为拖延症期中没有考好的学生招募起来，一组让他们在纸上写批评责备自己的话；另一组让他们写表达自我怜悯的话，如"有拖延很正常，下次可以通过怎样的方法去做计划准备"。再比较两组被试的期末成绩，发现自我安慰组因为提前进入了复习而提高了成绩，而对自己苛责并不能让拖延症有所改善。所以，在责备自己时要提醒自己，安慰鼓励自己并寻求解决办法的方式更容易成功。也可以结合表达性写作去做自我肯定。

　　除此之外，还有一些技巧可以让自我肯定成为习惯。比如每天清早洗脸照镜子时笑着夸夸自己说"今天状态不错""今天元气满满""今天创造奇迹""真是个人见人爱的女孩"等，这些自我暗示的语句同样可以提升自我肯定的能力。

活动五　优点大派送

1. 活动目标

（1）通过小组成员相互激励，提升自我肯定和自我接纳。

（2）增强团体凝聚力。

2. 活动准备：每人一张可粘贴留言纸，贴在后背。

3. 活动过程

第一步 留言

指导语：请在每一位小组成员的留言纸上用铅笔（中性笔容易透在衣服上）写一句赞美对方，尽量不重复的优点。

第二步 默读留言

总结指导语：从前为了维护关系，我们可能会委屈自己去做一些不想做的事情。当我们学会了肯定自己，就不会害怕拒绝别人，也不会害怕被别人拒绝。通过今天的活动，请大家一方面要发现自身的可爱之处，相信做自己就好；另一方面要接纳自己的不完美，允许自己有做不到的事情。通过肯定自己的各种方法，更从容地接纳无论好与不好我们都是世界上独一无二的自己。

二 应对同伴压力的团体辅导

《身边的亚历山大》

【活动目标】

（1）认知目标：引导学生理解同伴交往中不应该给别人施加人际压力，更不需要屈服于同伴压力。

（2）能力目标：提升同伴不合理要求的辨识能力。

（3）情感目标：提升自我认同与自我接纳感。

【活动过程】

活动一 指尖上的朋友

1. 活动目标

（1）放松，团体升温，为主体活动做准备。

（2）导入"同伴压力"主题，为活动二做铺垫。

2. 活动准备

团体成员等分两组围成内外圈。内圈成员背向圆心，外圈成员面向圆心，即内外圈成员两两相视而站。

3. 活动过程

第一步　介绍规则

指导语：请大家跟随音乐一起唱《找朋友》的歌谣，歌曲结束时请向对面同学伸出一根至四根手指，手指数量有不同含义。伸出一个手指代表"我现在还不想认识你"；伸出两个手指代表"我愿意和你做个点头之交的朋友"；伸出三个手指代表"我想进一步了解你，和你做个普通朋友"；伸出四个手指代表"我想和你做好朋友，有福同享，有难同当"。如果两个人伸出的手指数目不一样多，则背对背站立；如果两个人都伸出一个手指，那么各自把头转向自己的右边，并重重踩一下脚；如果两个人都伸出两个手指，那么微笑着向对方点点头；如果两个人都伸出三个手指，那么主动地握住对方的双手；如果两个人都伸出四个手指，那么热情地拥抱对方。完成一轮后内圈同学向右跨一步，和下一位同学相视而站，开始新的一轮活动。

第二步　活动

第三步　讨论分享

指导语：请同学们回到自己小组，思考以下问题，然后在组内分享。

（1）当你看到别人伸出的手指比你多时，你有怎样的感受？

（2）当你伸出的手指比别人多时，你有怎样的感受？

（3）刚才你完成握手和拥抱的动作各几个？你有怎样的感受？

第四步　总结

指导语：人际交往中，我们都希望别人能承认自己的价值，支持自己，喜欢自己。而关系的温度往往是双向影响的，我们想让对方接纳自己，就需要我们同样接纳对方，因为人际交往会遵循交互原则，一般而言，向我们表达好感的人，我们才愿意去接近他；疏远、厌恶我们的人，我们自然也会与他保持距离。所以，对于你想交往的对象，我们首先应主动打开心扉，接纳、肯定和支持对方，这样对方才会愿意接近我们。另一方面，如果我们愿意接近对方，敞开心扉主动示好，但对方不接纳自己，通常会感受到沮丧、难过和挫折感，我们该怎么做呢？如果对方让我们做一些不愿意做的事情才愿意和我们做朋友，我们又该怎么做呢？带着这些问题我们一起走进今天的活动课——《身边的亚历山大》。

第四章 心理教师的校园欺凌防治工作

活动二 被所有人喜欢

1. 活动目标：

(1) 引导学生认识到"被所有人喜欢"的想法只会自我耗竭，并且永远无法实现。

(2) 引导学生认同每个人都有享受美好生活的权利，都有无条件的内在价值。

2. 活动准备：活动卡《圆圆的美好》；活动卡《他们不喜欢我》。

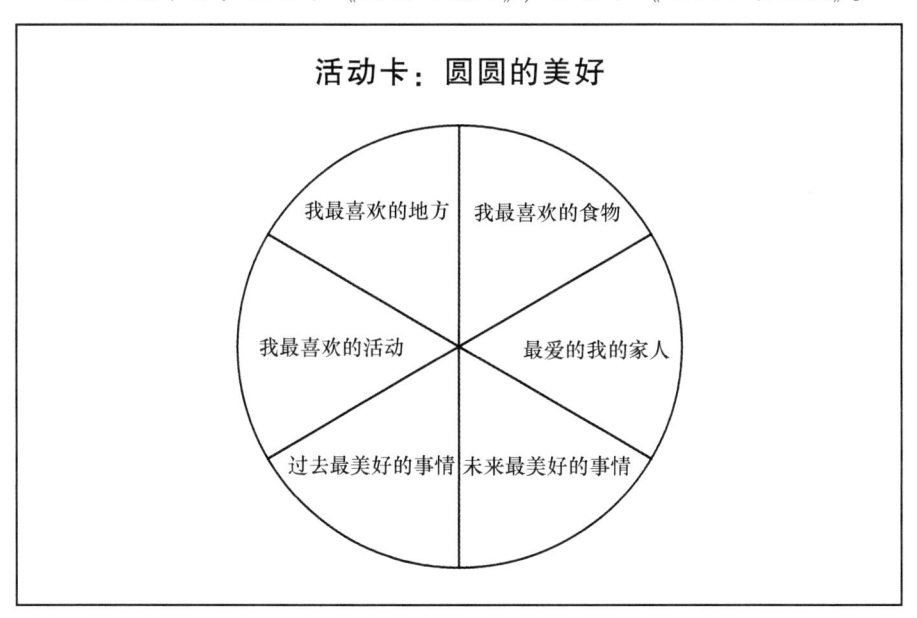

活动卡：圆圆的美好

- 我最喜欢的地方
- 我最喜欢的食物
- 我最喜欢的活动
- 最爱的我的家人
- 过去最美好的事情
- 未来最美好的事情

活动卡：他们不喜欢我

同伴代号	"他/她喜欢我"对我的重要程度	如果他/她永远不喜欢我，我的生活会发生什么变化？
A		
B		
C		
D		
E		

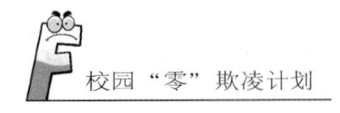

3. 活动过程

第一步　圆圆的美好

指导语：请大家完成活动卡《圆圆的美好》，在构成圆形的每个"美好"扇形里填写你的美好事物。

（1）我最喜欢的地方是哪里？

（2）我最喜欢的食物是什么？

（3）我最喜欢的活动是什么？

（4）最爱我的家人是谁？

（5）过去曾发生过的最美好的事情是什么？

（6）未来你最期待的美好的事情是什么？

第二步　小组分享

指导语：请在小组内和组内同学分享你的各种美好事物。

第三步　他们不喜欢我

指导语：请大家完成活动卡《他们不喜欢我》。想一想你一直担心可能会不喜欢你的朋友或同学，把他们分别用代号 A、B、C、D、E 表示，请注意不要写出他们的名字，你自己了解这些字母代表谁就好。在这张表格中先对"他/她喜欢你"这件事对你的重要程度打分，10 分制，分数越高代表越重要。接下来再思考"如果他/她永远不会喜欢你"，你的生活会发生什么变化？这个环节我们没有小组讨论，请同学们安静地完成自己的活动卡，不要交流，更不要去看旁边同学的活动卡。

第四步　我的"美好"变了吗？

指导语：请大家再看活动卡《圆圆的美好》，思考"如果他/她永远不会喜欢你"，你的各种美好生活会发生怎样的变化？如果会对你的某一部分"美好"有影响的话，请在相应的扇形区域内用阴影画出影响的部分。比如我最喜欢的活动是和朋友打游戏，我和 A 同学经常一起打游戏，如果他不喜欢我了，游戏带给我的乐趣就会减半，那么就在"最喜欢的活动"那画出一半的扇形阴影。

第五步　总结

指导语：我看到大部分同学的"圆圆的美好"并没有缺损，有的同学确实画出了阴影部分，但也只是整个圆形中小小的一部分，这表明即便某些同伴不喜欢自己，对我们美好生活的影响也是有限的。有时，我们会把自己的价值建立在有多少人喜欢，有多少人愿意和我们交朋友，或者朋友圈里有多少人会给我们点赞上。无论哪种情况，这样的想法总会让自己受伤，因为即使满足了他们所有的要求，也总会有人仍不想和我们成为朋友。然而在竭尽全力地迎合他人的过程中却让自己面目全非。所以，请记住："被所有人喜欢"这件事本身就不可能实现，"总有人不喜欢自己"才是每个人都会遇到的再正常不过的事情。想想看，你也会有那些你不喜欢、无法接受的人，这不会影响他们的价值，同样别人不接受你，也不会影响你的价值，因为我们每个人都有享受美好生活的权利。

活动三　勇敢说不

1. 活动目标

（1）引导学生了解应该拒绝他人的各种人际场景。

（2）引导学生明确拒绝他人要求的判断标准。

2. 活动准备：人际情境卡片。

情境一：和好朋友静雅一起旅游，她要求我同她一起在景点石壁上偷偷刻下"友谊长存"的留言。

情境二：好朋友静雅邀请我一同前往文身店文身。

情境三：宿舍林强生病了，在我要去图书馆自习时，让我帮他去买药。

情境四：学校集市日活动，我想买毛绒玩具送给妹妹做生日礼物，但好朋友静雅希望我赞助她买一枚她喜欢的邮票。

情境五：林强提议让我这次帮他打水，说下次再帮我打水。

情境六：林强总是以各种理由让我帮他打水。

情境七：静雅不喜欢小花，希望我和她一样不要理睬小花。

情境八：林强邀请我去他家庆祝他的生日，但是我那天有重要的事情要做。

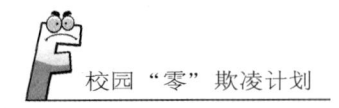

情境九：静雅希望我们能一同参加林强的生日聚会，但我不喜欢林强，不愿意去。

情境十：林强为了帮助我竞选成功，想发布一些对其他参选者不利的信息。

3. 活动过程：

第一步　小组讨论

指导语：请围绕以下几个问题展开小组讨论。

问题1：哪些是应该拒绝他人的场景？

问题2：哪些是不应该拒绝他人的场景？

问题3：哪些是需要权衡再决定的场景？

问题4：如果应该拒绝而不去拒绝会发生什么？

问题5：应该拒绝他人的判断标准（底线）是什么？

第二步　各小组发表

第三步　小结

在小组发表后逐题总结。

问题1：哪些是应该拒绝他人的场景？

指导语：情境一、二、六、七、九、十是应该拒绝他人的场景。

问题2：哪些是不应该拒绝他人的场景？（哪些是可以不拒绝的场景？）

指导语：情境三是不应该拒绝他人的场景（助人场景不应该拒绝）；情境四是可以不拒绝的场景（自己也同意的合理要求可以不拒绝）。

问题3：哪些是需要权衡再决定的场景？

指导语：情境四、五是需要权衡再决定的场景。

问题4：如果应该拒绝而不去拒绝会发生什么？

指导语：应该拒绝他人的情境下，如果不去拒绝对方会对自己有怎样的影响？

情境一：一起在石壁上刻画，破坏文物涉及刑事违法，构成故意损毁文物罪。

情境二：不拒绝对方的文身邀请，会给自身造成伤害，因为文身会破坏皮肤组织健康,而青少年身体还处于发育状态,容易造成不可逆的创伤。

情境六:不拒绝对方无理要求,给自己带来生活不便的同时,还会因忽视自身需求影响心理健康。

情境七:不拒绝对方伤害他人要求,则同为欺凌者,除了要受到法规校规班规惩戒外,还会使良心受到谴责,更会因欺凌他人影响人际关系。

情境九:不拒绝违背自己意愿的要求,容易形成讨好型人格,不仅让自己时常陷入焦虑中,也会让因不适宜的人际互动影响自身人际关系。

情境十:即便是对方好意,不拒绝违背自己价值观的提议,容易让自己陷入两难境地,产生自我怀疑,惶恐不安。

问题5:应该拒绝他人的判断标准(底线)是什么?

指导语:如果我们不知道什么情境下该拒绝,请大家牢记拒绝他人的"三标准"。

标准一,违法乱纪要拒绝。

标准二,伤人伤己要拒绝。

标准三,违背意愿需权衡,权衡考虑两个"如果"。

① 如果能力可及,尽量不拒绝雪中送炭式的助人请求(如对方生病需要买药),但可拒绝锦上添花的助人请求(如对方想借用你所有的零花钱升级自己的游戏装备)。

② 如果"利他"远远大于"损己",尽量不拒绝或拒绝后积极寻求其他能满足双方意愿的方案。

第四步 总结

指导语:别林斯基有一句关于友谊的名言——真正的朋友不把友谊挂在口上,他们并不会为了友谊互相要求什么,而是彼此为对方做办得到的事情。如果你的朋友要求你做伤人伤己或违法乱纪的事情,让你觉得压力很大,先不要被"讲义气"这类想法冲昏了头脑,真正的朋友会和家人一样,希望你安康快乐,而不会强迫要求你做你不愿意做的事情。如果你仍把他/她当作朋友,不仅要拒绝,更要劝阻他/

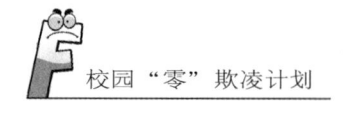

她也不要做。

三　人际拒绝的团体心理辅导

《Say No》

【活动目标】

（1）认知目标：引导学生认识人际交往中拒绝他人不合理要求的重要性。

（2）能力目标：学习如何拒绝他人及如何委婉拒绝朋友。

（3）情感目标：培养学生理解情绪意义的能力，学会体察自身情绪，关爱自己。

【活动过程】

活动一　言不由衷

1. 活动目标

（1）放松，团体升温，为主体活动做准备。

（2）导入"人际拒绝"主题，为活动二做铺垫。

2. 活动准备：小组围圈坐。

3. 活动过程

第一步　介绍活动规则

指导语：以小组为单位围圈坐好，从组长开始顺时针逐一向左手旁同学问一个可以观察到或有确切答案的问题（不问人际关系相关的问题），回答问题后继续发问下一位同学；所有问题都用"是"或"不是"回答，但答案必须言不由衷，颠倒事实。比如：问一位男生"你每天穿裙子吗？"男生应回答"是"；回答不符合事实者将座椅后移，退出游戏，直至每组产生最后一名优胜者。

第二步　活动

第三步　总结

指导语：我们的生活中，和谐的人际交往必不可少。有时候我们为了维系良好的人际关系，不好意思拒绝他人，哪怕自己不开心甚至吃亏，违心也要答应对方，营造出一团和气。但就像刚才游戏中体验到的言不由衷的感觉，有些事与愿违总让我们如鲠在喉，不吐不快，怎样可以维系好人际关系，又能适宜地拒绝对方不合理的要求？让我们走进今天的活动主题——"Say No"。

活动二　好好同学

1. 活动目标

（1）通过问卷测试了解自己讨好型人格特征程度。

（2）了解讨好型性格类型的特征及其危害性。

（3）通过测试了解自己取悦他人的原因。

2. 活动准备：讨好型人格测试卷与计分规则[1]

《讨好型人格测试》

指导语：请仔细阅读每一项，确定其中的描述是否符合你的情况。如果符合或基本上符合，计1分；如果不符合或基本上不符合，不计分。

1. 让生活中几乎每一个人都喜欢我，这对我极为重要。

2. 我认为发生冲突一点儿好处都没有。

3. 我应该始终把自己喜欢的人摆在第一位，而把自己的需求摆在第二位。

4. 我希望自己能避开冲突和对抗。

5. 我常常为他人做得太多，甚至听任自己被别人利用，就为了能让别人不以其他原因拒绝我。

6. 我需要别人的认可。

7. 对我来说，接受有关自己的消极情感，这要比表达对于他人的消极情感容易得多了。

8. 我相信，如果我为别人所做的一切能让他们需要我，那么我就不

---

[1] ［美］哈丽雅特·布莱克：《取悦症：不懂拒绝的老好人》，姜文波译，机械工业出版社2015年版。

会被孤立。

9. 我痴迷于帮助和取悦他人。

10. 我竭尽全力避免跟家人、朋友或同事发生冲突或对抗。

11. 在我为自己做任何事情之前，我多半会尽我所能地先让他人满意。

12. 我几乎从来不会为了保护自己而跟他人对抗，因为我非常害怕激起愤怒或冲突。

13. 如果我不再把他人的需求摆在第一位，那么我会变成一个自私的人，大家就不会再喜欢我了。

14. 不管跟谁正面对抗或冲突，这都会让我感到非常焦虑，甚至会令我生病。

15. 对我来说，即使是表达建设性的批评也非常困难，因为我不想让任何人生我的气。

16. 我必须始终让别人高兴，哪怕不考虑自己的感受。

17. 为了让自己值得别人喜欢，我必须随时付出我的全部。

18. 我相信好人会赢得他人的认可、喜爱和友善。

19. 我必须满足他人对我的所有期望，绝不让他们失望，即使我知道他们的某些要求是过分的、无理的。

20. 有的时候我感到，我为别人做那么多好事，似乎就是为了讨好他们，以"换取"他们的喜爱和友好。

21. 任何有可能会让别人生气的言行，都会让我感到非常焦虑和不安。

22. 我很少把工作派给别人。

23. 当我对别人的请求或需求说"不"时，我会感到内疚。

24. 要是我没能做到随时付出我的全部，我会觉得自己是个坏人。

评分标准

❖ 总分在16—24分：你的好人情结根深蒂固，已经非常严重了。你可能已经感受到，取悦症在严重损害你的情感和生理健康，以及你的人际关系。幸运的是，你目前的痛苦可以成为康复计划中强大的动力，不过，你必须马上行动，治愈顽疾，重新掌控自己的生活。

❖ 总分在10—15分：你已经有较严重的好人情结了。要打破这种有害的模式，你必须要在它进一步恶化之前，专注、努力地做出改变。

❖ 总分在5—9分：你有不太严重的好人情结，你已经对自我亏待倾向有了一定的抵抗力，然而，你取悦于人的习惯仍然有可能威胁你的健康和幸福。

❖ 总分低于4分：目前来看，你可能只有轻微的好人情结，甚至完全没有。

讨好型人格类型分类

思维型讨好：请计算1、3、5、8、13、17、18、24题的总分数。
习惯型讨好：请计算6、9、11、16、19、20、22，23题的总分数。
情感型讨好：请计算2、4、7、10、12、14、15、21题的总分数。

得分最高的那个组别，就是给你造成取悦问题的主要根源。如果你得分最高的组别是思维或心态，那么你就是一个认知型的"好人"；如果你得分最高的组别是习惯或行为，那么你就是一个习惯型的"好人"；如果你得分最高的组别是情感或感受，那么你就是一个情感逃避型的"好人"。如果你有两个或三个组别的得分并列最高，那么就意味着你的取悦症没有唯一的主要根源。对你的取悦问题而言，并列的两类甚至所有三类原因都同等重要。

3. 活动过程

第一步　施测问卷

指导语：同学们是否有这样的困扰，发现自己总是不自觉地想取悦他人？别人的事似乎很重要，你会为了朋友、同学拜托，去完成完全不是你分内的事情，在别人眼中，你是一个有求必应的"好好同学"；在友情中，你总是迁就好朋友、闺蜜的各种要求，为难时总是咬牙顺应，还要担心对方觉得你不够好。接下来我们来做一份问卷，去了解自己的人际交往特点。

第二步 计分

指导语：如果题目符合或基本上符合，计1分；如果不符合或基本上不符合，不计分。请累加计算总分是多少？参考"评分标准"

第三步 讨好程度、类型与原因

指导语：接下来根据总分我们来了解自己讨好他人的程度、类型与取悦他人的原因。

第四步 不同类型讨好者的特征及危害

指导语：程度较轻的讨好型人格能反映出高共情能力，是自我发展良好的个体所应具备的一种特征。但如果自己并不情愿也要迎合对方，甚至整日焦虑，生怕惹对方不高兴，这种类型就属于讨好型人格。讨好型人格有三种类型：

（1）如果你属于认知型"好人"，你会表现出时刻都努力让每个人喜欢自己，因为定义自己好不好的依据，就是为他人做了多少。你会不断告诉自己应该顺应他人，生怕得到消极的反馈或评价。这给自己套上了沉重的枷锁，时刻检视关系的变化，让自己陷入焦虑不安之中，然而对方不会因为你的讨好行为而对你更好，相反一部分人会因此而时常利用你，还有一部分人会因为刻意被讨好觉得很不舒服，毕竟好的关系应该是轻松的而不是强加的。

（2）如果你属于习惯型"好人"，你的取悦习惯已经达到上瘾程度。之所以取悦上瘾，是为了赢得他人认可，更为避免他人反对。这种类型的人内心不情愿，却始终任劳任怨，经常把别人的任务挑在自己肩上，承担超出能力范围的工作量，将压力强加在自己身上，让自己疲惫不堪。

（3）如果你属于情感逃避型"好人"，你在和人打交道时，总觉得很焦虑，害怕冲突、对抗，一旦出现分歧就会交出控制权。取悦他人是为了逃避自己害怕、不安的消极情绪。但逃避并不能减弱畏惧感，反而会让你日益增加人际畏惧感。

如果三个维度分数持平，说明在认知、行为、情感这三个维度上都会存在问题。

第六步 总结

指导语：在我们判断交往情境是违背自己意愿应该拒绝的场景时，请根据你的问卷测试人格类型着重提醒自己以下要点：

（1）认为"应该让每个人都喜欢自己"的认知型同学请提醒自己需要转变观念。被他人认同并不取决于你为别人做了多少，而很大程度上取决于你是不是一个独立自信的人，懂得取悦自己过得阳光灿烂才会吸引他人接近你，同时也有能量温暖他人。

（2）认为"拒绝他人会影响关系，习惯牺牲自己照顾他人"的习惯型同学请提醒自己改变行为习惯。适当的拒绝并不会让人失望，好的关系是双方都感觉良好的关系，而害怕拒绝他人是脑补并夸大了对方被拒绝的感受，要认识到拒绝需要练习，演练适当拒绝形成新习惯的重要性。

（3）认为"人际冲突或他人不悦是可怕的，减轻焦虑恐惧感的方法是顺从对方"的情感型同学请提醒自己，冲突是问题的呈现。冲突并不是焦虑恐惧的源头，只有果断地解决问题，才能更好地保持积极的情绪状态。

不管是哪种讨好类型，都会在面对违背自己意愿应该拒绝的场景下，因不知道怎么拒绝他人而苦恼。接下来，我们一起去了解拒绝他人有哪些行为技巧。

活动三 勇敢 Say No

1. 活动目标：

（1）引导学生了解不恰当拒绝他人不合理要求的后果，学习恰当拒绝他人的行为技巧。

（2）通过小组分角色演练，实践不同情境下的拒绝行为。

2. 活动准备：

（1）情境视频

邀请学生提前录制拒绝他人行为示范的情境视频。每个情境均有三个版本，A 版本是不拒绝他人承担的结果，B 版本是不恰当（生硬）拒绝他人的结果，C 版本是运用技巧拒绝他人的结果。

情境一：朋友知道自己回老家了，让自己帮忙代买很多家乡土特产。

A：没有拒绝，结果行李箱中塞满了同学让代买的土特产，自己想带的东西却放不进去了；

B：告诉朋友"我也有很多东西要带，装不下了"，结果双方很尴尬；

C：告诉朋友"这家店的东西确实很好，我也带回去了一些，到时候一起尝尝哈。只是真抱歉，我的行李箱已经装满了行李，实在不方便多拿东西了。你看这样好吗？我把这家店的电商推给你，你在网上先看看，或者等再放假时有空的话来我家乡玩亲自挑挑看好不好？"，对方表示赞同。

情境二：同学总是让自己帮忙打饭、拿快递。

A：忍气吞声服从了，结果自己总觉得很生气，也很无奈，此后该同学变本加厉地使唤自己；

B：直接拒绝，结果对方生气了；

C：告诉同学"打饭没问题啊，不过下周晚饭时间刚好我都有事赶不回来，你也帮我打饭哈"，"打饭可以啊，给我加个鸡腿哈"，"我帮你去了好多次快递了，给我什么奖励呢？"结果对方表示和你一同去食堂吃午饭。

情境三：朋友让自己平时不要理睬小花，并要自己把虫子放在小花书包里。

A：听从了朋友的要求，事后很后悔对小花的所作所为，良心不安，对自己很失望；

B：直接拒绝，朋友觉得下不来台，现在不理自己了；

C：告诉对方"我知道你不喜欢小花，但是我觉得你还是尽量不要这样做，小花的哥哥就在这个学校，一旦被老师发现会处分我们，被其他同学看到也会认为我们以多欺少，有那么多好玩的事情等着我们一起去做，别在这件事上浪费时间好不好？"

（2）拒绝他人情境材料

情境一：好朋友静雅邀请我一同前往文身店文身。

情境二：学校集市日活动，我想买毛绒玩具送给妹妹做生日礼物，但好朋友静雅希望我赞助她买一枚她喜欢的邮票。

情境三：林强总是以各种理由让我帮他打水。

情境四：和好朋友静雅一起旅游，要求我同她一起在景点石壁上刻下"友谊长存"的留言。

情境五：静雅希望我能帮她画幅画，但是我最近太忙没有时间。

情境六：林强想让我替他完成他的小组作业。

3. 活动过程

第一步　观看情境视频

指导语：请各小组讨论各情境中他们的要求为什么是不合理要求？

小结指导语：有的人可能没注意到自己的为难；有的人利用自己为他/她做生活琐事；有的人利用自己做不愿意做的违法乱纪的事情。如果不拒绝的话会有哪些后果？

第二步　观看情境视频 A 版本

小结指导语：如果我们没有拒绝的话，轻则给自己带来不便，重则害人害己，追悔莫及。

第三步　观看情境视频 B 版本

指导语：请各小组讨论不恰当的拒绝方式会带来哪些后果？可以在哪些方面改善？

小结指导语：不恰当的拒绝方式让朋友觉得没有面子，双方都很尴尬。那怎样做可以巧妙地拒绝对方又不伤和气呢？

第四步　"拒绝他人公式"，观看情境视频 C 版本

（1）不让对方尴尬地拒绝他人技巧公式：共情＋道歉＋理由＋方案（情境一）

第1步：共情。肯定对方的拜托初衷。意在表明"我理解你为什么想让我帮你做这件事，或理解这件事对你很重要"，不让对方被拒绝时觉得自己提出了无理要求。

第 2 步：道歉。对自己不能帮助对方表达歉意。重点是清晰明确地表明拒绝。

第 3 步：理由。让对方了解自己不能帮助他/她的原因，有理由的拒绝要比没有理由的拒绝更让对方感到安慰，视关系远近可选择理由的合理性与真实性。但非必要情况不推荐说谎，可以用含蓄的方式带过："最近有很多事情……""最近真的不是太方便……""最近状态不是太好……"等。

第 4 步：方案。提供能为对方解决问题的可替代方案。同样视关系远近选择提供不同操作难易度的方案以及方案的数量，关系亲近的朋友可提供两个以上可供选择的不让自己为难的其他方案。

(2) 让别有用心的"揩油人"知难而退的拒绝技巧公式：同意+高代价提案（情境二）

第 1 步：同意对方求助。答应对方要求，但要略带疑虑，演练重点是态度上表达出为难，让对方感受到自己为了帮忙要付出很多努力。

第 2 步：高代价提案。提出会让对方拒绝的对己获益提案。意在提高对方利用自己的成本，既表明自己的拒绝意愿，又可以有效制止对方总想利用自己的意图。

(3) 拒绝好朋友的伤人伤己/违背价值观/违法乱纪的拒绝技巧公式：共情+弊端+转移注意力（情境三）

第 1 步：共情。同情境一的"共情"相同。

第 2 步：弊端。列举此事尽可能多的不利之处。注意弊端仍从朋友视角出发，让对方感受到你在为他/她着想。

第 3 步：转移注意力。找到双方都感兴趣的话题或事物转移其注意力。

第五步　小组演练

指导语：请同学们先对六个情境进行分类。我们会发现情境一和情境四是伤害自己/违法乱纪不得不拒绝朋友的情境；情境三和情境六是拒绝利用自己的揩油人的情境；情境二和情境五是违背意愿想要拒绝但怕对方尴尬的情境。接下来两位同学一组，分角色模拟该情境，利用不同情境类型的公式演练如何拒绝他人。

第六步　总结

指导语：心理学中的"聚光灯效应"，是指一个人过分在意外界对自己的评价和看法，认为所有人都在关注自己。然而如果我们总是在意外界看法时，只会让自己不断进行精神内耗，疲惫不堪。所以，从此刻开始，只要在不违背原则的前提下，无论说什么做什么请首先思考自己的感受，毕竟最该取悦的人是我们自己。可能有的同学会认为拒绝他人太难了，请大家想一想"恐高症"这类人群，他们在登高之前都会觉得"我不行，我恐高"，然而所有恐高症成功治疗的过程就是一次次的登高经验。当你尝试了恰当拒绝他人不合理要求后，你会发现并没有你想象中的那么困难，你也会更喜欢取悦自己的自己。因此，对所有让你难堪、为难，不喜欢的要求和话语，及时地说"不"。你的价值，不需要迎合他人获得认可；你的价值，在自己手中。

四　情绪调节的团体心理辅导

《做情绪的主人》

【活动目标】

（1）认知目标：引导学生认识各种情绪；理解情绪是内在需求的表现，无好坏之分。

（2）能力目标：帮助学生学会有效的情绪调节技巧，提高情绪管理能力，促进身心健康。

（3）情感目标：引导学生合理宣泄不良情绪，保持积极、乐观、向上的精神状态；尊重他人，关注他人的感受，适时适当地表达个人的情绪。

【活动过程】

活动一　我的心情你来猜

1. 活动目标

（1）认识基本情绪，理解情绪是内在需求的表现，无好坏之分。

（2）了解消极情绪的功能。

（3）导入"情绪"主题，为主体活动做铺垫。

2. 活动准备

（1）学生分成六组，按小组纵队排列，面向讲台站立。

（2）准备两组情绪词卡片，第一组情绪词包括开心（高兴）、生气（愤怒）、难过（伤心）、害怕（恐惧）、喜欢（爱）、讨厌（厌恶）；第二组情绪词包括委屈、尴尬、羞愧、焦虑、嫉妒、抑郁。

3. 活动过程

第一步　介绍规则

指导语：请各组同学纵队面向讲台站好，每组最后一名同学向后走一步，并转过身背对讲台。我会让这六位同学每人抽取一张情绪卡片，在我说"开始"后，请每组最后面的同学转过身拍一拍前面的同学，用表情和身体动作表达出情绪卡片上的情绪，让他去猜一猜并模仿出该情绪；接下来这名同学再依次接龙向前模仿传递这个情绪词。请记住：全程不能言语交流，后面完成任务的同学不得再次演示该情绪。全程结束后，由最前排同学公布你们组的情绪词答案。

第二步　活动开始

第一轮用第一组情绪词卡片，第二轮增加难度用第二组情绪词卡片。

第三步　解读情绪

（1）认识情绪

指导语：请先思考这十二个情绪词（呈现在屏幕上）中，你在近一周内感受到最多的是哪种情绪？发生了什么让你的这种情绪处于主导地位？在这种情绪下通常你都会做什么？然后我们在组内分享。

小结指导语：通过分享大家发现情绪并不是无缘无故出现的，我们感受到某种情绪可能因为一些情境让我们产生了的某个想法，而在不同的情绪状态下，我们会有不同的行为表现。所以，如果我们想要了解自己为什么会做莫名其妙或者是非理智的行为，就应该先去理解我们在那一刻的情绪在告诉我们什么。

（2）情绪的功能

指导语：请同学们思考这十二个情绪词中，你最想要的是哪种情绪？最不想要的是哪种情绪？

小结指导语：看来大家都想要"高兴"这个好情绪，都不想要"愤怒""悲伤"等坏情绪，那么情绪真的有好坏之分吗？实际上情绪本身没有好坏，而情绪下的行为确实会有利弊，这个过程中我们的想法起到了重要作用。比如你周末看到班里一个女生打扮前卫，心里在想"就知道打扮，不学无术"，一种厌恶和鄙视的感觉在你心中升起，然后你不经意翻了个白眼被她看见，从此你们的关系变得很紧张；同样的情境，当你看到这个打扮前卫的女生时，内心的想法是"哇，好时尚！有个性！"你就会有一种喜悦和欣赏的感觉，然后你走过去和她聊天，谈起时尚穿搭的话题。可见，我们对事物的看法引发积极情绪和消极情绪，尽管我们不需要违逆自己本心做出虚假的赞美，但消极情绪下我们冲动的行为后果总是会导致坏的事情发生。特别需要强调的是，这些消极情绪非但无过，还是我们了解自己，完善自己的"大功臣"，因为情绪会告诉我们在那个情境下我们的内在需求是什么（举例解读以下消极情绪）。比如朋友说了伤害你的话，你觉得难过，是因为"难过"的情绪在提醒你，你可能失去了你很重视的友情；每次去老师办公室你都会觉得紧张、害怕，是因为"恐惧"的情绪在提醒你办公室可能不安全，比如老师的批评、训话，如果从来没有发生，就需要想想看我们在担心什么。总之，无论什么样的情绪，它们的出现都是一种内在需求的提醒信号。

① 恐惧：想要逃离可能会伤害自己的危险情境，或者不确定自己是否安全；

② 愤怒：觉得不公平，或是受到攻击，希望获得掌控感；

③ 厌恶：想要排斥或远离冒犯自己的人、事物及情境；

④ 悲伤：失去重要的人、事或目标，提醒自己很在意这些人、事或目标；

⑤ 羞愧：做了有损于名誉或违背了团体规则的事情，提醒自己要做

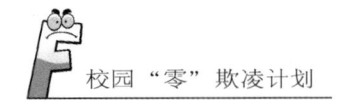

什么来挽回；

⑥ 嫉妒：有人威胁了我们非常重视的人际关系或事物，提醒我们要保护住。

活动二　不受控制的冲动行为

1. 活动目标

（1）了解消极情绪下可能产生的冲动行为。

（2）了解冲动行为的危害。

2. 活动准备

请几位同学课前扮演各情境中的人物，录制视频。每个角色用名签贴在身上。

情境一：数学老师发下来批改后的试卷，后座的林鹏突然用力地踹你的椅子，看到你的分数后还嘲笑你的分数不如他高，最后还把你的头摁在书桌上。

情境二：你很喜欢班上的同学韩伊，但是表白后他/她拒绝了你，下课时你听到他/她和别的同学说"有些人就是自讨没趣"。

情境三：你在用平板完成语文老师留的拓展作业，爸爸走进房间夺走平板，并大声训斥你，说"你就是个废物，永远学不会自律"。

情境四：你走进寝室，刚才还说笑的寝室同学都不说话了，过了几分钟他们很有默契地都要出门，这样的事情已经发生好多次了。

情境五：为了能取得好成绩，你把竞争对手小琪的复习提纲偷偷藏起来，没想到被同桌赵夕当众揭发。

3. 活动过程

第一步　观看视频

指导语：请同学们看几个情境视频，思考每个情境中的"你"有怎样的情绪，如果不用承担任何后果的话，你会在这种情绪下做出什么样的事情？

第二步 小组讨论和发表

指导语：如果不用承担后果的话，我听到了很多让老师毛骨悚然、心惊肉跳、不寒而栗的做法。总结下来，有两种类型：一种是愤怒、委屈情绪下的对外攻击，谁惹我，我就要反击、伤害、攻击谁；另一种是悲伤、羞愧情绪下的对内攻击，折磨伤害自己。那接下来请我们想想看，如果真的这样做了，我们要承担哪些后果？

第三步 总结

指导语：我们可能会因为伤害别人受到惩罚、赔偿医药费或者进监狱（少年劳教所）；我们可能因为伤害自己威胁到生命安全，让父母担心，也可能让老师同学觉得自己是异类，还可能产生上瘾行为，非但没有帮助自己宣泄情绪，还让自己在每次伤害自己后产生更消极的想法和情绪。大部分同学都知道自己不会这样做，因为我们的理智会提醒自己这么做的后果，然而有时候我们身在其中，情绪上头，不知道怎样做才能控制那些需要承担后果的冲动行为，今天就教给大家两种方法。

活动三 STOP 技能（对外攻击）

1. 活动目标：学习 STOP 技能，帮助学生不按照情绪冲动行事攻击他人而使情况变得更糟糕。

2. 活动准备：将活动二中的情境一、情境二和情境三卡片分别发给不同小组（每两个小组相同情境）。

3. 活动过程

第一步 举例介绍 STOP 技能[①]

停止动作（S，Stop）：停下来，不要动！来自情绪的冲动可能会使你马上做出不理智的反应，安全前提下哪里都不要动！

退后一步（T，Take a step back）：退后一步，采用深呼吸等方法将

---

① [美]玛莎·M. 莱恩汉：《DBT 情绪调节手册》，祝卓宏、朱卓影、陈珏、曹静译，北京联合出版公司 2022 年版。

自己从当下抽离出去，不要让你的情绪控制你！

客观观察（O，Observe）：关注你的内在和外在。现在发生了什么？你观察到和感觉到了什么？有什么话想说？其他人的反应是什么？

觉察行事（P，Proceed mindfully）：带着觉察行事。在决定行动时，要想想你本想达成的目标，思考冲动行为会使事情变得更好或者更糟糕？什么样的行为能达成目标？

指导语：请大家想象这样一个场景，某个人不停地用脏话在骂你、挑衅你，让你的怒火值不断升高，如果你依据情绪行事，接下来你会狠狠地揍他或者咒骂他。但是，这样做对你没有好处，你可能因此受伤、受到惩罚，或许这也正是对方想要的结果。这种情况下请用STOP技能。S是停下来，不要动，只要是安全的状态就让自己什么都不要做；接下来是T，后退一步，用关注呼吸法、四角呼吸法、交替鼻孔呼吸等方法让自己暂时抽离出当下；然后是O，去观察这个情境中的细节问题，比如你还看到了什么？——他胜券在握的样子；周围人的反应是什么？——有人拿出了手机要录像；你自己的反应想要去做什么？——本想立刻揍他；最后是P，去思考当下自己想达成的目标是什么？——去教训他，让他吃些苦头；自己的冲动行为可能会带来怎样的结果——他挑衅自己可能没有被录下来，自己揍他倒是可能被录下来作为对方的证据；怎样做才能达成目标——录下对方挑衅辱骂自己的证据；找到围观者做人证；求助他人等。

第二步　演练

指导语：我们以小组为单位，根据情境卡片中的内容进行分角色演练，扮演"你"的同学要把STOP的每个环节口述出来，比如你观察到什么等。

第三步　小组情景剧表演

活动四　TIP技能（对内攻击）

1. 活动目标：学习TIP技能，帮助学生不按照情绪冲动行事伤害自己而使情况变得更糟糕。

2. 活动准备：将活动二中的情境三、情境四和情境五卡片分别发给不同小组（每两个小组相同情境）。

3. 活动过程：介绍TIP技能[1]。

改变脸的温度（T, Temperature）：用冷水洗脸，持续三十秒，或用冰袋等凉凉的物品敷在眼睛和脸颊上，其作用是让你短时间恢复冷静（注意：冷水引发潜水反射会快速降低心跳，有心血管疾病或其他医疗问题先征询医生和父母同意方可使用该技能）。

剧烈运动（I, Intense exercise）：进行剧烈运动，可以通过跑步、快走、跳跃等运动迅速消耗能量，也可以采用原地高抬腿、开合跳等，其作用是通过剧烈运动调节减少情绪强度。

调节呼吸（P, Paced breathing）：放慢吸气与吐气的速度，采用腹式深呼吸，数四个数字吸气，数八个数字呼气（吸气4秒，呼气8秒），其作用是通过激活副交感神经系统有效降低情绪激发状态。

配对式肌肉放松（P, Paired muscle relaxafion）：与呼吸训练相结合，加入肌肉绷紧与放松的觉察（需要提前教授方法）。

指导语：请大家想象如果你经历了一些事情很受挫，无力责怪他人，总觉得是自己不好，你决定惩罚自己，不吃饭或者用一些方法伤害自己，我们讨论过这些自我伤害的方法很容易上瘾，并且有很强的耐受性，也就是说你伤害自己的这些方法不仅越来越起不到宣泄情绪的作用，还让你在别人眼中成为异类。当你发现你有冲动要伤害自己却又不知道怎么控制自己时，除了刚才教给大家的STOP技能外，还可以使用TIP技能。

活动五　情绪消消卡

1. 活动目标

（1）引导学生认识压抑消极情绪的危害。

（2）制作个人专属情绪消消卡，减少负性情绪。

---

[1] ［美］玛莎·M. 莱恩汉：《DBT情绪调节手册》，祝卓宏、朱卓影、陈珏、曹静译，北京联合出版公司2022年版。

2. 活动准备：活动卡。

活动卡：情绪消消卡

▶ 当我不开心时你会做些什么让自己的情绪平复下来？

1. 说一句抚慰、关心、爱护自己的话。

———————————————

2. 想一想自己喜欢的事物（食物、动物、物品、电视节目、偶像等）。

———————————————

3. 回忆一些让自己暖心的事情。

———————————————

4. 做一些犒劳自己的事情（热水澡、听音乐、运动、打游戏、和朋友聊天、美食等）。

———————————————

5. 期待未来将要发生的事情。

———————————————

▶ 当我不开心时

我可以做的第一件事是：

———————————————

我可以做的第二件事是：

———————————————

我可以做的第三件事是：

———————————————

我可以做的第四件事是：

———————————————

我可以做的第五件事是：

———————————————

---

3. 活动过程

第一步　压抑情绪的危害

指导语：STOP 技能和 TIP 技能可以帮助我们控制冲动行为，从消极情绪中恢复理智，思考如何解决当下问题。如果你控制住了冲动行为，但仍觉得很生气或难过怎么办？有些同学采用默默忍受压抑情绪的方法去应对。然而，压抑消极情绪只是暂时的解决方法，长时间压抑消极情绪会使我们的免疫系统受损，影响身体健康。有研究表明，70%的疾病与情绪有关，压力和焦虑影响我们肩颈、皮肤、胃肠道和心血管功能，也容易失眠、脱发等。所以说我们对这些情绪不能消极应对，需要我们先去想想看情绪想要告诉我们什么（参考活动一"情绪的功能"），积极解决问题，同时还要思考哪些方法可以帮助我们应对和排解消极情绪？请大家先来填写活动卡的左侧部分，当你不开心时会做什么让自己的情绪平复下来。

第二步　情绪消消卡组内发表

指导语：请同学们在各小组内分享自己在不开心的时候会做哪些事情让情绪平复下来。在你听小组成员分享时，请把你觉得对你可能也会有用的信息填在你的活动卡内。我们努力做出个性化的情绪应对方法资料库。

第三步　情绪消消卡

指导语：小组内的讨论让大家拓宽了思路，了解到很多种应对消极情绪的方法。接下来请大家填写活动卡的右侧部分，参考我们的"资料库"，挑选出你认为最好用的5种方法写在右侧。

第四步　总结

指导语：心理学者认为，我们从外界接收到的信息，可以通过两种通道传递给大脑，一种称为"情绪脑"的短通道；另一种称为"理性脑"的长通道。当我们在情绪高涨时容易仅被情绪脑所支配，做出让自己后悔的不理智行为，所以需要我们采用一些技能去应对。如果是危急情境下产生伤害别人的冲动行为时可以用STOP技能，如果是控制不住想要伤害自己的冲动行为可以用STOP，也可以用TIP技能，阻止了这些冲动行为后，我们仍要想办法去解决问题，同时还要处理那些持续存在的消极情绪，这时可以把这张个人专属的《情绪消消卡》拿出来用。这张卡片需要我们时常更新它，也可以经常和你的朋友交流，找到更多地平复情绪，安抚和关爱自己的好方法。最后，请大家铭记：无论你遇到了什么挫折，深呼吸后抬起头，告诉自己，头顶的蓝天不会变，即使有阴云也终会消散。

五　网络欺凌防治的团体心理辅导

《谁是凶手》

【活动目标】

（1）认知目标：引导学生认识网络欺凌的危害性和表现形式。

（2）能力目标：引导学生学习如何防范与应对网络欺凌行为，以及如何帮助遭受网络欺凌的同学。

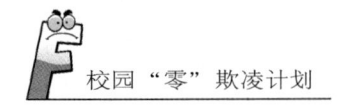

（3）情感目标：提升学生对遭受网络欺凌学生的同理心。

【活动准备】

七人小组围坐；准备角色名牌、每个角色台词提示卡（按场景顺序拆开当次场景的角色台词提示卡）和线索卡（按场景顺序拆开当次场景的线索卡）。

【活动过程】

一、剧本介绍

1. 剧本背景简介

指导语：这个故事发生在一所普通的中学校园里，主人公欢欢自杀未遂在医院急救，关于欢欢自杀的原因尚未得知，从欢欢爸爸那了解到，欢欢性格内向，平时喜欢上网，最近情绪很低落，自杀前在朋友圈里发了一条留言"为什么要这样对我？"尽管欢欢是自杀，但从种种迹象上看，显然有人是欢欢自杀的背后推手。现在需要找到造成欢欢自杀的始作俑者。每个人都有可能是凶手，我们按照剧本里给我们的提示一幕幕去还原，找到凶手。每个人的椅子下方都有你扮演的角色介绍，请沉浸在角色中，推测小组中谁可能是凶手。

2. 角色介绍
- 李明阳（男，初二学生，欢欢的仰慕者，曾被欢欢拒绝）
- 周怡伶（女，初二学生，班委，自发组织班级微信群的群主）
- 黄文龙（男，初二学生，足球队长，李明阳的好朋友）
- 张丽丽（女，初二学生，欢欢经常在一起的朋友）
- 刘凌霄（男，初二学生，动漫爱好者，欢欢的同桌）
- 张茜茜（女，初二学生，周怡伶的死党闺蜜，话痨少女，经常泄露秘密）
- 王彦平（男，初二学生，思维缜密，爱扯闲话）

3. 规则介绍

指导语：每组同学先按照自身角色设定进行小组成员介绍，可以做适当发挥以代入角色。每个场景会得到一个线索，大家根据线索讨论推测谁是凶手。为使你的发言具有信服力，请在指定"凶手"前，尽量代入欢欢角色，思考这样的情境下欢欢的所思所感。所有场景结束后，进行投票和谜底揭示。

二、剧本杀

1. 活动目标

（1）通过小组剧本杀活动，引导学生了解各种网络欺凌的表现形式；

（2）通过小组讨论，引导学生认识网络欺凌的危害性。

2. 活动准备：角色台词提示卡；线索卡。

场景一　暗流涌动

❖ 李明阳：我喜欢过欢欢，但那是过去的事情，不知道发生什么事情她会选择做傻事。

❖ 周怡伶：平时欢欢在群里不言不语的，大家群里开玩笑她也没有回应。

❖ 黄文龙：看着挺清高的一个人，总觉得自己很了不起的样子。

❖ 张丽丽：欢欢生死未卜，你（黄文龙）就不要再说她坏话了。

❖ 刘凌霄：说她坏话的又不是一个人，你（张丽丽）也别装好人。

❖ 张茜茜：我听说欢欢有好几个男朋友，这件事是真是假？

❖ 王彦平：我还被传过是欢欢男朋友呢，子虚乌有，谁愿意和她做朋友？

线索

张茜茜翻出一个群聊天截图，黄文龙曾发过"女海王"漫画，暗指欢欢有很多男朋友。

场景二　谣言四起

❖ 李明阳：我听说欢欢的家庭很困难，她父母离婚了，家里经济条件很差，所以需要男朋友们经济援助。

❖ 周怡伶：她这个人确实就像黄文龙说的那样，仗着学习好点儿就假清高，平时也不怎么跟别人说话。

❖ 黄文龙：是啊！欢欢的成绩还不错，不过她人长得太黑了，也不知道明阳当初怎么看上她的。群里大家说她是煤气罐太好笑了。

❖ 张丽丽：她的那种黑不像是日晒的，就是天生的肤色，确实像煤气罐似的。

❖ 刘凌霄：欢欢有时候会帮别人做作业，但是她自己的作业总是交不上来。

❖ 张茜茜：她帮别人写作业是收钱的，以此来赚点外快贴补家用。

❖ 王彦平：所以你（张茜茜）才会在群里揭发她假意辅导同学功课，实则是"打工"对吧？

线索

李明阳传欢欢接受多个男友经济援助；张茜茜群里发布消息欢欢收费辅导同学作业；群里大家叫欢欢侮辱性绰号。

场景三　照片泄露

❖ 李明阳：学校网络"墙"里有欢欢和不同男生的亲密照，明明是她的脸，铁证如山啊！

❖ 周怡伶：我看到了，但现在 AI 换脸也不是不可能，不过觉得挺好玩的，我就默许了你发到咱们群里。

❖ 黄文龙：我也看到欢欢的照片了，她好像穿得很土，也不知道是哪个傻子拍的。

❖ 张丽丽：欢欢的照片好像在网上流传了，好多人都看到了，还曝光了咱们学校的名字。

❖ 刘凌霄：我听说欢欢被人肉搜索了，连小学时的照片和绰号都被公布出来。

❖ 张茜茜：真丢人啊！如果是我确实死了的心都有。还有王彦平发的她那张体育课"走光"照片。

❖ 王彦平：欢欢的那几张照片真的很丑，看起来就像个土鳖。

线索

刘凌霄发现是张丽丽制作了欢欢 AI 换脸的亲密照放在学校网络"墙"上；李明阳将照片发到班级群里；周怡伶默许李明阳将照片发到班级群里；王彦平发过欢欢"走光"照片；欢欢被人肉搜索。

场景四　排挤孤立

- 李明阳：是你（张丽丽）把 AI 换脸照片发出来的，你要负全责的，我以为是真的，才发到咱们群里。
- 周怡伶：欢欢在群里说过"那不是她"，但好像当时群里没有理她，黄文龙和王彦平还一个劲儿评价她像个"土鳖"。
- 黄文龙：你（周怡伶）当时也发了赞同的表情包啊！
- 张丽丽：我就是听黄文龙说的她是个"女海王"，才做了那张图。
- 刘凌霄：欢欢好像从那时候开始不怎么来学校了，不过她即便来了，也没人愿意跟她说话。
- 张茜茜：欢欢在学校独来独往的，每个人都敬而远之，以往让她帮忙辅导功课的同学都不理她了。
- 王彦平：要怪就怪你（张丽丽）把照片换脸安在一个"土鳖"人物身上，我只是客观评价照片人物而已。还有我发的照片可不是 P 出来的，我那张也是客观事实。

线索

欢欢被排挤孤立。

场景五　恶意攻击

- 李明阳：欢欢自杀前曾经在朋友圈里发了一条消息"为什么要这样对我？"我是没理她。
- 周怡伶：但你（李明阳）在咱们群里截图了她的朋友圈信息，还说"自作自受"。
- 黄文龙：不要总说别人，你（周怡伶）当时也发了呵呵哈哈类的表情包啊！
- 张丽丽：在座的大家群里都有回应的，只不过可能都不是欢欢想要的回应。
- 刘凌霄：要是因为这个自杀的，那也太"玻璃心"了。
- 张茜茜：最过分的是你（黄文龙）吧！你直接发了"去死"的表情包。

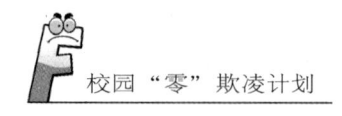

❖ 王彦平:"死不死"的这些表情包就是开玩笑的,正常人不会认真的。

线索

李明阳群里发欢欢朋友圈信息并回复"自作自受";黄文龙群里发"去死"表情包;其他人也都有负面回应。

3. 活动过程

第一步:宣读角色台词。每个场景开始后,小组内每个成员打开本场景角色台词卡,依次宣读脚本台词。

第二步:宣读线索。台词宣读完毕后由台词卡片上提示的角色宣读线索卡。

第三步:自由讨论。成员要在讨论环节尽量摆脱"凶手"嫌疑,并将责任归于其他成员。

第四步:商讨应对方案。成员共同商讨如果自己是"欢欢",如何应对当下状况。

第五步:公投"凶手"。所有场景结束后,公投"凶手"(除角色外,设置"所有人"选项),查看票数。

三、网络欺凌法治教育

1. 活动目标:

(1) 向学生科普网络欺凌导致自杀未遂/既遂涉及的法律法规。

(2) 通过学习网络行为相关的法律法规,引导学生规范网络行为。

2. 活动准备:角色台词提示卡

3. 活动过程:

(1) 网络欺凌表现形式

指导语:请大家思考网络欺凌的表现形式都有哪些(辱骂攻击、恶意评价、网络骚扰、网络排挤、人肉搜索、网络跟踪、网络造谣、网络假冒)?再根据每个角色对欢欢的所言所行,标记出剧本中出现过的表现形式。(参考第二章第四节"网络欺凌表现形式")

(2) 网络欺凌/暴力立案标准

指导语:从每个场景后的讨论中,我们都能看到在座的每个人都要对欢欢的自杀负有责任，从投票上看似乎每个人都是企图伤害欢欢的"凶手"，那么请思考这个案例中哪些成员要对欢欢的自杀负有法律责任？（参考第二章第四节"网络欺凌法治教育"）

四、网络欺凌防治策略

1. 活动目标：引导学生了解不同角色下网络欺凌的防治策略。
2. 活动准备：PPT
3. 活动过程

第一步　网络欺凌防范教育

指导语：今后我们在使用互联网时，怎样做才能减少和避免被网络欺凌的可能性？（参考第二章第四节"网络使用安全教育"）

第二步　网络欺凌应对策略

指导语：如果你是欢欢，结合每个场景中遭受的网络欺凌事件，你会怎么做？（参考第二章第四节"应对网络欺凌教育"）

第三步　网络欺凌旁观者应对策略

指导语：如果今后你看到了欢欢这样的网络被欺凌者，你会怎么做？（参考第二章第四节"应对网络欺凌的旁观者教育"）

第四步　总结

指导语：今天的剧本杀活动过程中，我们每个人都在角色中反思了自己的网络行为。这个故事告诉我们，网络欺凌是一种非常危险的违法行为。互联网上，尽管每个人都有发言权，但每个人键盘上随意敲下的一句话就像雨滴一样会聚在一起也可使江河泛滥。雪崩时，没有一片雪花是无辜的。

参考文献

一 中文著作

方刚主编：《让欺凌归"零"：终止校园欺凌工具包》，中国社会科学出版社2018年版。

任海涛：《校园欺凌法治研究》，中国政法大学出版社2019年版。

二 中文译著

［美］芭芭拉·科卢梭：《如何应对校园欺凌》，肖飒译，华东师范大学出版社2017年版。

［美］哈丽雅特·布莱克：《取悦症：不懂拒绝的老好人》，姜文波译，机械工业出版社2015年版。

［美］玛莎·M. 莱恩汉：《DBT情绪调节手册》，祝卓宏、朱卓影、陈珏、曹静译，北京联合出版公司2022年版。

三 外文期刊文献

Dan A. Olweus, "Bullying at School: Basic Facts and Effects of a School Based Intervention Program", *Journal of Child Psychology and Psychiatry*, Vol. 35, No. 7, October 1994.

四 中文期刊文献

安杨:《校园欺凌中的学校侵权责任探究》,《中国青年社会科学》2017年第5期。

顾彬彬:《恶意是怎么消失的——"共同关切法"与"皮卡斯效应"》,《教育发展研究》2020年第22期。

陈佳怡、赵颖、李可晗等:《儿童青少年网络欺凌现状及其与焦虑、抑郁症状的关联性分析》,《现代预防医学》2022年第5期。

陈捷:《校园欺凌防治的旁观者干预模型及其本土化建议——以芬兰Ki-Va计划为研究对象》,《教育探索》2022年第1期。

郝义彬、吴柯、权菊青等:《中小学生心理问题与欺凌他人行为的相关性》,《中国学校卫生》2022年第2期。

黄宁宁:《如何培养小学生的同理心——来自美国教育的观察》,《福建教育》2023年第10期。

金凤、刁华、蒲杨等:《重庆市中学生传统欺凌、网络欺凌与自杀相关心理行为关系》,《中国公共卫生》2022年第1期。

廉启国、余春艳、毛燕燕等:《遭受校园欺凌与不良心理健康结局的关联》,《江苏预防医学》2021年第4期。

刘春花:《学校教育的责任边界与有限性》,《教育发展研究》2009年第21期。

彭畅、刘小群、杨孟思等:《中文版Olweus欺负问卷同胞欺负信效度评价》,《中国公共卫生》2020年第3期。

任海涛:《"校园欺凌"的概念界定及其法律责任》,《华东师范大学学报》(教育科学版)2017年第2期。

苏洁、朱丽华、李莎等:《特拉华校园氛围量表(学生卷)中文版再修订》,《中国临床心理学杂志》2021年第3期。

唐寒梅、陈小龙、卢飞腾等:《欺凌行为与青少年非自杀性自伤关系的Meta分析》,《中国循证医学杂志》2018年第7期。

滕雪丽、张香兰:《日本校园欺凌的预防与干预》,《当代教育科学》

2020 年第 3 期。

王玥：《心理学视域下校园欺凌的形成机理及对策》，《北京师范大学学报》（社会科学版）2019 年第 4 期。

吴会会：《权利保障与职责履行：日本校园欺凌的法律规制——基于〈校园欺凌防止对策推进法〉的文本解读》，《中国教育法制评论》2017 年第 15 期。

谢家树、魏宇民、Zhu Zhuorong：《当代中国青少年校园欺凌受害模式探索：基于潜在剖面分析》，《心理发展与教育》2019 年第 1 期。

谢洋、陈彬莉：《校园欺凌中不同欺凌角色与抑郁的关系研究》，《社会工作与管理》2021 年第 3 期。

许明：《英国中小学校园欺凌现象及其解决对策》，《青年研究》2008 年第 1 期。

颜湘颖、姚建龙：《"宽容而不纵容"的校园欺凌治理机制研究——中小学校园欺凌现象的法学思考》，《中国教育学刊》2017 年第 1 期。

杨廷乾、接园、高文涛：《加拿大安大略省校园预防欺凌计划研究》，《比较教育研究》2016 年第 4 期。

姚建龙：《校园暴力：一个概念的界定》，《中国青年政治学院学报》2008 年第 4 期。

赵福江、刘京翠、周镭：《全国中小学生欺凌现状调查与分析——基于对全国 11 万余名学生和 6000 余名教师的问卷调查》，《教育科学研究》2022 年第 5 期。

张聪：《无欺凌班级建构：班主任的难为与能为》，《教育科学研究》2019 年第 4 期。

张静：《UNESCO〈数字背后：终结校园暴力与欺凌〉报告述评》，《世界教育信息》2020 年第 1 期。

张文新：《学校中的欺负问题——我们所知道的一些基本事实》，《山东师范大学学报（人文社会科学版）》2001 年第 3 期。

张文新、武建芬：《Olweus 儿童欺负问卷中文版的修订》，《心理发展与教育》1999 年第 2 期。

五 学位论文

郭皓博：《校园欺凌事件中学校侵权责任研究》，硕士学位论文，内蒙古大学，2021年。

李治会：《高中生校园欺凌对学习倦怠的影响：同伴关系的中介作用及干预研究》，硕士学位论文，西南大学，2023年。

刘瑾泽：《情境行动理论视角下的校园欺凌犯因性分析》，硕士学位论文，中国人民公安大学，2021年。

闫婷：《家校合作视角下小学校园欺凌现象的治理研究——以B市小学为例》，硕士学位论文，黑龙江大学，2022年。

周冰馨：《学校主体责任视野下的中小学校园欺凌问题研究》，硕士学位论文，湖南理工学院，2019年。

六 电子文献

《防治学生欺凌暴力 建设阳光安全校园——国务院教育督导委员会办公室2019年第5号预警》，中华人民共和国教育部，2019年8月23日，http://www.moe.gov.cn/jyb_xwfb/gzdt_gzdt/s5987/201908/t20190823_395632.html。

《关于建立侵害未成年人案件强制报告制度的意见（试行）》，中华人民共和国最高人民检察院，2020年5月29日，https://www.spp.gov.cn/spp/xwfbh/wsfbt/202005/t20200529_463482.shtml#1。

《广东省教育厅等十三部门关于加强中小学生欺凌综合治理方案的实施办法（试行）》，《省政府公告》2018年第32期，http://www.gd.gov.cn/zwgk/gongbao/2018/32/content/post_3366103.html。

《国务院教育督导委员会办公室关于开展校园欺凌专项治理的通知》，中华人民共和国教育部，2016年5月9日，http://www.moe.gov.cn/srcsite/A11/moe_1789/201605/t20160509_242576.html。

《国务院教育督导委员会办公室关于开展中小学生欺凌防治落实年行动的通知》，中华人民共和国教育部，2018年4月20日，http://www.

moe. gov. cn/srcsite/A11/moe_ 1789/201804/t20180428_ 334588. html。

《互联网群组信息服务管理规定》，中华人民共和国国家互联网信息办公室，2017年9月7日，https：//www. cac. gov. cn/2017-09/07/c_ 1121623889. htm。

《教育部办公厅关于开展基础教育"规范管理年"行动的通知》，中华人民共和国教育部，2024年5月9日，http：//www. moe. gov. cn/srcsite/A06/s7053/202405/t20240514_ 1130428. html。

《防范中小学生欺凌专项治理行动工作方案》，中华人民共和国教育部，2021年1月21日，http：//www. moe. gov. cn/srcsite/A06/s3325/202101/t20210126_ 511115. html。

《教育部等九部门关于防治中小学生欺凌和暴力的指导意见》，中华人民共和国教育部，2016年11月2日，http：//www. moe. gov. cn/srcsite/A06/s3325/201611/t20161111_ 288490. html。

《教育部等十一部门关于印发〈加强中小学生欺凌综合治理方案〉的通知》，中华人民共和国教育部，2017年11月23日，http：//www. moe. gov. cn/srcsite/A11/moe_ 1789/201712/t20171226_ 322701. html。

《教育部关于印发〈依法治教实施纲要（2016—2020年）〉的通知》，中华人民共和国教育部，2016年1月11日，http：//www. moe. gov. cn/srcsite/A02/s5913/s5933/201605/t20160510_ 242813. html。

《上海市教育委员会关于发布〈预防中小学生网络欺凌指南30条〉的通知》，上海市黄浦区人民政府，2017年11月24日，https：//www. shhuangpu. gov. cn/zw/009002/009002004/009002004002/009002004002/20171201/0c8a35fd-82f1-4c69-8005-e4829f13cbb3. html。

《未成年人网络保护条例》，中华人民共和国中央人民政府，2023年10月24日，https：//www. gov. cn/zhengce/zhengceku/202310/content_ 6911289. htm。

《有效防治欺凌和暴力 保护广大中小学生健康成长》，中华人民共和国教育部，2016年11月11日，http：//www. moe. gov. cn/jyb_ xwfb/gzdt_ gzdt/s5987/201611/t20161110_ 288442. html。

参考文献

《中华人民共和国民法典》，中华人民共和国中央人民政府，2020年6月1日，https：//www.gov.cn/xinwen/2020-06/01/content_5516649.htm。

《中华人民共和国未成年人保护法》，中华人民共和国教育部，2020年10月17日，http：//www.moe.gov.cn/jyb_sjzl/sjzl_zcfg/zcfg_qtxgfl/202110/t20211025_574798.html?eqid=d61fedac000252e00000000464644b4bf0。

《中小学法治副校长聘任与管理办法》，中华人民共和国教育部，2021年12月27日，http：//www.moe.gov.cn/srcsite/A02/s5911/moe_621/202202/t20220217_599920.html。

《中小学教育惩戒规则（试行）》，中华人民共和国教育部，2020年12月23日，http：//www.moe.gov.cn/srcsite/A02/s5911/moe_621/202012/t20201228_507882.html。

《最高人民法院、最高人民检察院关于办理利用信息网络实施诽谤等刑事案件适用法律若干问题的解释》，中华人民共和国国家互联网信息办公室，2020年10月18日，https：//www.cac.gov.cn/2013-09/07/c_133142246.htm。

《最高人民法院、最高人民检察院、公安部关于依法惩治网络暴力违法犯罪的指导意见》，中华人民共和国最高人民法院，2023年9月25日，https：//www.court.gov.cn/zixun/xiangqing/412992.html。